문향첩 聞香帖

黎泉 李源朝 시와 산문

이원조 저
강진우 편주

도서출판 월인

이원조(黎泉 李源朝, 1909~1955)

여천 이원조는 문학평론가이다. 이원조는 시인 육사(陸史) 이원록(李源綠)의 동생으로 알려져 있다. 그러나 이원조는 다양한 평론을 발표하면서 문단의 중견으로 성장, 지도적 위치에 이른 비평가였다. 김윤식 교수는 이원조에 대하여 '고전주의적 문학태도와 모랄론, 포오즈론에 깊은 관심과 지도력을 발휘했으며, 비평의 대상 선택과 속도 조절의 실력자'로 평가하였다. 동경에서 니혼대학(日本大學)을 거쳐 호세이대학(法政大學)에서 불문학을 공부하고 1935년 귀국하여 신문기자와 잡지사 학예담당 기자로 활동하였다.

1928년 『조선일보』 신춘문예 시 부문에 입선한 데 이어 1929년 동 신문 신춘문예 소설 부문 가작에 당선되며 본격적인 문예 활동으로 접어들었다. 이원조는 『조선일보』의 기자 신분으로 유학하였으며, 학업과 평론을 동시에 하였다. 1930년대 초반부터 문예 활동과 비평을 동시에 전개한 그는 변증법적 유물론을 받아들인 문학론을 전개하였다. 카프에 참여한 인물은 아니지만 카프계와 유사한 노선을 걸으며 부르주아 문학을 비판함과 동시에 당시의 조류였던 프롤레타리아 문학에 관심을 가지고 알리기도 했다.

해방 이후 임화와 함께 조선문학건설본부를 만들고, 이어서 조선문학가동맹에 가담하기도 했다. 이후 현대일보의 창간에 관여했다. 이원조는 좌우합작에 의한 통일정부 구성을 강력하게 요구하고 친일 청산을 주장하다가 미군정의 검거열풍을 피해 1947년 북으로 갔다. 그러나 6.25 전쟁 이후 남조선로동당 숙청 사건 때 노동교화형을 언도받고 1955년 옥사하였다.

책을 내면서

이원조의 글은 시에서부터 소설, 수필, 문예비평, 시대비평, 정치논설 등 다양하게 전개되었다. 이원조는 주로 20대 대학을 다닐 때는 필명 동경(東京)을 본명 앞에 붙여 발표하였으며, 이후 여천(黎泉)으로 썼다. 그러나 그의 여러 자료를 검토해본 바에 의하면 지금까지 이원조의 미발굴 자료들이 많고, 체계적으로 정리되고 있지 않다. 지금까지 정리된 자료들은 주로 여천(餘泉)이라는 호(號)를 필명으로 한 작품 중심이었다. 그러나 이원조는 필명(筆名)을 동경(東京)이나 여천(餘泉) 외에도 백목아(柏木兒), 청량산인(淸凉山人), 안동학인(安東學人) 등으로 다양하게 썼다. 저널리스트이면서도 문예 비평가로서, 그리고 작가로 활동하였지만 실상 지금까지의 연구 경과를 보면 이원조의 자료를 전반적으로 발굴하여 집성한 것이 아니다. 이동영 교수의 『오늘의 문학과 문학의 오늘』은 자료가 방대하기는 하지만 주로 조선일보에 관련된 것, 필명이 분명한 것만을 중심으로 정리하였다. 양재훈의 『이원조 비평선집』이나 이훈의 『이원조 비평선집』 등에서도 이 문제를 극복하지 못하였다.

여천 이원조는 1926년 교남학교 졸업 후 서울의 정인보(鄭寅普)의 문하에서 있다가 유학하여 1935년 동경법정대학 불문학과를 졸업하였다. 1935년부터 4년간 조선일보 학예부 기자로 활동하였다. 이때 방학 중에 이미 결혼하였는데, 배우자는 이정원(李貞援, 일명 李海順)이었다. 첫째 딸은 혜정(惠晶)이고 둘째 영소(英昭), 셋째 소영(素暎), 넷째 진영(珍榮), 다섯째가 아들 동명(東明), 여섯째 아들 동시(東時)이다. 이원조의 슬하 6남매의 생사는 지금도 밝혀지지 않고 있다. 처조카는 남쪽에 생존하여 이산가족 상봉 면회를 신청했으나 그들의 생사조차 알 수 없었다.

▲ 교남학교

이원조의 시와 산문의 전 영역을 포괄하기 위해서는 먼저 다양한 필명에 대한 이해와 그에 따른 저자 확정이 선행되어야 할 것이다. 따라서 나는 이런 문제를 극복하기 위해서 기존 연구 자료로 편집된 책들이 가지고 있는 한계라 할 수 있는 시와 소설, 조금은 기획에 의해 쓰인 고전 석의(釋義) 등으로 범위를 넓혔다. 그리고 해방 후의 정치 논설에 대해서도 자료를 찾고 정리하기 위해 애썼다. 우선 비평문은 그가 『조선일보』의 학예부 기자로서 활동한 것 때문에 상당히 많은 수의 글이 존재하고 이는 대부분 정리되어 있다. 하지만 본명을 사용하지 않고 '백목아'를 사용한 글도 있다. 비평가들의 자세와, 인신 공격적 비평을 한 비평가의 태도를 비판할 때 주로 이러한 필명을 쓴 것으로 보인다. '최저근'은 「오월五月의 노래」와 「기하학幾何學의 시詩」 등을 발표할 때 필명으로 썼다. '최저근(最低根)'을 이원조의 필명으로 본 것은 이태준의 『문장강화』에서 「오월五月의 노래」를 대표 시로 소개한 점, 「기하학의 시」에 '앙드레 지드'를 언급한 부분 등 시어와 시의 주제, 정조 등을 통해서 판단한 것이다. 이 작품들은 이전 20대의 이원조가 쓰던 경향과는 다른 실험적인 내용을 담고 있다. 「기하학의 시」는 시인 이상(李箱)의 시(詩)를 연상시킬 정도로 실험적이다.

이원조는 세대론이나 기타의 사회주의 리얼리즘 등의 논쟁이 오갈 때, 비평을 통해 날카롭게 '회초리를 쳐줄 사람이 필요하다'는 말을 젊은 비평가들에게 던졌다. 또 허세를 부리면서 논쟁의 당사자를 깔보는 태도 등에 대해서도 일침을 가한다. 이원조의 이러한 시선은 결국 이육사와 많이 겹쳐 있다. 육사(陸史)와 여천은 『신조선』 같은 호에 글을 실은 것도 많고, 서로의 평문에서 서로의 유사한 말을 인용하는 경우도 있다. 그러므로 보수적이지만 진보사상을 현대적으로 적용하기 위해 노력하는 태도를 취했다는 점에서 보면 그의 사상은 전통과 현대의 결합이라는 점에서 긍정적이다. 또한, 새로운 문예 현상과 기존의 전통문학을 계승하기 위한 노력을 모두 해야 한다는 입장을 분명히 하였다. 여천은 글을 쓸 때 사건·경험에 적합한 전거수사를 활용하여 비유한다. 가령, 「단선團扇」 같은 작품은 여인에 대한 관능적 시선처럼 읽히지만 그것은 한국의 미에 대한 자부심이랄까 뚜렷한 분석적 접근이며, 이는 「나체裸體의 꽃」, 「인어人魚의 날개와 부채」에서도 그대로 드러난다. 이원조의 생활인으로서의 솔직한 감정을 잘 드러내는 글은 대부분 수필이다. 그의 수필 중 「종전차 산화終電車 散話」는 일상에서 어떤 것을 관찰하는지 잘 보여준다. 전차를 타고 집에 가면서 사람들의 얼굴이나 발을 보고 그들의 삶을 상상하고 분류하는 등의 태도는 지식인의 습성에서 비롯된 것이리라.

이원조의 글을 읽다 보면 그가 천진난만한 어린 시절을 보냈음을 알 수 있다. 고향에서의 추억을 쓰고 있는 수필은 그의 정서를 잘 드러낸다. 그런 그가 한국문학의 방향을 생각할 때는 점점 어려워지는 정세와 그것을 교묘하게 돌파해야 한다는 생각 때문에 고뇌가 깊었다. 이원조는, 비평은 중립적이면서도 정당한 방향으로 나아가도록 하는 지도적 관점을 제시할 수 있어야 한다는 관점에서 비평을 전개했다. 그가 전개했던 행동의 문학, 태도의 문학, 포즈론 등의 비평론은 일제 강점 하에서 합법과 비합법의 경계를 넘어서 실효성 있는 문학을 하고자 한 그의 고뇌를 읽을 수 있게 한다. 따라서 이원조의 사상성은 뿌리 깊은 전통으로부터 출발하였을 뿐 아니라 체계적인 문학 학습과 독서, 사색이 복합적으로 드러난다는 점에서 그 깊이를 알 수 있다.

이원조의 글에서 20대의 번민은 다양하게 나타나는데, 자신의 경험과 세계에 대한 사색의 결과를 시와 기행문으로 표현하였다. 1928년의 「전영사餞迎辭」라는 시가 『조선일보』 신춘문예에 입선되었다. 이뿐 아니라 다양한 서양의 서정시를 번역하기도 하고, 기행문을 쓰기도 했다. 이원조는 타지에서 공부하는 외로움과 어머니에 대한 그리움 등을 시로 써 발표했다. 기행문은 경주에 관한 것과 해운대에 관한 것이 돋보인다. 무엇보다 이원조 수필의 백미(白眉)는 그가 고향에 대해 회고하는 몇 편의 작품이라 할 수 있다. 이원조는 고향 안동 원촌리에 대해 「귀향歸鄉」, 「낙동강洛東江에 흘러간 세월歲月」, 「향토유정기鄉土有情記」 등에서 여러 차례 언급하고 있다. 이원조가 고향을 회고하는 방식은 육사와 다르다. 육사는 「은하수銀河水」에서 한학을 할아버지께 배웠다는 이야기를 적는다. 그런데 이원조는 참외를 서리한 이야기며, 형들에게 업혀

▲ 생가 옛 모습

서 강가에 갔던 기억, 홍수 때 떠내려오는 뗏목을 본 기억 등을 떠올리고 있다. 이원조의 고향 이야기는 극적인 측면도 있어서 독자의 흥미를 자아내는데, 이러한 글의 이면에는 자신의 사상적 뿌리에 대한 자부심, 비록 산골에서 자랐지만 깊었던 형제애, 그리고 고향 친구들과의 추억과 같은 고향에 대한 정서를 기반으로 안정 회복을 추구한 그의 모습이 자리한다. 즉 이원조는 대구, 서울, 영천을 오가며 수학하였고, 일본을 유학하였으며, 그 나머지 시간은 대부분 서울에서 생활했다. 그렇다면 그에게 15~16세까지의 고향에서의 기억이란 그리 많지 않음에도 늘 고향을 이야기하는 것은 정서적 기억 때문이다. 이는 그의 언어 습관에도 잘 드러난다. 그의 수필의 '그적새'라든가 '~지마는'과 같은 독특한 어휘는 정서를 나타낸다.

고향은 예술가뿐 아니라 모든 사람의 정서에 작용하므로 보이지 않는 힘을 발휘한다. 고향은 여천이 고향을 떠나 공부를 할 때 많은 힘이 되었을 것이다. 무엇보다 그가 '외 서리'를 갔다가 옷을 몽땅 잃어버린 이야기나 떼쓰고 울면 형님들이나 어른들이 '명지도'로 보낸다고 했다는 이야기, 강물을 보면서 먼 세상을 상상했던 일 등을 회고하면서 세계를 향한 그의 출발점이 고향임을 명시한다. 그래서 그는 부끄럽지 않을 '선물'을 가지고 고향으로 돌아가야 한다고 생각한다. 이처럼 그의 고향에 대한 기억은 정서적 기능과 더불어 순수 이상향의 설정 토대가 되었다.

여천의 대학생활과 관련하여 시가 많고, 그에 따라 기행문과 소설이 집중적으로 쓰인 것도 알 수 있다. 「한 대조對照」는 대학생활 숙소 맞은편 욕탕의 직원 아이와 자신의 이야기를 쓴 것이고, 「경주기행慶州紀行」, 「그리운 해운대海雲臺」는 모두 당시 방학 중에 귀국하여 여행한 경험에 대해 쓴 것이며, 「낙엽일기落葉日記-아리사의 슬픈 이야기」도 청년 이원조 주변 인물을 중심으로 쓴 것이다.

여천은 당대 떠들썩한 결혼을 했다. 모든 사람이 그를 주목하였는데, 왕족 출신 이관용의 딸 이정원(해순)과 결혼하였다. 이원조는 「고故 일성一星선생 수장기隨葬記」를 통해 믿지 못할 정도의 참혹한 심경을 표현하고 있다. 무엇보다 그를 아끼고 사랑했던 장인의 죽음은 충격적이었던 것 같다. 이관용은 청진의 해수욕장에서 익사했다. 그는 서울의 숭일동(지금의 명륜동), 부암동, 혜화동을 옮겨 다니며 이사하였다. 특히 부암동에서도 교통이 불편한 산속으로 이사를 가고서 많은 이야기를 쓰고 있다. 무엇보다 아내와의 생활이나 아이들에 대한 걱정 등은 「실총失寵의 양춘陽春」, 「대춘보待春譜」 등의 수필에 잘 나타난다.

▲ 호세이대학
(태평양 전쟁 이전)

이원조는 가정적으로는 화목하였고 슬하에 여섯 자녀를 두었다. 부인인 이정원 여사는 남편을 사랑하였고, 이원조의 깔끔한 성격을 좋아했다. 이들 부부에게는 세간의 관심도 많아 그들을 인터뷰하기도 했다. 「그 안해 그 남편男便」, 「영춘」, 「화분花盆」, 「대춘보待春譜」에서는 모두 그의 아내와의 일상이 드러난다. 그런데 이원조는 항상 솔직한 성격이었음을 알 수 있다. 그의 문인과의 생활상을 보여주는 「실총어失寵漁」에서 그들이 어떤 말을 주고받았는지 알 수 있으며, 「안회남安懷南의 인상印象」은 그가 얼마나 안회남과 가까이 지내는지 알 수 있게 해준다. 「인어人魚 날개와 부채」에서 산책 중에 발견한 여인의 부채질하는 모습을 통해 한국의 미(美)를 생각할 때에도 남자로서 감정을 숨기지 않았다. 「연교화連翹花」에서는 우연히 만난 여인에게서 관능적 응시를 받기도 하고, 그것을 받아주지 못해 후회한 것도 드러난다. 그런데 그의 감정을 가장 잘 드러내는 것은 「채귀설債鬼說」이다. 이 작품에는 친한 친구로부터 보증을 서달라는 말에 보증을 섰다가 월급까지 차압당하자 화가 나 싸운 이야기가 나온다. 이 작품은 그의 생활상을 가장 잘 보여준다.

그는 서울 시내에 살다가 지금으로 치면 경복궁과 청와대를 오른쪽으로 끼고 넘어가는 좁은 언덕길 자하문(紫霞門)을 지나 있는 부암동으로 이사를 한 모양이다. 지금도 승용차만 겨우 다니는 길인데 당시는 택시도 잘 올라가지 못하는 곳으로 이사를 하여서 걸어 다녔다. 그는 이사한 것을 후회한다고 하였지만 꽃피고 과일이 많아 좋은 곳이라 은근 산속 생활을 즐긴다. 이원조는 「산중우회山中憂懷」나 「산거山居」와 같은 다양한 글에서 부암동에서의 생활을 표현하고 있다. 부암동은 소설가 엄흥섭(嚴興燮)도 살던 마을이며, 백석의 시에도 등장하는 마을이다.

창의문(彰義門) 외(外)

무이밭에 흰나뷔 나는 집 밤나무 머루넝쿨속에 키질하는 소리만이 들린다.
우물가에 까치가 작고 즞거니하면
붉은 수탉이 샛덤이우로 올랐다.
텃밭가 재래종在來種의 임금林檎낡에는 이제도 콩알만한 푸른 알이 달렸고
히스무레한 꽃도 하나둘 퓌여 있다
돌담기슭에 오지항아리 독이 빛난다

『사슴』 1936.1.20.

▲ 백석의 자필서명

▲ 창의문, 일명 자하문

백석은 이 시집을 100부 한정으로 찍었다. 제한된 수량에도 불구하고 이원조에게 보냈다. 하지만 이 시집은 지금 고서점을 돌며 값만 올리고 있다. 이 자하골은 그야말로 조선시대의 종이를 만드는 곳이며, 과일나무가 많아 봄에는 꽃이 많이 피는 곳이다. 그러므로 시골에서 자란 이원조가 자연스럽게 살고 싶어 할 동네였으나 그곳은 한마디로 산골이므로 걸어 다니는 것도 매일 하다 보면 출퇴근이 괴로울 수밖에 없다.

이원조는 정규 학제를 완전히 마친 사람이다. 그리고 어린 시절부터 유학을 가학으로 하는 전통을 이어받았고, 명문가의 자손이면서도 또 왕족 혈통의 부인을 맞이하면서 행복한 결혼 생활을 한 것으로 보인다. 그러므로 이원조의 수필에는 많은 '여성' 관련 문제를 언급하고 있지만, 결국 결혼이나 연애 문제를 완전히 자유롭게 풀 수 없다는 생각을 피력한다. 이원조의 비평은 「교양론敎養論」, 「포즈론」 등으로 다양한 문학적 성취에 대한 열망을 표현하였다. 그런데 단순히 취미에 그치지 않고 현실에 대한 관심을 견지하는 『태도론態度論』을 주장한다. 「산책문학론散策文學論」에서는 진실에 대한 고민이 중요하다고 하였다. 이는 물론 정세의 변화에 따라 행동으로까지 가지 않더라도 기본 태도가 중요하다는 입장을 견지한 것이다. 이러한 그의 관점은 극좌의 관점을 줄기차게 주장하다가 어느 순간 변절의 길을 가버린 사람들에 대한 질타이기도 했다. 이원조의 비평은 언제나 중간자의 관점에 있었다는 것인데, 이를 근거로 일제 강점기 프로문학이 성행할 때에는 경향파에 대한 동반자로 규정되기도 하였다. 하지만 해방 후에는 극좌나 극우보다는 좌우 합작에 대한 열의와 통일 정부 구성에 대한 열망을 표현하고 있다.

이원조는 카프의 극좌로서의 경향성에 대해서 경계하면서도 이들의 방향을 지지하였으며, 시문학파나 문장파, 9인회 등의 탈 이데올로기적 경향에 대해서도 역사적 관점의 배제에 대해서는 경계하였다. 그런 점에서 보면 이 책에서 새롭게 밝히고 있는 이원조의 시와 수필, 신문 논고, 산문 등은 그의 선비로서의 자질을 여실히 드러내고 있다. 그는 선비의 기본 태도인 시비지심이랄까 옳고 그름에 대한 경계를 늘 고민하였으며, 정세에 따른 태도, 교양 등에 대해 고민하였다.

이원조는 동서양의 철학과 사상, 고전에 대한 이해의 폭이 넓을 뿐 아니라 그 사상적 이해도도 깊다. 그래서 그의 저작은 각종 번역도 많고, 시에서 수필, 소설, 평론에 이르기까지 다양하다. 또한 문예이론과 작품뿐 아니라 정치적 논설도 다양하게 썼다. 이처럼 이원조의 글이 다양한 것은 언론에 종사한 때문이기도 하지만 근원적으로는 유년 시절 한학을 기초로 하여 일본 동경 유학을 통해 세계를 볼 수 있는 안목을 획득했기 때문이다. 이원조는 다양한 독서와 사색을 통해 글쓰기를 하였다. 그러므로 이원조는 사회 전 분야를 동시에 볼 수 있는 지성을 갖추고 있음을 알 수 있다. 이는 격물(格物)과 치지(致知)의 탐구 정신과 유물변증법(唯物辨證法)적 인식 방법의 유사성에서 비롯되었음을 유추할 수 있다.

기존의 비평서는 여러 번 간행되었다. 하지만 수필은 월북문인을 묶어서 내는 수필집이나 1930년대를 묶어 내는 선집 등에 그의 작품이 들어가기는 했지만, 책으로 나오지는 못했다. 그에게 1940년대 초반은 고난의 시기였다. 문인보국회 등에 불려 다니면서 글을 쓸 수 없었다. 겨우 고전을 석의하는 이상의 일을 할 수 없었던 그는 해방과 함께 『현대일보』 등에서 활기찬 활동을 하였다.

이원조는 1942년 이후 활동을 제대로 못 하다가 1945년의 해방을 맞아 자기비판을 하고 활동을 재개한다. 그는 『현대일보』에서 주체적인 역할을 하였고, 또 좌익계 문인들을 규합하거나 언론인들을 규합하는 데 힘썼다. 하지만 그의 꿈인 좌우합작과 통일은 실패했다. 해방기의 그의 입장은 주로 남북 합작에 의한 통일정부 구성에 있었다. 그러나 극우의 반대와 술수, 미군정의 단독정부 구성이라는 입장으로의 선회에 따라 이 당시 남로당계 문인들과 함께 1947년 월북하였다. 이원조는 월북하기 직전 『문향첩』이라는 수필집을 출판하려고 하였으나 갑작스러운 월북으로 실현되지 못했다. 이원조는 북에서도 전쟁으로 인해 제대로 된 활동도 못한 채 남로당계의 숙청 사건에 휩쓸려 사라진다. 지금까지 알려진 바에 의하면 이승엽, 이태준, 설정식, 임화 등과 함께 숙청 대상이 되었다. 그는 사형만은 면하고 12년의 교화형에 처해지지만, 옥중에서 건강을

잃고 옥사하였다. 이때 이정원 여사도 노역에 불려 나가야 했으며, 맏딸도 대학을 중퇴 당하고 노역에 나가야 했다.

이 책에 실린 자료를 모으고 정리하는 과정은 험난했다. 무엇보다 힘든 것은 온전한 자료들이 얼마 없고, 그나마 마이크로필름으로 존재하나 자료조차 누락된 부분이 있고, 찢어지거나 판독이 어려운 지면을 그대로 보관한 것이 많았다는 점이다. 있는 자료도 검색에 걸리지 않으면 찾을 수 없는 노릇이다. 「오월五月의 노래」를 찾기 위해 고군분투했지만, 정작 서지에 나타난 해당 지면에는 없었다. 따라서 이번에는 그의 필명이 다양하다는 전제에서 출발하여 자료 조사를 다시 하여 발굴하였다. 이렇게 지난한 조사 과정을 거쳐 「오월의 노래」와 「기하학의 시」를 발굴하였다. 중요한 자료 중에 미처 밝혀지지 않은 것도 있다. 이번에 새롭게 밝히는 소설과 관련한 자료는 국립중앙도서관의 도움을 받았음을 밝혀둔다. 국립도서관의 디지털 자료부의 관계자들은 다양한 자료의 검색 과정에서 누락된 부분을 새롭게 열람할 수 있도록 협조해주었다. 그리고 경북대학교의 이승현 교수가 협력하지 않았다면 기초 조사는 훨씬 늦어졌을 것이다.

그런데 정작 이렇게 어렵게 구하고 정리한 글이지만 비평가인 이원조의 캐릭터가 너무 강한 탓에 시나 수필은 가려지고 있고, 또 소설이나 희곡, 비평문보다 분량이 많지는 않다. 하지만 나는 이원조가 비평가로서 입장을 취하고 있었는지 이 글을 통해서 해석할 수 있다고 본다. 물론 비평문의 분량이 적지 않으니 그로 충분하다고 할 수 있으나 수필은 생활에서부터 그가 얼마나 철저했는지 알 수 있어 지난한 정리 작업을 흥미롭게 했다. 편자는 그런 의미에서 고비마다 심지를 잃지 않으려 애쓴 이원조의 비평정신을 이 다양한 수필에서 읽었으며, 해방기에 그가 새로운 통일조국을 위해 어떠한 태도를 취했는지 알 수 있었다. 해방기 이원조의 생각은 좌우합작에 의한 통일 정부 수립에 있었으나 그것은 여의치 않았고, 우리 사회는 그것을 받아줄 만한 여유도 없었다. 분단은 이미 기정사실로 되었고, 이원조의 통일을 위한 노력은 물거품이 되고 남쪽에서 설 자리를 잃었을 뿐 아니라 북에서도 경계의 대상이 되어 정파 싸움의 희생양이 되고 말았다.

이 책에서는 이미 출판된 자료는 되도록 편집에서 제외하려 애썼다. 물론 몇 작품은 새롭게 복자를 밝히거나 여러 수필과 그의 행적을 이해하는 데 꼭 필요하므로 모두 수록하지만, 비평문은 기존 출판으로 충분한 것은 모두 이 책에 싣지 않았다. 이번에 새롭게 밝혀낸 자료들은 그동안의 선집들이 놓치고 있는 비평문과 시와 수필, 소설이다. 비평문 「비평기술론批評技術論」, 「문학文學과 사상思想」뿐만 아니라 소설 「한 대조對照」와 시 「오월五月의 노래」, 「정물靜物」, 「승방僧房의 황혼黃昏」, 「기하학幾何學의 시詩」 등 다수의 작품은 새롭게 찾아낸 자료이다.

나는 이원조의 글을 읽을 때 홍미로운 개구쟁이 시절에 대한 동질감을 느꼈다. 일찍 생을 마감한 그의 비극적 운명은 곧 조국의 분단과 전쟁 때문이다. 그의 사상에 접근하면서 심한 열병을 앓았다. 편자는 그의 문학 사상, 통일론, 그리고 절망에 대해 생각하며 이 글을 정리하였다.

이 책은 다양한 지면에 수록된 것들을 모은 것이다. 신문과 잡지를 뒤지고, 또 주변에 수소문한 성과이다. 그런데 막상 구해서 읽다 보면 당시 원고와 식자공의 소통이 가끔 틀어지기도 하는지 한자가 틀리거나 글자가 앞뒤가 바뀐 것도 많았고, 요즈음 한자와 다른 속자도 가끔 있었다. 속자나 중국식 한자어도 간혹 발견되었는데, 전고(典故)를 통해 논리를 전개하거나 고사성어로 작자의 감정을 표현한 단어들이다. 이러한 단어는 조금씩 '오자(誤字)'가 발견되어 원문을 밝히는 데 시간이 걸렸다. 그리고 당시 인쇄기술이나 잉크의 질이 지금보다 떨어져 도저히 읽을 수 없는 지면은 여러 문헌을 통해 보완해 읽어야 했다. 격변기에는 문화적 소통도 어려웠을 것이다. 편자는 문해력의 부족과 지식의 한계를 절감하면서 여러 군데 자문해야 했고, 보조자료로 다른 신문 읽기, 역사적 사건 검토를 통해 당대의 어휘와 문화를 파악하여 수정했다. 이런 과정을 반복하는 동안 출판 시일이 자꾸 늦어졌다. 그런데도 이 책에는 미처 밝히지 못한 글자가 있고, 오류가 있을 수 있다. 이는 더 좋은 자료와 절차탁마를 통해 보완할 기회가 있을 것이다.

이 책의 자료 수집에 도움을 준 분들께 감사의 말씀을 전하지 않을 수 없다. 첫째, 자료의 정리에는 이육사문학관(李陸史文學館)의 김균탁 학예사, 신준영 차장이 함께 고생했다. 그리고 다양한 자료의 수집과 검토를 위해서 한국방송통신대학 황순학 선생의 도움이 컸다. 둘째, 이원조의 글에 나타나는 건강에 관한 염려와 관련한 상당 부분에는 한의학 관련 용어들이 등장하는데 이 부분일수록 더 잉크가 뭉쳐지거나 흐리게 인쇄되어 읽을 수 없었다. 따라서 의학적인 부분은 한의사인 이재환 원장에게 해석과 추론을 부탁하기도 했다. 셋째, 경주 일대 유적 답사에 관한 수필은 경주에서 교사생활을 하는 박만호 선생님께 부탁했다. 넷째, 한문 서간이나 시에 대해서는 근원적인 자문이 필요해 김승균 선생님과 이정인 박사의 조언을 받았음을 밝혀둔다.

육사로를 내려다보는 태화봉 중턱에서

2020년 3월

강진우

■ 일러두기

1. 원문을 그대로 실어야 한다는 관점에서 당시의 표기법은 존중하되, 국한문혼용체의 가독성을 높이기 위해 국주한종체로 표기함.
2. 당시의 발음상 연음법칙에 의해 의미를 형성하는 부분은 발표 당시 표기법을 따름.
3. 맞춤법 가운데 받침은 그대로 원문을 따르며, 띄어쓰기는 현대의 문법을 따르되 결정적 오자는 바로잡음.
4. 원문의 훼손으로 가독 불가한 부분은 ○로 표시하며, 기타 가독이 어렵지만 다른 자료를 보강하여 가독한 부분은 각주에서 설명함.
5. 한문 서간, 한시는 해석을 붙임.

▲동경 유학 시절의 이원조. 둘째 줄 오른쪽 세 번째

▲『조선일보』 시절의 이원조와 이해순 여사

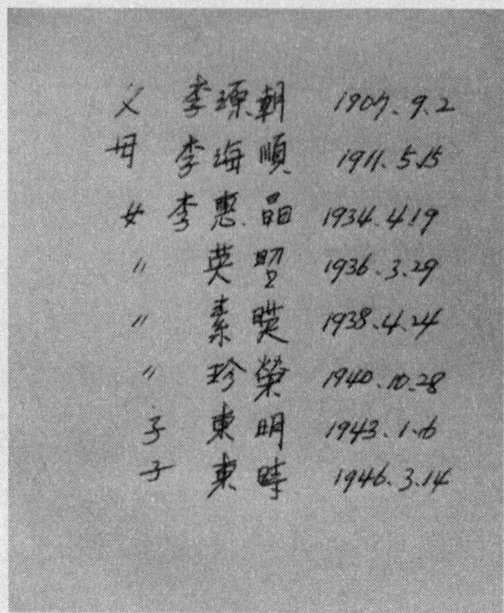

父	李源朝	1907.9.2
母	李海順	1911.5.15
女	李惠晶	1934.4.19
〃	英[illegible]	1936.3.29
〃	素暎	1938.4.24
〃	玲榮	1940.10.28
子	東明	1943.1.6
子	東時	1946.3.14

▲이원조의 가족 명단(처 이질 정리)

▲이원조의 처가의 사진. 장인인 이관용 박사가 안고 있는 아기가 첫째 딸.

▲육사의 형제들 중 (왼쪽부터 원창, 원일, 원조)

博文
第三輯
博文書館發刊

朝光
創刊號

人文評論
創刊號
人文社

THE NEW KOREA
新朝鮮
十二月號
1934

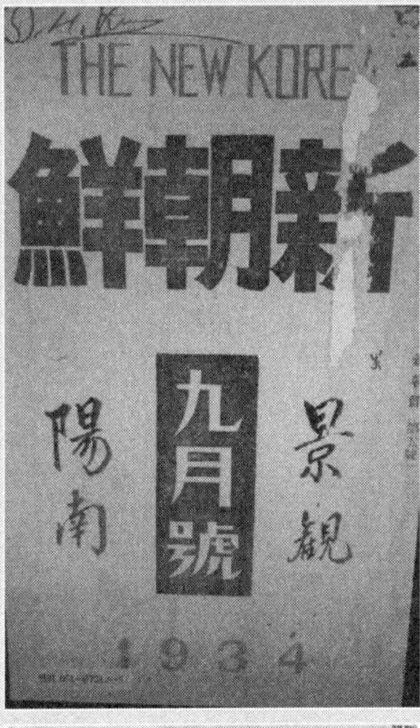
THE NEW KORE
新朝鮮
九月號
景觀
南陽
1934

現代朝鮮文學全集
(隨筆篇)
第一卷

春秋
新春號
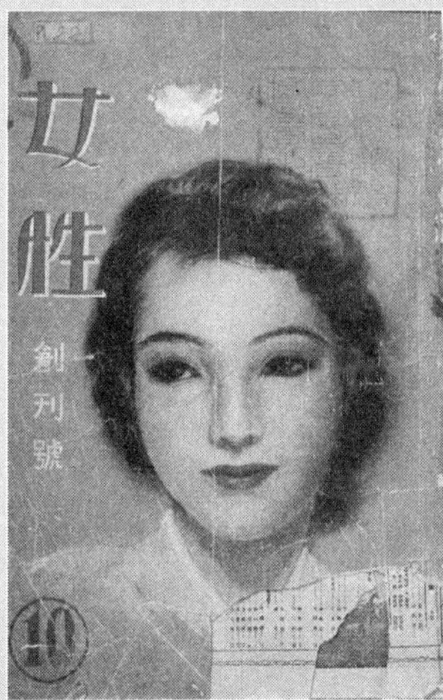
女性
創刊號
10

東光
동광
三月臨時號
1931

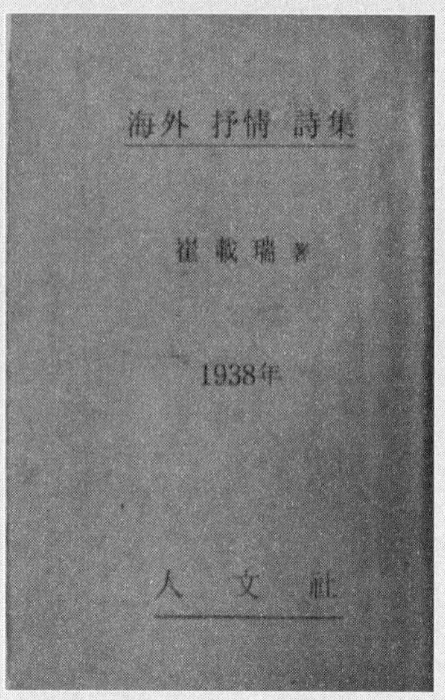
海外抒情詩集
崔載瑞 著
1938年
人文社

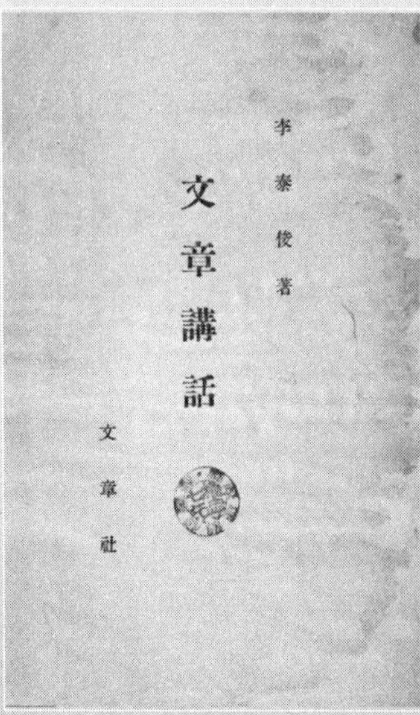
李泰俊 著
文章講話
文章社

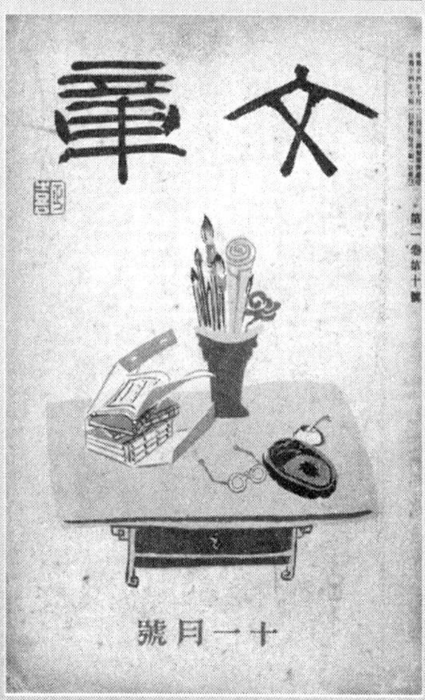
文章
十一月號

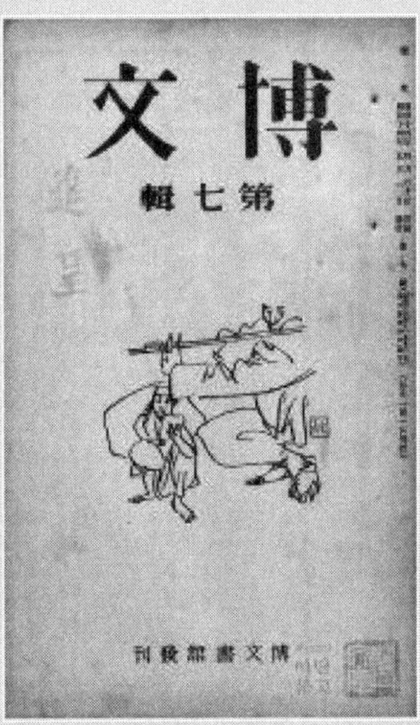
博文
第七輯
博文書館發刊

四海公論
一週年記念大特輯號
五月號

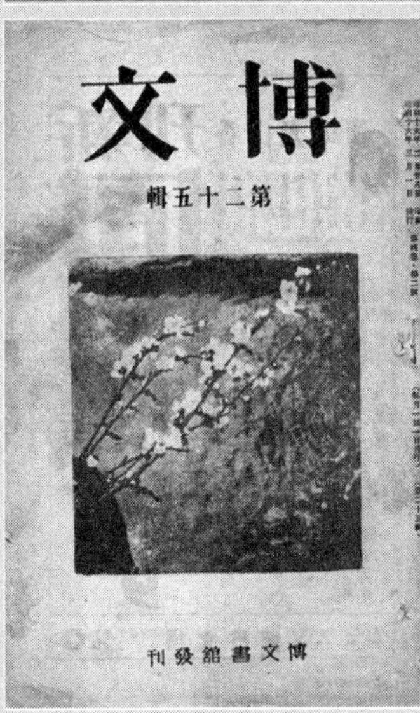
博文
第二十五輯
博文書館發刊

三千里文學
三千里社創業十年記念特輯
四月一日發行

白光
新年特輯
第一輯

新文藝
創刊号
新文藝社

朝光
創刊號

77
朝光
正月號
中國·特輯

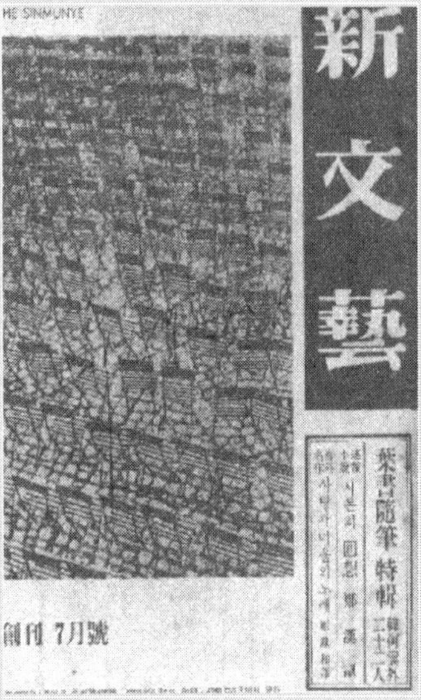
新文藝
創刊 7月號

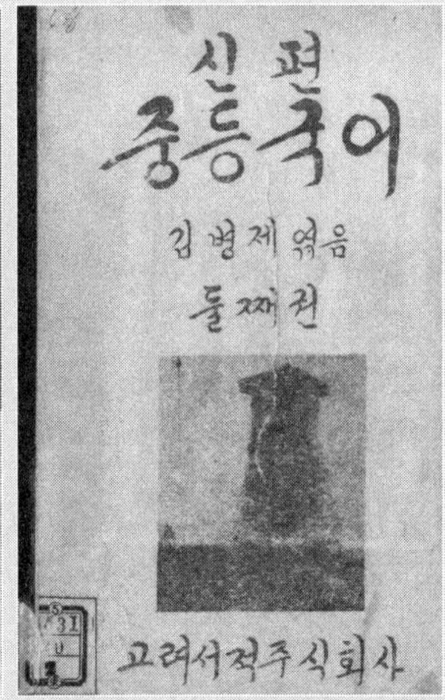
신편
중등국어
김병제 엮음
둘째권
고려서적주식회사

春秋
新春號

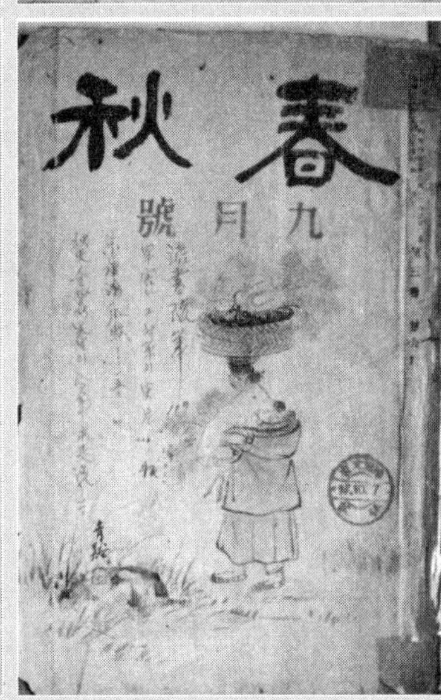
春秋
九月號

차 례

2부 소설(小說)

3부 수필(隨筆)

4부 일제 강점기 비평

5부 해방 후 논설, 비평

부록

1부

시(詩)

바다

이원조 李源朝

바다 – 바다의 긴장緊張
이것은 조선朝鮮의 생명生命이다.
밀물 – 밀물의 폭음爆音
이것은 조선의 호흡呼吸이다.

바다 – 바다의 수평水平
이것은 조선의 진리眞理다.
밀물 – 밀물의 역전逆轉
이것은 조선의 진출進出이다.

오! 여귀 서 잇는
나의 존재存在여!

『조선일보』 1927.12.09. 석간 3면

전영사錢迎辭

지나간 넷날의 멧백년百萬年이
모두 다 해수이 밧귀엿서도
이제는 도라왔다네
삶의 새해 우승의 새해가!
외치는 닭소리 살펴지는 해빗
이것은 사라나는 힘의 첫 선언宣言이니
오! 벗이여 듯는가? 보는가
이 새소리 이 새빗을!
언제나 언제나-기다리든 그때가
이제는 우리 압해 가로 노혓나니
한 고비 더 참어라 그 괴로움을
라팔 불고 북칠 때만 남어 잇다.

오! 벗이어 그대의 우렁찬 몸을
다시금 내 눈 압해 그리면서
이 삶의 새해 우승의 새해를
나는 깃부게 마지하노라-

『조선일보』 1928.01.01.

기다리는 마음

산들바람 불어와 전나무 흔들고
한나절 쪼약볏이 쏘 이어올 째 혼자서 란간에 비겨 안즈니
이럴째 오마 귀약한
당신이 아니언만
어쩐지 오늘은 꼭 오실 듯 해
잣구만 잣구만 기둘리집니다

길손조차 끈허진 한길 우에는
해도 저서 어둑살이 찌어오는데
행여나 오시는가 바라다보면
오시지는 모할 줄 번연이 아는
당신이언만
그래도 힌 옷자락 번득할 째 마다
일어섯단 쏘 속아 짜증을 냅니다.

1929년 10월 20일

『동아일보』 1929.10.31.

회인懷人

일(一)

못 보아 그립은 님
못 니저 원수로다
미워서 이럴테면
닛고도 남으련만
못 닛는 원수이길래
가슴 답답하여라

이(二)

새 단장 고운 양자
어대다 치우신고
날그려 병(病)드신 님
숢에 보기 잔상해라
내 얼굴 님이 보시면
그도 응당 이러리

삼(三)

만나기도 자로 하고
써나기도 자로 하면
리별에도 능이 나서
애끈치는 안흐련만

첫 간장 녹는 것이야
참아 어찌 견디리

1929년 11월 9일

『동아일보』 1929.11.15.

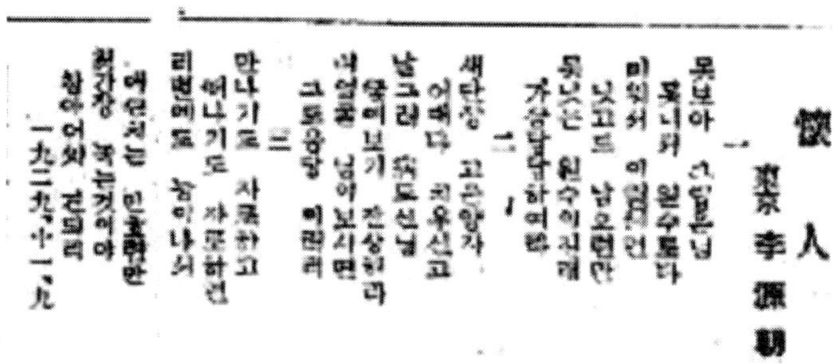
戀人 東京 李[illegible]

一
못보아 그립든님
못니저 원수로다
미워서 미엇더런
닛고도 남으련만
못닛는 원수이길래
[illegible]

二,
새단장 고흔양자
어데다 키우신고
날그려 [illegible]
[illegible]
내얼골 남이보시면
그토록당 [illegible]

三
만나기도 자룸하고
떠나기도 자룸하련
리별에도 [illegible]
애닯치는 [illegible]
첫간장 녹는것이야
참아어찌 견듸리
一九二九,十一,九

산장山庄의 가을

山기슭 모밀바테
만경晩耕이 어제러니
어느덧 힌 꼿 피고
추풍秋風이 소담素談하이
추가秋家의 연체宴體국수[1])도
머지안하 내리리

1929년 11월 9일

『동아일보』 1929.11.15.

1) ‘연체(宴體)국수’는 ‘잔치국수’이다.

무제無題 (1)

열일곱 열 여덜 한창 적에
세상엔 나 하나이라고 미덧든 마음
거짓 업시 미덧든 마음
나는 무엇을 밋고 그랫든고
지금은 그 째 그 마음을
알 길조차 엄서라.

『동아일보』 1929.11.27.

무제無題 (2)

대장부大丈夫 맛당히 줄 때 죽어야 한다고
이전에 누구에게 들엇든 말을
오늘도 어느 친구 말하는 것 보니
아마도 이 말을 알기는 다아는게루구만
그래도 六尺육척 넘은 대장부大丈夫들은
죽을 때 하나도 죽지 않고
제멋대로 살다가 죽어지는 걸.

1929년 11월 17일

『동아일보』 1929.11.29.

東亞文壇
◇學藝部考選◇
無題
東京 李源朝
大丈夫맛당히 죽을때죽어야
한다고
이뎐에 누구에게 들엇든말을
오늘도 어느친구말하는것보
니
아마도 이말을알기는 다아
는게루구만
그때도六尺넘은 大丈夫들은
죽을때 하나도죽지안코
제멋대로 살다가죽어지는걸.
一九二九、十一、十七

이국춘異國春

낯설은 짱에 와서
이름 익은 꽃을 보니
나그내 외론 몸이
이만해도 넉넉건만
멋모를 수란한 심사
싸로 숨어 드려라

머나 먼 내 고향故鄕은
꿈 속에도 다 못 가도
다사한 요새 쯤은
겹옷 입은 시절인가
소식도 오래 막히니
몰래 아득하여라

피는 꽃 밧븐 속에
내 잠 홀로 게을러라
누엿이 넘는 해가
한늘 한 편 붉엇으니
삼천리三千里 어린 꽃빗이
놀 지은가 하노라

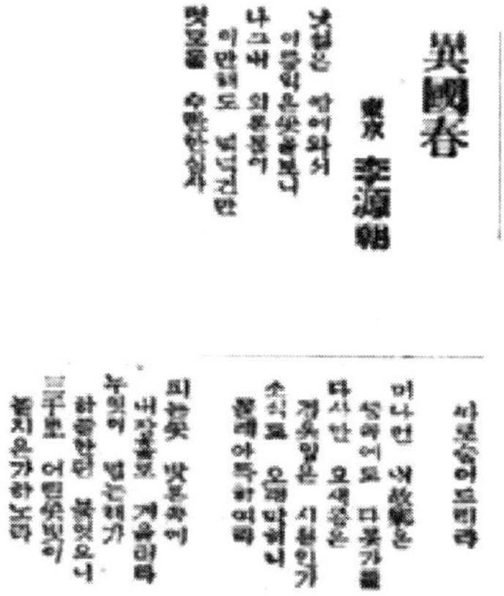
異國春
東京 李源朝

『동아일보』 1931.5.20.

초하음初夏吟

여천黎泉

(一)

쎕은 듯 기나긴 해
쌀내줄에 안젓는데
물차든 제비 한 쌍
깃 쏘이다 조우누나
잇다금 쑴에 놀내는가
고개 감박 하더라

(二)

쏫지자 닙히 피니
못난 가지 전혀 업서
삼춘화사三春火事를
쑴이런 듯 니즐레라
지난 뒤 변하는 인정이란
다 이런가 하노라

(三)

만천홍萬千紅2) 다날닌 뒤

2) '만천홍(萬千紅)'은 '만일(萬日), 천일(千日)이나 오래 꽃이 핀다는 서양 난(蘭).'이다.

버들개지 마지막을
힌나비 늙은 깃에
어우러져 희롱하니
천지天地에 지난 봄 흔적이
이 뿐인가 하노라

『동아일보』 1931.06.07.

나의 어머니

내마음 빚어내여 어머니 정 알까하야
책상 앞 고개 수겨 곰곰이 생각하나.
어떤 줄 모를 넓히가 어머닌가 하노라
젖 줄고 힘 줄으니 예 하든 일 못 하시데
몸 긔동도 어렵거든 나를 어이 키우랴만
나날이 헛애만 쓰시는 양 더욱 설어 하노라.
가난에 천해진 맘 배 불으면 없을세라
한 수깔 샌긴 밥도 제게 먼저 주시든 일
지금에 뜨거운 눈물이 옷깃 저저 흐르네.
잠결에 이불 차서 억개가 드러날 때
가만이 덮어주며 소리 없이 나가시든 일
눈 우에 벗고 누어도 추운 둘을 모를레라.
해마다 자랄사록 손끝에 멀어지나
예런 듯 젖 먹이든 맘 한갈같이 어린 것을
만리에 떠나보내신 맘 더욱 오작하리까.
말로 일로 길러주심 그것조차 다 모르나
말없이 사랑하심 더 얼마나 많으신고
제 몸이 외로워 가니 더욱 생각납네다.

『동광』 제25호 1931.09.04.

승방僧房의 황혼黃昏

검푸른 숲속 넙넙히 황혼黃昏이 저저들 때
별철니드시 욱어진 나뭇가지에 부드쳐
푸드득 거리는 산새의 깃치는 소리가
여긔 저긔서 무거이 뚝뚝 써러집니다.

산초나무 열매 숫헤 이슬 매칠 때
먼―산에 노루색기 외마듸 읊고 가니
이즈레진 옛집이 다시금 고요한데
올봄을 새여가는 가을 물소리만 차웁습니다.

새여드는 저녁 햇빗헤 붓체 얼골이 붉어올 때
한숨조차 숨겨가며 혼자 절하는
젊은 여승女僧의 가슴 속을 뉘가 아릿가?
흐트러진 목탁木鐸소리만 여승女僧의 황혼黃昏을 울어갑니다.

『신조선』 1934.09.

비파호琵琶湖 건너면서

비파호琵琶湖 가을비가 엇지나 가늘어서
먼 손의 낡은 옷도 적실 줄을 모릅니다.

바람이 자니 물결도 자는데
갈 길이 밧부잔어[3] 재촉지 안으니
노젓는 배사공도 잇다금 조읍니다.[4]

써나온 저 언덕 볼사록 멀어지니
가는 듯 안가듯 이래도 가나부다
비방울 문의저[5] 비단갓흔 물결 우에
썻다 잠겻다 오리 한 마리가 외롭습니다. －료了－

『신조선』 1934.09.

3) 바쁘지 않아
4) 졸납니다.
5) 무늬져.

각사탕角砂糖

푸른 김이 피여 오르는 홍차紅茶 잔盞에
북해北海의 빙산氷山이 문허저 내리드시
새하얀 모사탕이 녹아지는 것을
나는 본다 감아니 드러다 본다.
멧 번이나 싸엇단 허무러저바린
내 「정열情熱의 포태胞胎」를 어르만지면서.

『신조선』 1934.12.

연민憐憫

찬바람에 휘날이는 가을비ㅅ소리
잇다금 유리창琉璃廠을 뒤흔드는 이 밤중에
오! 내가 질겨하는 어엿분 새색기들은
어느 나뭇가지에서 섯드른 꿈을 울고 잇는가?
새하얀 석회벽石灰壁, 네모난 내 침실寢室 속에
혹시나 비 한방울만 써러저도
잠드지 못한 내 양심良心은 금방 속아질드시
천장만 처다보며 전율戰慄하는 이 밤에.

『신조선』 1934.12.

오월五月의 노래[6)]

-이 한 세상을 그네 뛰는 맘으로 살고 지고

최저근最低根

오월五月은 해방의 달, 자유의 달.
오월五月은 히망의 달, 기쁨의 달.
한 해 동안을 엎눌리우고 속박되어
암울과 치욕 밑에서 허덕이며
참아온 여인네들이,
엎누르든 모든 무게, 손발 매엿든
모든 줄을 벗어나
가벼운 새 옷을 갈아입고
활개 펴고 들로, 산으로 나가노나.

푸른 보리밭 속으로부터
푸른 하늘로 한숨에 올라
가슴 터저라고 한껏 지저귀는
첫여름의 "에스프리" 종달새 같이
여인네들 그네에 올라
가슴껏 푸른 하늘을 마시며

---

6) 「오월의 노래」, 「기하학의 시」 두 편은 필자명을 최저근(最低根)으로 표기하고 있다. 최저근이라는 필명을 사용한 사람은 아직 밝혀지지 않고 있고, 「기하학의 시」의 내용에 '앙드레 지드'를 언급하거나 '괴테'를 언급한 것으로 보아서 이 두 편의 시를 이원조의 시로 확정한다. 특히 「오월의 노래」는 이태준의 『문장강화』에서도 이원조의 대표 시로 소개하고 있어 개연성이 더 크다. 다만 양재훈 편의 『이원조 비평선집』에서는 이 부분을 『조선일보』 5월 3일로 발표 지면을 소개하고 있으나 두 편 모두 『동아일보』 1935년 6월 5일 자와 1936년 2월 20일 자에 실려 있었다.

상제上帝께 돌아가는 직녀織女인양
황홀恍惚의 가쁜 숨을 쉬며
하늘 높이높이 오르노라.[7)]
이 자릿자릿한 황홀恍惚이어
이 몸도 종달새 넋과 함께
하늘의 바다 밑으로 끝없이 달려
태양太陽의 심장心臟ㅅ불에 타버리고저.

오르고 또 오르는 몸과 맘!
몸과 맘의 때(垢)는 청풍淸風에 씻고,
포근한 보리 이삭의 입김에 재채기하고,
단란團欒한 줄기꽃. "아카시아"의
간지러운 향기에 품겨
젊은이의 히망의 꿈속에
단잠들리라.

오월五月은 조흘시고, 기쁠시고……

『동아일보』 1935.06.05.

---

7) 원문에서 '오르노다'로 표기되어 있다. 그러나 글의 흐름을 보면 '오르노라'가 맞다.

기하학幾何學의 시詩

최저근最低根[8)]

▲점點

-(가상假想과 실제實際)

진실적眞實的의 점點은 "펜" 끝으로 그릴 수는 없다. 그려진 점點은 벌서 점點 수가 없다.

마는 그려진 점點이 아닌 점點을 가지고서야 이치理致를 전진前進시킬 수 잇다.

▲직선直線

-(그곳에 빨리 가려면)

점點과 점點 사이의 최단最短의 거리距離는 두 점點을 이으는 직선直線이다.

우리가 바라는 그곳에 빨리 가려면 이 길이 가장 가까웁다.

▲각도角度

-(사소些少한 차이差異라고?)

너와 우리의 의견意見의 차이差異는 사소些少한 것이라고 우기지 말라.

그 각도角度가 조금 후後에는 널따란 방향方向으로 너와 우리를 헤어지게 한다.

▲평행성平行線

-("앙드레 · 지-드"의 한계성限界性)

철저徹底한 개인주의個人主義는 "코뮤니즘"에 이를 것인가? 이에 가까운 평행선平行線은 제 아모리 가깝다기로서니 이와 합치合致되지는 못할 것이 아닌가?

(이것은 다만 기우杞憂에 그칠 것인가?)

---

8) 「기하학의 시」는 다다이즘을 실험한 시이다. 이 시의 필명을 '최저근(最低根)'으로 쓰고 있으나 그 내용에 앙드레 지드를 언급한 점, 은유를 통해 세인들을 비판한 점 등에서 이원조의 시라는 것을 알 수 있다.

▲ 다시 평행선平行線

철로鐵路는 끝없는 경쟁競爭을 하고 있다 연장延長이다 연장延長이다……

"아인쉬타인"이 무어라 해도 결단決斷코 교차交叉하지는 아니 한다.

그러고 이는 하폄나는[9] 일이다.

그 우를 영리怜悧한 기차汽車가 달린다.

▲삼각형三角形

–(국수주의자國粹主義者에게)

"피라미드", 클 대로 크든 가진 투로 생겨 먹든 이직각二直角이라는 시체屍體를 간직하는 이상以上의 가치價値가 없는 "피라미드"다.

그 시체屍體가 옛날의 훌륭한 황제皇帝이로서니 방부제防腐劑로 겨우 썩기를 면免한(?) 생生 일흔 목내이木乃伊임에는[10] 틀림없다.

(자기自己가 구역 안 난다고 함부로 분묘발굴墳墓發掘을 마오.)

▲다시 삼각형三角形

이변二邊의 화和는 남아지 일변一邊보다 크다. 다각형多角形에 잇어서는 더욱.

▲원圓

–("괴-테的 완전주의자完全主義者에게)

완전完全한 것, 완성完成된 것,

시작도 끝도 없는 것,

자기도취自己陶醉에 빠졋으나 그것은 원주圓周라는 한계선限界線 속에 가치운 좁은 면적面積뿐.

▲직경直徑

–("일화견日和見" 주의배主義輩에게)

전속력全速力으로 맴도리 하여도

---

9) 하품나는.

10) '목내이(木乃伊)'는 '썩지 않고 마른 상태로 시신을 오랫동안 보존하도록 처리한 동물이나 인간의 미이라'이다.

짧지도 길지도 아니하고

꼭 들어맞는, 너는 팔방미인八方美人! "인간성人間性"이라는 중심中心을 일치 아니햇다고 큰소리 치는 신(酸) 예술지상주의배藝術至上主義義輩는

원圓만의 직경直徑처럼 무수無數히 족출簇出한다

▲부등변다각형不等邊多角形

-(잡학雜學의 범람氾濫)

왼갖 방면方面으로 박학博學을 삐죽삐죽 내어 보히는 부등변다각형不等邊多角形

멋없는 "포-즈"에서 한 가지의 성격性格을 찾으려는 내가 미련하다.

(一九三六, 二)

『동아일보』 1936.02.20.

정물靜物

= 마담 · 베토누이 밀실소경密室小景 =

어젯밤 향연饗宴는 지릿든가부다.
「남양南洋의 태양太陽은 플랫터나 갓구요」
「나는 아직도 산새의 노래 그리운데요」
이처럼 너들이 제 고향故鄕 이야기를 속삭여도
마담 베토누이의 두 뺨에는
베일 가튼 미소微笑도 뜨지 안는구나.
해금海錦가치 푸러진 저 육체肉體가
천千길 만萬길 포태怖怠의 바닷 속에 잠것건마는
새색기가치 날러간 마담의 영혼靈魂은
이 고요한 새벽 침실寢室에 가지 도라올 줄 모르는구나.
새빨간 네 피로皮膚가 더 얄빕다.
정열情熱은 벌서 어느 오후午後에 일허버렷느냐?
씰버! 나이프의 잔인殘忍한 촉감觸感에
바르르더는 잔인한 유혹誘惑.
물고기가튼 마담의 손까락이
게을니 너를 희롱戲弄하기 시작하면
정지靜止되엿든 슬푼 이야기는
또 한 번 안개가치 피여 오르련마는.

『여성』 1937.02.

협중음峽中吟(미정초未定草)

기其 일一

협중峽中에 사노라니
팔월八月부터 황량荒涼하다.

실과도 접엇다니
찾는 사람 더끗친데.

물고추 말니는 지붕
새빨가케 타더라.

기其 이二

박토薄土라 들국화菊花도
제대로 못 피지만
村童은 어리석어
잡을 줄 모른다고

저녁볏 잠자리떼는
어지러히 날더라.

기其 삼三

단풍丹楓 익어가면
보혐직도 하다지만

경치곳 보량이면
어데라고 못 쓸건가

한 삼년 지나든 곳을
이제 떠나 보리라

『야담』 제4권 1938.

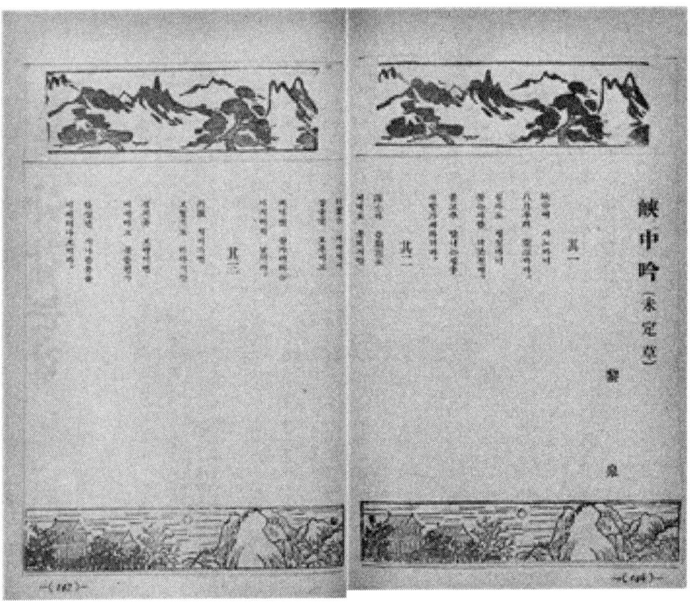
峽中吟(未定草)

其一

其二

其三

콩

어니 요전에 광득이 하고 압바테 콩사리 갈 때
나 안 데리고 갓다가 집에 와서 아버지한테 꾸즈름 드럿지.
인제 봐 래일모래 콩 타작하면 어머니가 겨오내 나만 콩복가 준댓서.
난 이쪽 주머니에도 한 옥큼 저 쪽 주머니에 한 옥큼
두 주머니가 불눅하게 복근 콩 너 가지고
어니는 하나도 안주고 내 혼자 먹을테야.
콩 먹고 양양
밤 먹고 양양
내 혼자 먹으면서 어니 까짜나 울려줄 걸.
콩 먹고 양양
밤 먹고 양양

『소년 조선일보』 1938.10.16. 1면

산거우회山居寓懷

여천黎泉 이원조李源朝

門對頑峯月上遲,

문대완봉월상지

一端凄意有誰知.

일단처의유수지

偏憐近日無佳賞,

편린근일무가상

萬壑楓殘雪未時.[11]

먼혁픙전솔미시

『동아일보』 1939.11.21.

---

11) 산에 거하며 품은 회포
문을 내다보며 천천히 산봉우리에 오르는 달을 볼 때
한 자락 처량한 마음 누가 알리오.
가까운 날 아름다운 놀이/ 감상이 없어 처량해지는데
온 골짜기 단풍의 잔설은 아직도 녹지 않네.

봉화여천奉和黎泉

무애无涯 양주동梁柱東

黎泉 頃以佳作一絶見贈, 寓懷諷意 令人作汗, 遂次二首以鳴謝.

여천 경이가적 일절견증 우회풍의 영인작한 수차이수이명사

山居每恨見聞遲, 物換景移總未知.

산거매한견문지 물환경이총미지

近日楓林遊賞少, 孤吟始覺晩秋時.

근일풍림유상소 고음시각만추시

衡門十載此棲遲, 老大情懷秖自知.

형문십재차서지 로대정회지자지

靜中常得優遊處, 不信人間有四時.12)

정중상득우유처 불신인간유사시

『동아일보』 1939.11.21.

---

12) 여천에게 받들어 화답하네

여천이 지난번 아름다운 시 한 편 보내온 걸 보니,
회포에 뜻을 빗대나 사람으로 하여금 땀이 나게 하는구나.
마침내 다음 두 수로 감사를 표하네.

산에 거하며 매일 한탄하니 견문이 처지고
세상 풍경이 바뀌는 것을 잘 알지 못하네.
가까운 날 단풍숲 속 거닐며 감상할 날 적으리니
외로이 신음하며 늦가을을 비로소 깨닫네.

조사弔詞

– 역시譯詩

잘난이 못난이나
죽엄에야 다르랴만
젊어서 가신 그대
남달리도 앗가워라
외로이 잠든 혼이나
길이 평안 하소서

무장야武裝野13) 넓은 들에
봄은 다시 오는고녀
어느곧 풀난자리
그대 밟든 발자욱고
사람만 가고 안오니
더욱 슳어 하노라

현해탄玄海灘 건널 적에
바다같이 넓은 희망
한 옥큼 뼈만 남어
돌아갈 줄 뉘 알엇노
뱃머리 넘치는 물결은
눈물인가 하노라

---

13) '무장야(武裝野, 무사시노)'는 일본 도쿄(東京) 대지에 위치한 도시이다.

살려고 배우려고
끝끝내 애쓸 적에
비바람에 지친 병이
병이 되어 죽단 말가
못 잊을 그 한恨을 품고
어이간고 하노라

살어서 애쓸 적에
돌봐주지 못 한 것이
죽어서 마친 뒤에
운다한들 무엇하리
사람은 포스라워서
눈물인가 하노라

어於 동경여수각東京如水閣

『동아일보』 1931.07.07.

호수

이러케 항상 새로운 기슭을 향햐 몰려오면서
영원永遠한 박속에 도라오지 안코 지나가면
우리는 끗업는 세월의 대양大洋우에
단 하로도 닷을 네루을 수는 업는가?

오– 호수湖水여! 세월은 겨우 一年여지낫는데
그이가 다시 보아야 할 그리운 물결여페
보아라! 나는 호올로 이러케 와 안젓다

그때도 너는 이러케 기픈 바위미테서 포효咆哮햇스며
그때도 너는 이러케 바위에 부드처 깨여젓더니
그리고 바람은 네 물결을 부러다가
그이의 어엽분 발우에 물방울을 날렷더니

호수湖水여! 너는 기억記憶하는가? 그날 밤
우리가 말 업시 배를 저을 때
멀리 하늘끗 그리고 물결 우에
들리는 것 이라고는 조화調和잇게 수면水面을 치는
우리의 노젓는 소리 뿐이엿다

그러더니 졸지猝地에 이 세상 갓지안흔 발소리가
그리운 저–기슭에서 반향反響을 이르켯다.
물결은 갑자기 고요해지고 그리운 사람의 소리는
이러한 말을 하고 잇섯다.

「오 - 시간이여! 네 비상飛翔을 멈추어라!
그리고 인자仁慈한 때여 네 흐름을 멈추어라
그래서 우리 일생一生에 가장 아름다운 하루의 덧업는 기쁨을 맛보개하여라」

그러나 이 세상애는 수만흔 불행不幸사람들이 네게 원하고 잇다.
흘러가거라 그 사람들을 위해 빨리 흘러가거라
날마다의 그 사람들의 괴로움까지도 가지고 가거라라.
그리고 질거운 사람들은 이저버려라.

아_
편각片刻의[14] 소원所願 비러도 시간時間은 다러난다.
그래서 나는 이 밤에게 말한다.『조곰만 더 천천히 지나가려무나』고
그러나 새벽은 닥처와 밤을 쪼치려 한다.

사랑할거나 사랑하거나
우리는 이 젊는 시간時間에 빨리 질려하리
사람에겐느 항구港口가업고 때에는 기슭이 업다.
그래서 때는 흐르고 우리는 떠난다. -

엇지면 영겁永劫의 때는 질투嫉妬도 만흔가
지금 우리 사랑에 넘치는 도취陶醉의 순간瞬間도
오히려 불행不幸의 날과 가티 빠르게
우리로부터 멀리 나러가지 안흐면 안 되는가!

---

14) '편각(片刻)'은 '아주 짧은 시간'을 의미한다.

아— 마침내 우리는 이 사랑의 흔적조차
이 세상에 남기지 못할 것인가!
영원永遠히가고 모든 것은 사라저서
그들은 다시 내손에 도라오지 못할 것인가!

영겁永劫이여, 창공蒼空이여, 과거過去여, 어두운 심연深淵이여!
너들이 삼켜버린 세월을 너들은 어찌하려느냐!
말하라, 우리에게서 빼서간 지상至上의 도취陶醉들
너들은 언제나 우리에게 돌려주려느냐?

오— 호수여, 침묵沈默의 바위여, 어두운 숩이여!
때에 따라 변變함이 업고 때에 따라 다시 졂어지는 너들은
이 밤을 지나라 이 아름다운 자연自然을 지나라,
아니거든 오늘밤 우리들의 추억追憶만이라도!
아름다운 호수湖水여 너의 휴식休息 속에나 너의 폭풍우暴風雨 속에나
너의 통곡慟哭하는 언덕의 풍경風景속에나 또 그 검은 밀림密林 속에나
그리고 수면에 내미는 바위 속에나
하늘거리며 지나가는 미풍微風 속에나
밀렷다는 다시 물러가는 파도波濤소리 속에나
수면水面에 번쩍이는 보드라운 광선光線의 황군皇群 속에나
어데나 오늘밤의 우리 추억追憶이 깃드리게 하여라

그러면 호늑이는 바람 탄식하는 갈대,
너의 아람다운 대기大氣의 가벼운 향기香氣 이 모두 듯고 보고 호흡呼吸하는
지상地上의 모든 것이
다 가티 말하리 「그들은 사랑하였다」고.

『조선일보』 1938.03.11. 석간 25면

최재선 편, 『해외서정시집』, 인문사, 1938.

Alphone de Lamartine 詩, 이원조 譯

각적角笛[15)]

저녁 때 깊은 숩 속에서 들려오는 각적角笛소리
쪼껴가는 산양의 우름 소리를 노래함인가
그러치 아니하면 입사귀 마다에 부드치는 북풍北風소리인가.

멧번이나 나는 혼자서 어두운 밤속에
그 소리를 드르며 깃버든고. 그리고 또 우럿든고!
옛날 기사騎士의 죽엄을 알니는
예언豫言과 같은 그 소리를 드르면서.

오 - 벽색碧色의 영봉靈峰이여! 오 열애의 향토鄕土여!
「프로조나」의 층암層岩, 「마르보레」의 원속園俗이여
잠긴 눈속에서 떨어지는 폭포瀑布여
「피레네」 산중에서 흐르는 원천原泉과 급류急流와 시내여

개화開花와 결빙結氷의 영봉靈峰, 두 계절季節의 왕좌王座여
산정山頂은 어름이 깔리고 산록山麓에는 지초芝草가 욱어젓거니!
여기와 앉으리, 여기서 드르리
저 - 멀리서 울리는 슬프고도 귀여운 각적角笛소리를.
적적寂寂한 밤 깊어 올 때, 집 떠난 나그네는
어린 산양山羊의 방울소리에 석여
처량하게 떨리는 노래로
이 깊은 밤을 끝없이 울니기도 한다.
조심성 있는 산양은 제 몸을 피하는 대신

15) 뿔피리.

바위 마르턱에 가만히 숨어 있으면
폭포瀑布는 무한無限한 낙하落下 속에서
제 영원永遠한 탄식을 슬픈 노래 속에 무더버린다.

기사騎士의 영혼靈魂이여, 다시 오지는 않으려는가?
그리고 각적角笛소리와 이야기한 것은 그대였는가?
「롱스보-」! 「롱스보-」여! 네 계곡溪谷의 그늘 속에
위대偉大한 「로-랑」의 그림자는 위안慰安받지 못 하였다.
-이하以下 략略-

주 1) 「프로조나」 지명地名
2) 「마르보레」 지명地名
3) 롱스보- 산명山名
4) 「로-랑」 「샹송 · 줴스트」에 나오는 기사의 일흠

Alfred de Viigny, 이원조 역
최재선 편, 『해외서정시집』, 인문사, 1938.

해경海景

바다는
상복喪服입은 달 아래서
떨고 있다.
아직도 떨고 있다.

불길不吉한
번개는 구비처 번쩍이면서
어두운 허공虛空을 잡어 짼다.

물결은
경련痙攣하드시 뛰면서
긴 암초暗礁우에
왔다, 갔다 번쩍이다 고요하다.

회오리 바람이
설레는 창궁蒼穹에
우레는
무섭게 으러렁댄다.

『토성인土星人의 노래』, Paul Verlaine 시詩 이원조 역譯
최재선 편, 『해외서정시집』, 인문사, 1938.

가을 노래

가을
비오롱의
기나긴 흐늑임,
사랑에 지처진
내마음을
집어 뜻는다.

종鐘이
울려오면
가슴은 막혀
지나간 일을
생각하며
나는 눈물을 짓는다.

모진 바람아
내 몸도
불어가거라.
여기 저기
굴러다니는
낙엽落葉같이.

『토성인土星人의 노래』, Paul Verlaine 시詩 이원조 역譯

최재선 편, 『해외서정시집』, 인문사, 1938.

자로 맺는 꿈

이상하게도 몸에 저저드러 자로 맺는 꿈,
서로 사랑하면서도, 낯 모르는 그 여인女人,
번번이 다르면서도, 번번히 같은 그이는
그래도 나를 사랑하고 나도 그이를 사랑한다오.

그이가 나를 이해理解하기에 내마음은 청명淸明해지고
아－ 그리고 그이만을 위해서 내마음은 안온安穩해진다오,
그래서 내 창백蒼白한 이마에 흐른 땀을
그이는 울면서 눈물로 씨처준다오.

그이의 머리 결은 무슨 빛이든가? －－ 나도 모르지,
그이의 일흠은? 다만 이 세상을 추방追放당한 옛날 애인愛人의
그 일흠같이 아름다운 음향音響을 가졌다오.

그이의 눈동자는 조상彫像의 눈동자 같고,
그이의 소리는 멀니, 고요히, 무거이,
지금은 듣지 못할 그 어엽분 소리를 듯는 것 같다오.

『토성인土星人의 노래』, Paul Verlaine 시詩, 이원조 역譯

최재선 편, 『해외서정시집』, 인문사, 1938.

2부

소설(小說)

한 대조對照

K군 !

오래도록 그대의게 편지 못한 대신에 그동안[16] 내가 격거온 조고마한 이야기 하나를 식혀 다오.

× ×

내가 이곳으로 옮아오기 전에 잇든 하숙집이 바로 목욕탕 마진 편이엿든 것을 군은 모를 것이다. 그러나 목욕탕이라면 제도의 양식(樣式)이 거의 천편일률(千篇一律)로 갓흔 것임으로 내가 새삼스러이 그것을 설명하지 안어도 군은 어느 일정한 목욕탕의 「이이마－쥬」를[17] 그리기가 그다지 어렵지 안을 것이다. 가령 말하면 목욕탕이란 의례 그 정면에 거의 정방형의 현관이 잇고 그 현관의 문짝에는 카－텐 대신에 무슨 활동 사진광고나 약 광고 갓흔 포데기가 맛치 부역군으로 온 남의 집 머섬갓치 스스럽게 달녀 잇는게 라든지 현관에 드러서면 양성별(兩性別)로 갈너저 잇는 신함(靴箱)이 가장 례의잇게 서로 마조보고 잇는 게라든지 다시 문짝에 드러서서 바로 문압희 그 중성적(中性的)인 위치에 감시의 오만(傲慢)과 공리(公利)의 겸손(謙遜)이 함씌 싸여잇는 맛치 법당에 부체[18] 뫼시는 자리 갓흔데서 돈밧는 사람이 쪼그리고 안저 잇는게 라든지 이런 모든 긔긔괴괴한 것들을 다 그 일정한 자리에서 일정한 의미로 그대는 상상할 수 잇을 것이다. 그러나 이런 것은 그냥 내가 이야기를 자미잇게 하기 위해서－실상은 도리혀 자미 업시 될는 지도 모르지마는－것치장으로 잠간 말하는 것이고 실상 내가 이야기하고저 하는 것은 이른 것들 외에 앗가 잠간 말한 그 식함이[19] 노혀 잇는 곳, 거긔인 것이다. 이러케 말한다고 해서

16) 원문에는 '그안동'으로 적고 있으나 '그동안'의 오식으로 보인다.
17) 이미지.
18) 부처.
19) '쇠함'은 '쇠로 된 상자'이다.

그 요사스러운 여자들의 신짝에서 무슨 독개비나 낫타난 줄로 알고 긔괴한 흥미를 늣길 것은 업는 것이다. 다만 언 듯 생각기에 그 무인지경갓흔 거긔에도 한 개의 인간이 배히 되어 잇다는 것 다시 말하면 드나드는 손님의게 신패를[20] 주고 바드면서 신을 직히는 사람이 서잇다는 것을 생각하면 그만인 것이다. 맛치 종달새 뜬 곳에 버리밧이 잇드시 인간이 잇는 곳에는 이약기가[21] 잇는 것임으로 이 사람의 즉책[22]이란 아모 힘드지 아는[23] 것이여서 그런지 대개 로인이나 어린애가 맛타보는 것인데 내 잇든 집 마진 편인 그 목욕탕에는 거기에 열댓살 되어 보이는 어린 애가 서 잇섯다.

그럼으로 말하면 이야기의 주인공은 그 아해인데 실상 나는 그 아해의 일흠도 모르고 나이도 모른다. 어느 째는 그 아해의게 물어보면은 일싀 다정한 드시 물어보앗다가 그 애가 대답을 하지 않으면 나로서 무슨 모욕이나 당한 듯한 불쾌를 늣길 것이라는 예감이 나로 하여금 그만한 용긔를 내지 못 하게 한 것이엿다. 그것은 거의 반년이나 그 아해와 내가 서로 마조 보는 집에서 살게 되니 하로에도 멧번 식 대하게 되는 것임으로 자연이 서로 얼골을 알게 되엿으나 나는 한 번도 그 아해의게서 무슨 말을 하는 것을 드러 본 일이 업는 째문이다. 내가 사흘에 한 번식 목욕을 하러 갈 째에도 그 아해는 신패와 신을 밧구어주면서 그저

「어서 오십시오」

「고맙습니다」

하는 그 단조한 긔계적 음향을 가진 말밧게는 듯지 못 하엿다. 그리고는 언제든지 그 완강한 신테가 맛치 영에 박어노흔 말죽처럼 아모 감각도 표정도 업시 문깐에 벗틔고 서 잇는 것이엿다. 그래서 엇든 째는 압문을 열고 무료하게 안젓노라면 자연이 그 애가 눈에 쓰이게 됨으로 일부러

「오－이」

---

20) '신패'는 '목욕탕에서 신발을 돌려받을 때 주고받는 증표.'이다.

21) 이야기가.

22) 직책.

23) 않는.

하고 소리를 질러보아도 그 애는 힐긋 치어다보고는 빙긋 우스면서 다시는 아모 말이 업시 역시 이전과 갓치 아모 표정도 업는 무관심한 태도인 것이다. 그럼으로 처음에 나는 그 애가 나에 대한 일종의 거만스럽다고 할 만한 무관심한 그것이 년령의 차이로 말미암은 생활감정의 불일치에서 생기는 그것인가 하고서 다시 그 애가 제 동모들과의 사이에서는 엇더한가를 살피게 되엿다 라고 하는 것이 바로 내가 잇든 집과 그 마진 편의 목욕탕과의 사이에는 애스팔트의[24] 제법 큰 길이 뻿처 잇는데 저녁 때가 되면은 의례히 그 동리 아해들이 모다 그 길바닥으로 모혀들어서 맛치 올림픽에 나가는 선수처럼 의긔양양한 어린 참피온들이 모의 조경전(模擬 早慶戰)의[25] 야구 싀합을 시작하는 것이엿다. 그러면 자연이 주고밧는 뽈이 빗물게 튀여저서 그 목욕탕 문깐으로 구을러드러 가게 되는 것이니 우리만 갓애도 구을러오는 뽈이 발심에 채이면 자연이 일종의 무의식적 흥분으로서 그 뽈을 되나 안되나 한번 거듭다 차볼 것이지마는 그 애는 「아서라, 그를 것 업다」는 듯이 일부러 그 뽈을 주어서 뽈 차오는 제 동모들의게 곱게 던저 주는 것이엿다. 긋대는 대체로 그놈애의 거만스럽게 점잔은 것이 일종의 질투를 느깃만치 밉상스러운 것이엿다. 그래서 나는 보다 말고

「이놈아 발길로 차라」

하고 소리를 질넛다. 그러면 그 애는 역시 힐끌 치여다 보고 빙그래 우스면서

「오이 미남자」

하는 것이엿다. 대체 그 애가 나더러 「미남자」하는 것이 무슨 의미의 말인지는 모르겟으나 엇전지 나를 격멸하는 말이거니 하는 무조건한 추측이 나로 하여금 약간 부그럽게 하엿다.

이러케 한두 달이 지나는 동안 나는 다른 한가지의 알지 못할 수수썩기를 그애의게서 발견한 것이다. 그것은 군도 알다십히 내가 본래부터 신경이 몹시

---

24) 아스팔트의.

25) 우리나라의 연세대와 고려대가 연고전, 고연전을 펼치는 것처럼 일본에도 와세다대학과 게이오기쥬쿠대학이 소케이전 혹은 케이소전을 펼친다.

쇠약하엿지만 한동안 잘 조섭도 하고 또는 결혼도 하고 해서 제법 건강이 순조로 나아가든 것이엿는데 우연이 신변의 복잡한 관계가 생겨서 나는 다시 신경쇠약증세가 도지면서 그 지긋지긋한 불면증(不眠症)에까지 이르게 되엿다. 적어도 하로에 여덜시간 이상을 자지 안으면 그 잇흔날은 종일 긔운을 못쓰게 되고 학교 시간이 대개 오전 여덜시 반이나 열시부터 시작하게 됨으로 밤이면 느저도 열두시에는 잠이들지 안으면 안 되는 것이엿다. 불면증이란 한번 걸녀본 사람이면 다 알 듯이 이것은 그저 잠이 안 오는 병이 아니고 일종의 악마적인 지꾸즌 병인 것으로서 안저서 공부를 하려면 잠이 솔솔 오다가도 일부러 잘나고 뎡식으로 누으면 그적새는 눈이 말독말독해지며 감각과 의식이 한칙 평상시보다는 배나 명요해지는 것이다. 그럼으로 불면증에 걸닌 사람은 잠자리에 눕는 그 때가 제일 중요한 때인 것으로서 그 때에 될 수 잇는 대로 외계의 감촉을 배제하고 가장 텬딘스럽게 또는 자연스럽게 누으면 다행히 그날밤은 무사히 잠이 드는 것이지마는 도리혀 인위적으로 「인제는 자야겟구나 잠이 얼는 드러야 할 텐데」하면서 잠에 대한 새삼스러운 의식을 가지게 되면 그 때는 벌서 그 의식이 자아내는 무수한 연관의 공상은 쓸려서 잠과는 점점 거리가 멀어지는 것이다. 그럼으로 나는 이러한 까다로운 생활에 시달니면서부터 언제인 줄도 모르게 잠에 대한 일종의 공포를 늣기게 되엇다. 벌서 밤이 몇시를 지나면 내 신장은 맛치 서릿날(霜日) 갓치 예민하게 되어서 이 우주 삼라만상에 다 부닷치게 되는 것이엿다.(오늘밤에는 일즉이 자야할텐데)하는 일종의 강박관렴밋헤 나는 억디로 무관심하려고 애를 쓰나 그 무관심하려고 쓰는 애가 도리혀 온갖 유향에 대해 관심하게 되는 것이엿다. 그것은 멀니지가는 암마쟁이 피리소리에도 내가슴은 울넝거리고 아렛방 어린애의 잠꼬대 소리에도 나는 짜증을 내는 것이엿다.

이러한 나의게 잇서서 악착한 탄압자와 갓치 나타난 것은 앗가 이야기한 그 목욕탕 문간에 벗틔고 섯는 그놈의 신 직히는 애인 것이다. 라고 하는 것은 앗가도 말 하엿지마는 그놈애가 낫이면 뭇는 말도 대답을 하지 않는 것이 밤이며 아무 시가 되어서 쯕 내가 잠을 드리려고 애를 쓸 때가 되면 맛치 누구하고

맞추어 나두엇든 듯이 노래를 하기 시작하는 것이엿다. 이 노래라는 것은 전부가 류행가인데 그 애의 부르는 노래의 성색(聲色)이라든지 음조가 어덧하다는 것은 그 애의 명예를 위해서 잠간 여긔서 말하지 안키로 하고 다만 류행가란 그 본질로 보아서 젊은 시간에 넓은 공간을 점녕해야 할 것임으로 엇더한 류행가든지 대개 활동사진 주제가(主題歌)에서 시작해서 다시 레코-드에 부러너은 것이 카페-나 챠ㅅ집 녀급들의 입에서 선량한 대학생들의게로 전해지고 마지막으로 상점 고조(小組)들이[26] 자전거타고 다라나면서 부르게 되는 것이 류행가의 말긔현상으로서 그 동안이 길어도 석 달이상 넘어가는 법이 업는 것인데 그 애의 입에서 불너지는 류행가는 벌서 이러한 류행가의 본질을 써나서 암송의 클라씩이 되고만 것이니 그 애의 부르는 류행가의 수효란 무려 수십개가 넘고 또한 그 발생한 년대순을 친다면 적어도 육칠년은 소급(遡及)할 수 잇는 것이다. 그래서 이 소년 가수의 박학다식한 류행가가 다름 째 갓흐면 내한테 아무런 관계도 업지마는 백주대낫에는 말둑갓치 무표정한 그애가 쏙 밤이 되어서 내가 잠이 들나고하면 어듸서 우러나는 흥인지도 모르게 목청을 노아 그 류행가를 순서업시 부르는 통에 가장 질색인 것이엿다. 그래서 처음에는 될 수 잇는대로 그 소리를 듯지 안코 다른 데로 정신을 집중식혀서 잠을 드리려고 애를 썻으나 그러면 그럴사록 그 소리는 점점 귀에 더 거슬니게 됨으로 그 적새는 나도 화가 나서 맛치 잠 안오는 사람이 책상머리의 시계소리가 귀에 거슬니다가도 다시 그 시계 소리에 정신을 쏘이게 하면 그 일정한 리듬에 싸라 솔엿이 잠이 들 듯이 나도 그애의 류행가에 정신을 따라서 맛치 자장가나 듯는 것처럼 하려고 햇다. 그러면 그 간홀적(間歇的)으로 부르는 유행가가 한참 씀하여서 쉬엿젓을 때 나는 소렛이 잠이 들낙말낙하면서 도리혀 은근히 그애의 노래가 기달녀지는 것이엿다. 그때에 「しまで そだては」[27] 하면서 가늘게 길-게 뻴 째면 나는 맛치 황홀한 몽환의 나라로 쓸녀가는 듯이 어렴프시 쾌감

26) '소조(小組)'는 '같은 목적을 지향하는 조직의 직원, 사원'이다. 한자와 달리 원문에는 '고조'로 쓰고 있다.
27) '시마데 소다테와'는 '이제까지는'의 뜻이다.

을 늣기면서 「てひどい」[28]하고 쇠를 노흘 쌔는 밧은 잠결에도(다 되엿다) 십흘쌔 바로 그 쌔 갑자기 발작적으로 「あかい くちびる」[29]하는 격렬하고 급작스러운 조자의 소리가 밋도 씃도 업시 틔여나올 쌔는 벌서 내 정신은 말똥말똥하면서 그저 눈알만 쓰라리게 압흔 것이다. 그 쌔에는 압장을 박차고라도 그놈애를 호통을 하고 십흐리만치 짜증이 나나 그럴 수도 업고 해서 이불 속에서 숙 참고 잇노라면 역시 그 애는 어느 하나 가리임 업시 그 풍부한 지식의 노래가 음부야 맛든 안 맛든 그저 무질서하게 연달어 나오다가도 맛침 손님이 오고 갈 쌔이면

「고맙습니다」

하는 소리 쌔문에 간간이 끈치는 것이엿다. 그래서 나는 속으로(래일 아츰이면 저놈 애를 눈알이 싸지도록 야단을 치려니)하면서 별느는[30] 동안에 그럭저럭 잠이 들면 대개는 자는 둥 마는 둥 하면서 꿈에만 실킷 씨달니다가 그 잇흔날 오정 쌔나 갓가히 되어서 겨우 눈을 부벼 뜨게 됨으로 그 쌔에는 몹시 피곤한데다가 불불이 학교를 가게 됨으로 이저버리기도 하나 쏘한 엇지다가 압장문을 열고 마주 내려다 보아도 엇전지 그 도리기둥을 베혀서 세워노흔 듯 벼희고 섯는 애를 보면 맛치 일종의 위엄이나 늣긴 듯이 마음대로 말이 잘 나오지 안는 것이엿다. 그 애도 나를 볼 쌔 마다 그럿치마는 언제든지 인사라고는 아모말도 업시 그저 빙긋 웃는 것이엿다. 내한테는 락인 찍은[31] 듯한 어제밤 일이 제한테는 아무런 거라 깜도 업시 다 이저버린 것 갓햇다. 그래서 엇전지 그놈애를 복수를 하기에는 내 혼자로서의 좀 약한 것가햇다. 그럼으로 왕왕이 동모들이 차저오면 나는 그 설은 이야기를 하는 것이엿다. 그러면 어느 짓궂진 사람들은 담박에

「누구야? 저 애가?」

하고 문지방에 걸터 안즈면서 목욕탕을 네려다 보는 거시엿다. 나는 그저

28) '데히토이'는 '지독하다'는 뜻이다.
29) '아까이 쿠치비루'는 '붉은 입술'을 뜻한다.
30) 벼르는.
31) 원문에는 '씩은'으로 적고 있으나, 문맥상으로는 '찍은'이 맞다.

「응, 아주 굉장하지」

하면 그중에 엇든 사람들은

「오이 시·마·노·무·수·메 하나 해봐라」

하고 우시게를 하는 것이엿다. 그래도 그 애는 역시 흘깃 치여다 보면서

「미남자」

하고 빙그레 우서 버리는 것이엿다.

대체로 낫이면 그럿케 씀직한 애가 하필 밤중이면 왼 노래를 그러케도 입에 달고 잇는지도 모를 일이지마는 그 보담도 정말 홍에 겨워서 하는 노래라면 좀 더 찬찬히 순서 잇게 해도 조흘 것인데 이것은 정말 리도령의 글 읽는 셈으로 입에서 나오는 대로 실꾸리 풀어내는 듯이 하는 것이 나의게는 아모리 생각해도 모를 일인 것이다. 흔히 우리가 박이부정(博而不精)이란[32] 말을 하는데 이것은 대개 만이 알면 제 아모리 텬재라도 거긔에는 허탕이 잇다는 것을 의미하는 것이나 그 애의게 잇서는 이 말이 그른 의미로서가 아니고 도리혀 허탕이니 알탕이니 할 것은 업시 그저 만이 알기만 하면 그만일 다름인 것이다. 그럼으로 그 류행가도 처음부터 노래로서 음부가 맛는니 안 맛느니는 말할 것도 업시 그저 소리만 질느기가 목적인 것 갓햇다. 그런 것을 더구나 밤중이래야 하게 되니 나갓치 불면증 걸닌 사람이 그 이웃에 산다는 것은 여간한 악운이 아닌 것이엿다. 그래서 나는 맛침내 허는 수 업시 죽어도 안 먹든 그 「칼모친」[33]을 세 번이나 사다 먹고야 말엇다.

어느 날 오후엿다. 나는 비교적 저녁을 일직이 먹게 되엿음으로 심심도 하고 해서 산보나 하려고 문박을 나섯다. 그러나 그 건처에는[34] 어디가서 건일만안 곳이 업고 헌책이라도 뒤적거릴만한 책집도 업섯다. 그래서 나는 문박게 나섯으나 갈 곳도 업고해서 그냥 얼빠진 듯이 한참이나 서 잇섯다. 그러자니 역시 마즌 편 목욕탕 문깐에 엄숙하니 서 잇는 그 애가 내 눈에 씌엿다. 나는 나도

---

32) '박이부정(博而不精)'은 '널리 알되 깊이 알지 못하다'는 뜻이다.

33) '칼모친'은 '수면제의 일종인 약이다.

34) 근처에는.

모르게 그 애 압흐로 발길이 옴겨저깃다.

「너 저녁 먹엇니?」

나는 무심코 물어보앗다.

「발서 먹엇세요」

하는 그 말소리는 언제든지 그 문깐에서 「어서오십시오. 고맙습니다.」하는 그 입직이 붙어너어 준 긔계적 음향과는 아조 달은 한 순박한 어린애의 말소리였다. 나는 갑자기 그애의게서 처음 듯는 그 인간적인 말소리에 무슨 알지 못할 흥미를 늣기엿다.

그래서 다시

「넌 대개 몟 시 씀 저녁 먹니?」

하고 물어보앗다.

「요세는 네 시에 먹어요」

밤에 자기는?

「세 시나 되야 자지요.」

「그러면 아침에는 만이 자겠지?」

「아침이 뭬예요 여섯시면 일어나는데요」

「그러고 엇터케 견듸늬?」

「낫잠을 한 삼십분 자지요」

그 애와 이러한 대화를 하면서 나는 그 애의게서 이 때가지 보지 못 하엿든 새로운 인간을 발견한 듯하였다. 낫이면 제대로의 표정이나 말이라고는 한 마듸도 업시 그저 손님이 오고 이 가는대로 거의 무의식적 의무에 쓸너서 「고맙습니다」 하는 한마듸 밧게는 하지 안는 그 애 밤이래야 무슨 까닭인지도 모르게 그저 밋친 놈 갓치 노래인지 무엇인지 들써드는 그애 이러한 것밧게는 아모 것도 업는 줄 알엇는 그의게서 나는 비록 아모 의미도 업는 말이남아 그 순직한 인간다운 말소리를 그애의게서 드를 째 나는 맛치 단단하고 모지른 겹덕이 애 속에 싸여 잇는 무명쏨(면화綿花) 붕어리를 어리만지는 듯한 깃붐을 느겻다.

그래서 나는 다시

「너 월급은 얼마나 밧니?」

「한 육 원 되지요.」

「겨우 고것이야?」

나는 놀렷다.

「그러라 합니다.」

그 나어린 생활에도 말 못할 불평등은 잇는 것 갓했다.

그런데 이제 와서 생각하면 나는 그 째에 그만하고 두었으면 조핫을 것인데 나의 경박한 성결이 처음 보는 사람이라도 조금만 친해지면 기어이 우시게하기를 조화하는 것임으로 그 째도 속으로는 (이른 째는 좀 부즈럽다[35])하면서도 나는 마침내 입을 쎄엿다.

「그런데 너 밤이면 왼 노래를 그러케 늣도록 하니?」

하면서도 나는 그 애가 넘우 붓그러워 하지나 안을가 하고 한편으로는 조심스럽기도 하엿다. 구러나 그 애의 서슴지 안코

「그래야 잠이 안 오거든요」

하는 말은 넘우도 태연하엿고 넘우도 엄숙하엿다. 나는 도리혀 내낫이 홧근하여지는 것을 쌔달엇다. 그려서 나는 아모 말도 업시 거기서 한참 머뭇머뭇하다가 산보도 다 이저버리고 내 방으로 드러왓다. 나는 맛치 어듸 모－진 기동에 내 머리 몹시 박은 듯하엿다. 그날 밤에도 두 시가 넘도록 그 애의 노래는 긋칠 줄 모르고 적적한 밤공긔를 뒤흔드다.[36] 나는 이불 속에서 멧 번이나 뒤적거렷든지 나종에는 잠도 아니오(고) 쑴도 아닌 몽농한 상태에서 머리만 쌔지도록 압흔 것을 쌔다렷다.

『신조선』 1934.09.05.

---

35) '부즈럽다'는 '부질없다'이다.

36) '뒤흔든다'의 오식.

3부

수필(隨筆)

고故 일성一星선생 수장기隨葬記 (一)[37]

내 선생先生의 문호門戶에서 위와委窩한지 반년半年이 못 되는 동안에 먼저 악모岳母를 일코 이제 선생先生을 마져 여히니 사정私情으로 절박切迫함도 극경極境에 일으럿거니와 공분公分으로 통석痛惜함인들 엇지 이에 못 할 것이리오. 내 또한 그 동안에 기리 격해隔海 써러저 잇섯음으로 일상日常의 시봉侍奉도 남만갓지 못 하엿으나 평시平時 갓흐면 이저버릴 만한 편언척어片言隻語라도[38] 이제 새로이 압흔 기억記憶에서 더듬어 차즈면 가可히 한 줄기의 굴근 인상印象이 내머리 속에 깁이 박힌 것을 스사로 알 수도 잇는지라. 그러나 이러한 인상印象은 잇으면 잇을사록 내 가슴은 더 메여지는 것이니 이러한 눈물의 인상印象 가운데는 내가 기억記憶하는 바로 이러한 말이 잇다. 언제인가 느진 밤에 실자失慈한 어린 아해들을 잠드린 뒤에 악모岳母의 상변喪變한 시종始終을 나의게 이야기하면서 「사람이 멘드러 내기 전에야 이런 비극悲劇이 다시 잇을 수 잇나」 하시더니 그 비극悲劇을 자기自己가 당當하엿을 때에는 그보다 더 큰 비극悲劇이 업섯겟지마는 이제 자기自己 스사로가 비극悲劇의 주인공主人公이 되고 나니 이것은 오히려 「불비자무궁기不悲者無窮期」란[39] 말과 갓치 자기自己의게는 비극悲劇이 아닐 넌지도 모르나 오늘날 지상地上의 여생餘生이엇지 그압 일과 더부러 갓치말하리오. 오호기의嗚呼己矣라.

선생先生이 처음 홍원洪原으로 써나실 쌔는 닷세 예정豫定으로 갓섯든 것이다. 그래서 이 예정豫定한 닷세가 세 번이 되도록 도라오지 안으심으로 나는

---

37) 이관용의 부친 이재곤은 구한말 대한제국 내각에서 학부대신(현 교육부 장관)을 지냈으며, 내각총리대신 이완용 등 7명과 함께 1907년 일본통감부의 우월적 지위를 인정하는 정미7조약(한일신협약)에 서명했다. 1910년 한일강제병합 후 자작 칭호를 하사받은 이재곤은 반민족 행위자인 이완용 등과 함께 대표적인 친일 인물로 거론되고 있다. 아이러니하게도 부친의 이런 친일 전력의 오명을 벗기 위함이었는지 이관용을 비롯한 그의 형제들은 국내외에서 적극적인 독립운동을 펼치게 된다. 이원조는 이관용의 첫째 사위이다.

38) '편언척어(片言隻語)'는 '아주 짧은 말'의 일본식 단어이다.

39) '비자무궁기(悲者無窮期)'란 '슬픔은 끝이 없다'는 뜻이다.

그 집 사람으로 더부러 초조焦燥히 기달엿든 것이다. 첫재 나의 귀기歸期가 갓가워 옴으로 도라오시는 것을 뵈옵고 써나려하엿고[40] 그 다음에는 엇전지 보고 십흔 마음이 날마다 간절하엿스니 실로 나의 이 마음은 나밧게는 모르는 것이엿다. 그것은 나의 공연公然한 앙탈이라고 할는지 내 속마음으로는 선생先生의 신문사新聞社의 공무公務와 친우親友의 수접修接 째문에 항상 내가 뫼실 시간時間이 적은 것을 미흡未洽하게 녁이면서도 것흐로는 무단이 벗티고 지나가음으로 지금에 와서는 이것도 다시는 곤칠수 업는 유한遺恨의 하나이 되엿스나 어이튼 나의 이 것흐로[41] 벗티는 것도 나로서는 선생先生에게 대對한 향모嚮慕와[42] 의앙依仰의[43] 별다른 표현表現이엿슴으로 이 몃칠 동안에 선생을 기다리면서의 나의 일과日課는 해인海寅이(인제는 선생先生의 유아遺兒가 된 오세아五世兒의 일흠이다) 손목에 끌려서 일즉이 선생先生이 저녁마다 물을 주고 북도두든 조안화朝顔花[44] 넝굴을 가축하는 것이엿엇다. 그래서 선생先生이 도라오시는 날에는 홍타자영紅朶紫英이[45] 칠분七分이나 퍼저나 오렛동안 집 써나섯든 여고旅苦의 위로慰勞에 공상供賞할가 하엿든 것이 엇지 쑴에나 생각햇스랴?

팔월八月 십삼일十三日 하오下午 삼시三時 경頃에 각各 신문사新聞社로서의 전통電通은 우리의게 천붕지몰天崩地沒과[46] 갓흔 불의不意의 비보悲報를 부傳해주엇다. 그 당시當時에 앗질함이 참아 엇지 내 입으로 이 말을 누구의 전달傳達할 것이며 참아 엇지 내 귀로 이 말을 들엇다고 미들것인가? 내가 얼마나 보도報道가 오전誤傳이엿기를 기다엿스며 가령 오전誤傳이 아니라고 하드래도 엇지 하엿스면 이 놀나움과 이 압흠을 영원永遠의 비밀秘密로서 내 혼

---

40) 여름방학을 이용하여 귀국한 이원조는 장인 이관용 박사가 청진에서 돌아오면 뵙고 일본으로 떠나려 하였다는 말이다.
41) 이것으로.
42) '향모(嚮慕)'는 '존경하고 흠모한다'는 뜻이다.
43) '의앙(依仰)'은 '의지하고 우러러 사모함'을 뜻한다.
44) '조안화(朝顔花)'는 '나팔꽃'이다.
45) '홍타자영(紅朶紫英)'은 '붉은 보라색'이다.
46) '천붕지몰(天崩地沒)'은 '하늘이 무너지고 땅이 꺼진다'는 뜻이다.

자만이 알고 천하天下사람으로 하여금 가치 논으지 안을가를 바래엿든 것인고? 그러나 이 악착한 사실事實의 힘은 여러 가지 실증實證으로서 맛치 내 어리석은 나의 항쟁抗爭을 익여 서리고 마럿다. 그러자 곳 일즉이 선생과의 지심경폐知心傾肺하시든[47] 고우故友 이십여二十餘 인人이 비황悲惶한 얼골로 차저드니 이 일각一刻을 비롯하여서 안시眼時의 점철點綴하든 선생의 문정門庭에 숙색肅索한 바람이 불며 창망蒼茫한 석일夕日의 욱어진 솝속에 일말一抹의 수운愁雲이 선생先生의 구택舊宅을 싸고 퍼저지더라.

『조선일보』 1933.08.31.

47) '지심경폐(知心傾肺)'는 '서로의 마음이 마음을 알아주는 것이 마치 폐부(肺腑)를 쏟아내듯 속마음까지 다 드러낸다'는 뜻이다.

고故 일성一星선생 수장기隨葬記 (二)

이날 밤 열 한 시 차車로 수지讎地[48] 청진淸津을 향햇더니 맛침 조선일보사朝鮮日報社의 황대벽黃大闢 씨氏가 해사該社를 대표代表해 우리와 가튼 볼일로 동행同行하는지라 여러 가지 관위寬慰와[49] 알선斡旋을 감격感激한 마음으로 바덧스나 이 설어운 감격感激이 엇지 벌서 나에게 밋첫는 것인고?[50] 닷새 만에 오시겟다든 그 닷새가 인제는 영원永遠히 헤아릴 수 업는 부진수不盡數의 닷새가 되엇으며 도라오시기를 기다리든 선생先生을 이제 내가 유해遺骸를 거두우려 천리千里의 마중을 가다니 생각할사록 아득한 것이 내 가는 밤길이 어듸로 향向하는지를 모들러라.

이날 밤과 그 잇흔날을 차중車中에서 지나니 함흥이북咸興以北을 지나면서부터는 차도車道가 해안선海岸線을 끼고 도는지라 안전眼前에 닥치는 벽해일면碧海一面이 모다 비단을 편 듯이 고요하기는 하나 오히려 바위에 부드치고 기슭을 스치는 힌 물결이 보일 때마다 저 만흔 물결 가운데서 어느 악랑험도惡浪險濤가 우리 선생先生의 마지막 목숨을 빼아서 갓는가 하면 금방이라도 그 평시平時에 전아典雅하고 앙조佒調하시든 선생先生의 거름이 바다 위에 낫타나는 듯 하며 만산창취滿山蒼翠의 나무가지가 모다 선생先生의 숨결이 쓰처가 흔들니는 것 갓건마는 오호嗚呼 선생先生이 벌서 엇지 귀불귀歸不歸의 길을 떠나섯다고 내미드리오.

선생先生이 소시少時로부터 등산임수登山臨水를 조화하는 남다른 성벽性癖을 가저섯든 것은 나도 여러 번 드러 알엇으나 자연自然에 대對한 강强한 애착愛著은 맛침내 사랑하는 자연自然에 자기自己의 목숨을 쌔앗길 줄도 몰랏든 모양이니 선생先生의 가장 특징적特徵的인 천진天眞스러운 동심童心이 자기自

48) '수지(讎地)'는 '죽음의 땅'을 의미한다.

49) '관위(寬慰)'는 '(마음이 놓이게) 위로하다'의 뜻이다.

50) 이원조는 일본 유학 중에도 이미 조선일보사의 기자 신분이었을 것으로 추측된다. 이는 신문기고문, 교남학교 학적에 일본대학 재학과 일본 체류지 주소, 조선일보사 기자 신분을 적고 있기 때문이다.

근의 절망絶望인 기행문紀行文 속에 예찬禮讚한 바와 갓치 처녀해안處女海岸을 차저 광윤廣潤한 동해東海의 승경勝景을 볼 때 그 우유호방優遊豪放한[51] 감정感情이 운명殞命의 전조前兆도 깨닷지 못 하였든 것이겠지. 이러한 내 추측推測은 일직이 어느 날 밤에 선생先生이 나의게 처음이오 마지막으로 들너주시든 선생先生의 옥중작獄中作인 시조時調 한 마듸에서도 그 근거根據를 엿볼 수 잇는 것이니

눈보래 싸인 곳에
북풍北風은 우는지고
은하수銀河水 것처 가니
씨슨 듯한 천지天地로다
원願컨대 천리마千里馬타고
달녀볼까 하노라

이 눈보래 싸혀 씨슨 듯한 천지天地는 일직이 선생先生의 고결高潔한 지조志操가 호올로 소요逍遙하는 자기自己의 심경心境인 것이며 일부러 원산항의 탁랑예분濁浪穢雰을 실허하고 호올로 청진淸津으로 나아가 깨긋한 동해東海에 자기自己의 육체肉體를 밧친 해면海面의 상징象徵일 것이다.

그러나 차중車中에서는 오히려 어리석은 마음에 「환생還生」「기우奇遇」이러한 생각이 몃 번이나 내 머리속을 지나갓는지 혹시나 이러한 소식消息을 나의게 전傳해주는 사람이 낫타나 주지 안나하고 쏘한 공연公然이 초조焦燥해하는 가운데 주을온천朱乙溫泉을 다다르니 맛침 조선일보지국朝鮮日報支局 기자記者 한 분이 우리 일행一行을 마지면서 쏘한 사실事實의 보도報道를 상세詳細하게 하는지라 인제는 나의 구구區區한 마지막 일념도 씌어저 버린지라 무엇으로 밋고 십지 안어 하는 내 마음을 도우리오.

『조선일보』 1933.09.01.

---

51) '우유호방(優遊豪放)'은 '한가롭고 활발한 기분'을 뜻한다.

귀향歸鄕

1

사람이 고향故鄕을 그리워하는 마음은 무엇인지 알 수 업는 것이다. 그야 날러다니는 새도 깃드리든 넷 가지를 그리워한다는 말도 잇기야 하지마는, 그러나 가령 이 날러 다니는 새가 깃드리든 넷 가지를 그리워하고, 또 도라 다니는 사람이 자라나든 넷 터전을 잇지 못 한다는데, 한 줄기의 서로 통하는 생파 – 틔가 잇다고 한들 오히려 그 서로가튼 그리워하는 마음이 무엇이란 것을 아는 이가 누구이냐?

◇

흔이 시詩하는 사람의 말에 꿈을 볼 줄 모르는 사람은 불상하다는 말이잇다. 만약萬若 이 말 속의 어느 한구석에 귀여운 진보眞寶이 담겨 잇다면, 향수鄕愁를 이저버린 사람은 불상한 사람이라 하면서 고향故鄕을 그리워하는 마음은 꿈을 그리워하는 마음과 갓다고나 할가? 그럿타. 우리의 떠나온 고향故鄕은 항상 우리의 꿈의 요람搖籃인 것이다. 어는[52] 산山모랭이에 진달내 꼿피엿스려니 어느 강江 포구浦口에 갈멕이 한두 마리 떳스려니 하는 가지가지의 우레너의 고향故鄕 생각은 모두 다 우리네의 죄罪업는 꿈 속에서 비저 나오지 안는 것이 업는 것이다.

그럼으로 과거過去에 수만흔 애끗게 아름다운 시詩는 이 꿈을 그리워하는 마음과 갓흔 고향故鄕을 그리워하는 마음에서 우러나온 것이니 진실로 오늘날 우리네가 보는 유태인猶太人의 푸른 눈동자가 시온 성지聖地의 울창鬱蒼한 숩 속을 그리워하는 표상表象의 빗치라면 타는 듯한 사막沙漠 우에 낙타駱駝를 끌고 도라다니든 바비로니아 유민遺民의 머리속앤들 일직이 그 찬란燦爛한[53]

---

52) 어느.

53) 원문에는 '찬기(燦期)'로 적고 있으나 문맥상 '찬란(燦爛)'의 오식으로 판단하고, 바로 잡는다.

영화榮華를 누리든 고토故土에 대對한 그리운 꿈이 오고가지 안 헛스리라고 누가할 것이냐? 그럼으로 이러한 동분서장東分西張의 표랑인漂浪人에게도 오히려 그 고향故鄕을 그리워하는 마음이 남어잇다는 것은 그네들의 최후最後로 지닐 수 잇는 한 개의 「불행不幸한 행복幸福」일는지도 모를 것이다.

◇

그러나 내 이미 고향을 떠난 지 십년十年이라 이 십년十年동안에 비록 오고가는 내 종방踪跡이 창황倉皇은 하엿을지라도, 지금에 도리켜 생각건대 나는 그 동안에 참으로 고향故鄕을 그리워하는 생각을 가저본 적이 잇섯는 것 갓지 안흔 것이다. 그러면 나는 그 지나간 십년十年 동안에 무엇을 하느라고 표랑인漂浪人들이 가질 수 잇는 「불행不幸한 행복幸福」조차도 가지지 못 하엿든가? 내 고향故鄕에도 나의 잠겨진 기억記憶의 문을 두다리는 아름다운 습속習俗이 업지 안컨마는 오히려 내 기억記憶은 유폐幽閉된 여왕女王과 갓치 때때로 차저오는 지나간 어린 시절時節의 방문訪問까지 굿게 거절拒絶한 것은, 한 말로 한다면 나는 넘우 쪼달녓고, 넘우 밧벗든 때문인 것이다. 맛치 홍수洪水의 급격急激한 물살에 휩쓸려 내려가는 고기색기가 우선 어느 물가슬, 어느 풀닙새 밋헤 그 조고만한 물동이의 의지依支할 곳이나마 찻기에 밧버서 넷날에 그 어린 족속族屬들과 가치 놀든 맑은 물고인 적은 웅덩이(泓)를 그리워 할 여가餘暇가 업드시 묵는 세기世紀의 허무러진 축대築臺 우에 휘모라 지나가는 시대時代의 선풍旋風은 벌서 어린 나를 쓰러다가 형극荊棘의 황야荒野 우에 떠러트리고 갓든 것이다. 그럼으로 영화榮華의 단꿈은 좀먹는 사첩詞帖 속에서 신화神話는 전설傳說갓치 살아저 버리고 다만 현실現實로서 우리에게 핍박逼迫하는 것은 유심幽深과 불안不安과 공포恐怖 뿐이엿스니 이러한 가운데서의 나의 주의注意와 노력努力의 전부全部는 먼저 무엇보담도 내 자신自身의 존재存在와 내 자신自身 위치位置와 내 자신自身의 방향方向을 발견發見하기에만 급급汲汲하엿든 것이다. 그럼으로 일적이[54] 인생人生이란 무엇인가를 회의懷疑할

54) 일찍이.

때에도 그 문제問題의 핵심核心은 내란 무엇인가 하는 것이엿스며 다시 나아가 역사歷史의 추진推進하는 법칙法則을 탐구探究할 때에도 그 착안着眼의 초점焦點은 나는 엇더케 할 것인가 하는 것으로서 이러케 일직이 나의 의식면意識面을 통과通過한 모든 문제問題가 그 어느 하나이든지 나의 「자아自我」라는 중추의식中樞意識의 전외연全外延이 아닌 것이 업섯스니 실로 우리에 잇서서 이 「내」라는 것은 한 개의 오뇌귀懊惱歸이면서 또한 모든 문제問題의 발상지發祥地인 것이다.

――라고 하는 것은 우리는 역사적歷史的으로 보아서 한 개의 품파리꾼인 것이니 우리의 「내」하니 이 태만怠慢을[55] 한다고 역사歷史의 추진推進이 멈추지도 안는 것이고 우리의 「내」 하나이 반동反動을 한다고 「모랄」의 구성構成이 허무러지는 것도 아니다. 그럼으로 내가 잇슴으로서 역사歷史가 추진推進하고 모랄이 구성構成되는 것이 아니고 도리혀 그 역사歷史의 추진推進과 모랄의 구성構成에 내가 적극적積極的으로 참가參加함으로부터 내가 존재存在 이유理由가 생기는 것이니 항상 우리는 남의 일을 해야만 살어나갈 수가 잇는 인종人種으로서 이 내와 남의 사이에 가로 노혀 잇는 간극間隙과 거리距離가 이주 업서지기 전까지는 자연히 우리의 모든 문제問題의 첫 출발出發은 내한테서 시작始作하는 것이다.

그럼으로 우리는 현명賢明해야 하고 충실忠實해야하고 때로는 교활狡猾까지 해야 하는 것이다. 그래서 이러는 동안에 나도 모르게 구더진 내 성격性格과 취미趣味가 가령 한 번 떠나온 고향故鄕을 다시 도라가지 안는다고 해서 우리 향당鄕黨의 부노父老가 나를 매몰埋沒하다고 꾸짓고 내 사고思考와 행동行動이 넘우나 나만을 중심中心으로 생각한다고 해서 내 안해가 나를 살림에 등한하다고 원망願望을 하드래도, 이러한 나의 쓰라린 습성習性에 대한 모든 비난非難을, 나는 깁히 패인 내 마음의 주름살을 어르만지면서 혼자 동락同樂하고 자위自慰할 다름인 것이다.

---

55) 원문에 '태량怠粱'이라고 적고 있으나 문맥상 '태만(怠慢)'의 오식으로 판단하고 바로잡는다.

2

그러나 십년十年 동안이나 이저버렷든 고향故鄕을 이제 도라가지 안으려면 안 되게 되고나니, 일직이 내 머리ㅅ속에 서식棲息하고 잇든 수만흔 유상幼想의 푸른 새색기들은 맛치 가을이 짓터가면 아모말 업시 녯집을 버리고 가는 제비들과 가티 하나 식 둘 식 그림자를 감추는 것이다. 그리고 저녁나절의 미물가티 숨어드는 향수鄕愁는 도라갈 날이 하로식 하로식 갓가워 올사록 나로 하여금 초조하게 하는 것이다.

일즉이 읽은, 쟝 콕도의 『아편阿片』이란 수기手記 가운데 아편중독자阿片中毒者의 아편阿偏을 피고 십흘 대의 정경情景은 맛치 탁아소託兒所의 수많은 어린애들 젓먹을 참이 되여도 그 유모乳母가 오지 안는 것을 기다리는 크다란 침묵沈黙과 갓다고 하엿더니 오늘날의 내가 도라가고 십흔 생각을 만약萬若 콕도의 표현表現과 가튼 말을 빌린다면, 그것은 맛치 형님들에게 업혀서 강江가에 갓다가 젓먹을 참이 되어서 어머니 품 속으로 도라가고 십흔 초조焦燥와도 가튼 것이다. 그래서 이러한 초조焦燥한 생각을 나는 아모리 반성反省해보아도 내 마음의 어느 구석에서 울어나온 것인지 나는 알 수가 없는 것이다. 지금에 이러케 잇서도 어느 한 사람이 유달리 보고 십흔 것도 아니고 내가 도라간대야 어느 반가운 일이 나를 기다리고 잇는 것도 아니다. 그러면서도 도라갈 날을 손꼽아 헤아리는 내 마음! 내 마음 속에 숨어잇든 내가 모를 요사스러운 내 마음이 맛치 반란反亂의 병졸兵卒가티 떠돌고 이러나는데 나는 도리혀 망연茫然히 기도하는 것이다.

그럼으로 이러한 내 마음의 반란反亂을 이때까지 내가 내 자신自身을 찻느라고 억압抑壓하고 금단禁斷하여서 고개를 들지 못 하였는 분개심憤慨心이[56] 오늘날 내 의지意志의 가장 약弱해진 틈을 타서 일시에 일어나는 반란反亂이라고 할가? 그러타면 이러틋이 뿌리 깁흔 분개심憤慨心이란 흔히 정치적政治的

---

56) 원문에는 '분추심(憤趨心)'이라고 적고 있으나 이는 '분개심(憤慨心)'의 오식으로 보인다.

의식意識 밋해서 비저내는 그 위험危險한 이론理論의 근거根據가 되여잇는 사람마다의 본능本能인 것인가? 여긔에서 나는 이것을 궁구窮究할 필요必要를 늣기지 안는 것이다.

그러나 내가 이러한 초조焦燥를 늣길 때는 오히려 나는 그 『불행不幸한 행복幸福』을 향유享有하는 찰나刹那인 것이다. 그러나 나는 다음 순간瞬間에 그 독일낭만파獨逸浪漫派시의 선구자先驅者이라고 하는 불우시인不遇詩人 헨델링의 『고향故鄕』이란 시詩 가운데서

> 선부船夫들은 깃부게도 도라가네, 고유한 물우를
> 많은 수획收獲을 실은 머나먼 섬(島)으로부터,
> 나도 인제는 고향故鄕으로 도라갈가부다.
> 그러나 오뇌懊惱를 가진 박게, 내 수획收獲은 무엇인가?
> (『근대시인집近代詩人集』 속에서 적의중역摘意重譯)

하는 일면一面을 생각할 때 이 시詩는 넘우나 얄밉게도 내 신세를 읊흔 것 갓해서, 이때까지 기대期待와 초조焦燥 가운데 들떳든 마음은 졸지卒地에 미분微粉과 가티 까러안고 마는 것이니 이러한 나의 비가悲歌의 급격急激한 변동變動은 맛치 자지러지게 놀든 어린애가 무심결에 몹시 뺨을 마진 것과도 갓흔 것이다. 그래서 나는 차라리 이때 위 시詩(눈깜은 헨델링이여 나의 발악의 아이로니를 용서容恕할지어다!)는 이저버리는 것이 나으리니 하나 이즈려면 이즈려할사록 이 청성스러운 시詩는 맛치 어두운 밤길을 거를 때 짓궂게 연상聯想되는 악마惡魔의 낫작가티 내 머리 속에서 떨어지지 안는 것이다. 그래서 이러한 초조焦燥와 낙막落寞의 그지업는 반발反撥 가운데 나달은 작고만 가는 것이다. 그러니 아마 내가 고토故土에 첫 발자욱을 올녀 노흘 때에도 이 초조焦燥와 낙막落寞의 반복反復은 긋치지 안흘 것이며 맛침내 우리 집 문깐에 발을 드려노흘 때에도 이러한 마음은 달너지지 안흘 것이다.

그러나 맛치 그 앙드레 지드의 『탕자蕩子의 귀댁歸宅』이란 소설 가운데의 탕자가 「내가 누구이란 것을 알기 위해서 그리고 조선祖先에게서 전습傳襲하

는[57] 재보財寶 이외以外의 다른 것을 엿보기 위해서, 일직이 출가出家를 하엿다가 맛침내 아모 것도 발견發見하지 못 하고 그냥 피곤疲困해서 도라왓다」는 것과 가티, 그리고 그 아버지와, 어머니와, 형님에게 초책誚責을[58] 듯드시 내가 집에 도라간다면 우선 어머니의 창일漲溢하는 깃붐의 우슴 속에서

「너 무엇을 가지고 왓늬? 너 짐 속에는 무엇이 드럿늬?」

하고 무르실 때

「오뇌懊惱를 가지고 왓세요」

한다면 그때에 나는 어머니의 흐려지는 얼골을 보지 안흐면 안될 것인가? 그리고 맛침내 우리 어머니가 늘 쓰시는 「너희들에게도 또 속는가 부다」 하는 쓰라린 말슴까지 듯지 안흐면 안 될 것인가?

3

물론勿論, 지금 우리네가 부르는 이 「오뇌懊惱」라는 말 가운데는 일직이 그 헬델링이 읊흔 바와 갓치 깨여진 사랑에 눈물짓는 그것은 아니라고 하드래도 오히려 이 말 가운데는 우리네 자신自身의 무력無力한 것을 덥허 보려는 구실口實의 요소要素가 다소간多少間이라도 석겨 잇다는 것을 나는 안다. 그러나 이 오뇌懊惱라는 말 가운데서 우리네의 무력無力한 구실口實의 요소要素를 마지막 한 쪼각의 그림자까지 추방追放해버리자, 그러한단들 과연果然, 우리에게는 오뇌懊惱라는 것이 업서질 것인가?

요사이 나와갓치 도라갈 날이 멀지 안흔 멧멧 친구들이 종종 나를 차저 와서 화거火炬를 에워싸고 서로 주고 밧는 말은 역시 고향故鄕으로 도라가는 사람의 새삼스러운 번민煩悶이고 오뇌懊惱이라고 한다. 대체로 우리네 고향故鄕에는 누가 무슨 씨를 뿌리고 갓기에 거긔에 열매 맷는 것은 오뇌懊惱이고 번민煩悶뿐인가?

흔이 연애戀愛는 번민煩悶의 상징象徵이라는 말을 듯는 것과 갓치 사람이

57) '전습(傳襲)'은 '전(傳)하여 내려오는 그대로 따라 하는 것'이다.
58) '초책(誚責)'은 '꾸짖어 나무란다'는 뜻이다.

번뇌煩惱와 번민煩悶을 가진다는 것은 무엇을 사랑하는 때문일는지도 모를 것이다. 그럿타면 고향故鄕으로 도라가는 우리가 이럿틋이 오뇌懊惱와 번민煩憫을 가진다는 것은 우리가 고향故鄕을 사랑할 줄 안다는 것이 아닐가?

그러나 첫사랑의 애인愛人과 갓치 사랑하는 고향故鄕으로 도라가는 우리가 그 애인愛人에게 밧칠 선물은 무엇인가? 가령 우리에게 곱게곱게 간직여가는 사랑의 선물이 잇다고 한들 우리는 어느 깁흔 숩 속 어느 좁은 길가에서 남의 눈 속여 가며 가만이 그 선물을 밧치 낼 것인가?

우리는 실로 필연성必然性이란 것을 일허버린 백성인 것이다. 그럼으로 우리에게 엇더한 포부抱負가 잇고 정열情熱이 잇고 성의誠意가 잇다고 하드래도 우리에게는 반드시 그런 것들의 필연적必然的인 결과結果로서의 도취陶醉가 오는 것이 아니라. 다만 가능可能한 조건條件이란 우연성偶然性만이 고갈苽葛과 갓치 착종錯綜 한 가운데 우리는 무심한 네ㅅ발도치와 갓치 뛰여 들 따름인 것이다. 그럼으로 현대現代의 인간측정표준人間測定標準이 촨스를 포착捕捉하는데 에스프리의 우에 노혀저 잇다는 것은 결決코 무리無理한 것이 안인 것이다. 보라 지금에 세워지는 모뉴멘트[59]가 우연성偶然性의 화석化石이 아닌 것이 몃치나 되며 시항市巷에 윤락淪落한 무수無數한 룸펜이 필연론必然論의 희생자犧牲者가 아이니가 멧치나 되느냐?

그럼으로 우리네의 고향故鄕을 사랑하는 마음도 맛치 짝사랑을 하는 사람의 괴로움과 갓치 그 보드라운 손목을 만저 보지도 못 하고 맑은 눈동자를 바라보지 못하건마는 어느 지나가는 길가에서라도 만나보려니 하는 은근한 기대期待와 갓흔 것이다. 그럿키에 오뇌懊惱밧게 가지고 갈 것이 업는 나이건마는 도라갈 날이 갓가워 올사록 도라갈 마음이 초조焦燥한 게지.

오－ 오뇌懊惱에 채인 나의 고향故鄕을 사랑하는 마음이여!

『조선일보』 1935.03.02., 03.03., 03.05.

59) '모뉴멘트(Monument)'는 '기념비'이다.

낙동강洛東江에 흘러간 세월歲月

이 글을 읽으실 분이 몇 분이 되실지 잠간 나의 하소연을 드러주시기 바람니다.

락동의 인상을 쓰라기에 나는 철업이도 선 듯 대답했읍니다. 그것은 내가 열다섰[60] 살 될 때까지 바로 락동강ㅅ가에 살고 있섰든 때문입니다. 지금도 지리책에서 배운 락동강은 다 이젔어도 어려서 듯던 락동강은 이치지 않읍니다. 글ㅅ자로는 무슨 자를 쓰는지 몰으지마는 락동강은 태백산 및 황지천이라는데서 소사나서 김해 명지도로 드러간다는 말을 긔억하고 있습니다.

이렇게 흐르는 락동강의 기리가 칠백 리나 된다는 것은 훨신 나좋에 드른 지식이지마는 이 락동강이 황지천이라는 데서 소사서 김해 명지도 드러간다는 것을 잊지 않은데는 이러한 리유가 있읍니다.[61]

락동강은 여름이 되어 물이 부르면 산템이 같은 무나무(목재木材)가 떠내려오고 그 물이 어지간이 숙지면 떼(벌주筏舟)가 내려옵니다.

그때 생각에도 물결만 따러서 정처없이 네려가는 무나무 데가 가엽기도 한 듯 하엿지마는 그것은 모다 황지천서 네려 오는 것이라고 드렀습니다. 그래서 이 배를 타고 가는 사람들이 무엇일지 강ㅅ가에서는 잘 들니지 않어도 구슬푼 노래를 부르면서 지나가는 것은 맛치 꿈속과 같은 로맨틱한 정서(情緖)를 나의 어린 가슴에 심어주고 간 모양입니다. 아마 이러한 정서가 오래되어도 살어지지 안는 때문에 황지천이라는 것도 잘 이치

▲ 황지연못

60) 다섯.

61) 낙동강의 발원지를 태백의 황지연못이라고 한다. 이 강물은 강원도, 경상북도, 경상남도를 거쳐 남해로 흘러간다.

지 안나 바보.[62] 그럼으로 황지천천이라는 말은 일종의 꿈과 같은 로맨틱한 정서와 함게 있치지[63] 안치마는 김해 명지도라는 것을 이와 반대로 일종의 공포감恐怖感과 함께 이치지 안는 곳입니다. 누구나 다 그렇치마는 어렸을 때의 나의[64] 퍽도 악이 셋든 모양입니다. 무엇이나 어머니에게 보채고 튀정을 하다가 볼기짝이라도 어더맞이면 한종일하고 발버둥질을 하면서 울었답니다. 그러면 우리 자근 아버지나 형님들이 나를 달내다 못해서 나종에 위협하는 말은 의례히 「정 그러면 너 락동강에 띄어서 김해 명지도로 보낸다.」는 것이였습니다. 그러면 아마 울음도 그쳤든 모양이지요. 그러길레 얼핏만 잘못해도 김해 명지도로 보낸다는 공갈(恐喝)을 늘 드러왔읍니다.

▲ 지면에 실린 낙동강 사진

그렇나 고향을 떠난 지 십여 년에 락동감을 못 본지도 오래되엿읍니다. 차라리 김해 명지도로 떠내려 가는 한이 있드래도 그때 락동강ㅅ가에 살든 것과 같이 살 수 있섰으면 하는 쩍도 없지 않읍니다.

이러고 보니 쓰라고 한 조회 한 정을 다 차갑니다마는 인상이라는 것은 무엇이나 그것을 잘 모르든 사람이 한 번 펏득 보고서 늣긴 바를 이르는 것이 아닙니까? 그렇나 나같이 인생의 요람이라고 할 시귀를 락동강과 함께 지난 사람에게는 그것이 벌서 인상이라는 정도를 지나처서 골수에까지 깊이 박힌 한 개의 추억이 되어있는 것입니다. 그러니 인제 무슨 새삼스러이 인상이니 무어니 있겠읍니까? 그래서 하로 이틀 밀녀왓더니마는 한 번 쓸라고 한 것을 쓰지 않은다고 독촉이 빗쟁이보다 더합니다. 허는 수없이 추억의 일단 이라도 써보려

62) '보다'의 오식.
63) 잊히지.
64) '나는'의 오식.

하니 그 추억이라는 것이 남과 달너서 내한테는 여러 가지 앞으고[65] 쓰라닌 생각을 먼저 잡어내는 때문에 이 붓이 잘 네려가지 않읍니다.

이러한 남의 심정을 모르고서 졸르기만 하는 사람은 딱하지 않읍니까? 〈끝〉

『여성』 1936.07.

65) 아프고.

향토유정기鄕土有情記
-「낙동강洛東江의 넷 요람搖籃」

낙동강洛東江 칠백리七百里 허구만흔 구비에서도 깍거 세운 듯한 왕모성王母城 뿌리를 씨치 쌍봉雙峯 그림자를 감도는 사이에 페여진 적은 한 칼피가, 아직도 내 어린 기억記憶을 자어내는 나의 고향故鄕이다.

말이 고향故鄕이지 열다섯 살에 떠나와서 십년十年이 넘도록 한 번도 다시 차저가지 못하였스니[66] 정情이 드럿기론 얼마나 드럿스며 못 닛치기로서니 무엇이 그다지 애틋하리요마는 그래도 고향故鄕말이나면 문득 거긔가 생각나

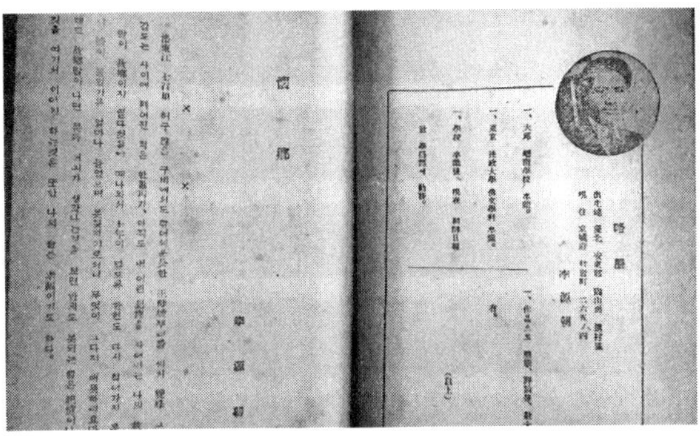

▲「황토유정기」는 「회향」으로 재출판되었다.

는 것을 보면 한치도 못되는 짤분 기억記憶이나마 그것을 여긔서 이야기하는 것은 또한 나의 슬픈 행복幸福이기도 하다.

대강大江의 유역流域이란 한 구비 도는 데마다 한 마을식 남기는 것은 어데라도 다갓지마는 우리 마을은 강가이면서도 강촌江村과 가치 비리卑俚하지 안엇든 것이 나의 고향故鄕에 대對한 한 개의 프라이드이다. 뒤으로는 연산連山이 둘니기를 호형弧形으로 되어서 그 산기슭에 백여호百餘戶의 동네가 살고

66) 이원조는 1909년생이다. 1923년경에 안동을 떠나 대구로 완전히 이주했다는 설명이다. 이를 통해 본다면 기존 육사의 이주(1920년, 원기, 원록, 원일 형제의 대구 남산동 662번지로의 이주)보다 많이 늦게 나머지 가족들이 이주하였다.

그 압헤는 뽕나무밧 조밧 담배밧치 평야平野와 가치 버러진데 다시 그 압흐로 느러진 느틔나무 방죽이 하늘을 찌를드시 절녀섯다. 그 중에도 제일 큰 느틔나무 두 그루가 방축한 가운데 서 잇는데 이것은 한 백년百年이나 묵은 고목古木인지 여름이면 그 나무 그늘 만해도 하로종일 빗 한 번 들지 못할 만큼 큰 나무엿다. 그 나무를 우리는 당나무라고 부르고 여름철에는 그 나무 밋헤서 글도 읽고 놀기도 하엿다. 이 방축 압헤 맛치 비단을 빨어서 널어 노흔 듯한 잔디밧. 석양나절이되면 그 잔디 밧헤서 말달니기를 한다고 모다 옷고름을 푸러서 곱비라고 해가지고는 타는 사람은 업히고 게다가 마부馬夫까지 끼워서 말 노릇 하는 애가 당나귀 소리를 치면서 다름박질을 치든 것은 제법 넷니야기 갓기도 하다.

다시 그 잔디밧 압헤 자갈밧이 잇서서 여름에 물이 지고 난 뒤에는 괴석怪石을 줍는다고 해서 차돌도 줍고 인석鱗石도 주엇스나 그것은 주서다가 무엇에 씻든고? 그 압히 바로 낙동강洛東江이라. 그러니까 뒤의 운산連山은 활체와 갓고 압헤 강江물은 활줄과 가치된 그 속에서 나는 잘아낫다.

지금도 산보담 물을 더 조화하는 것은 물에서 자라나다십히한 어린 때 인상印象이 그대로 취미趣味가 된 모양이다.

느진 봄철만되면 우리는 강江에서 산다. 글은 안 읽고 놀기만한다고 종아리 마진 것도 태형笞刑으로 친다면 십년역十年役은 때운 셈이련만은 그래도 숭어색기 멧 마리 잡히는 사발무지에 재미를 부처서 미끼로 쓰는 번데기 어드러 동네집 도라다니든 일을 생각하면 극성스럽기도 하엿섯다.

그러다가 잘 안잡히는 숭어색기에 정情도 떨어지고 날씨도 더 더워지면 그 적새는 우리가 모다 고기색기 가티 물 속으로 드러가기 시작한다.

아침밥만 뜨고나면 버리밧 골로도 새여 나오고 뽕나무 그늘로도 숨어 나온 일대一隊가 정해노코 가는 곳은 「붉은바위」소이엿다. 그 바위소는 깁히가 얼마나 되는지 전설傳說과 가티 내려오는 말에는 명주실타래를 멧치나 푸러넛는다고 하지마는 바로 그 엽헤는 밋헤 모래가 갈니고 물깁히도 얼마 되는지 안흐며 더구나 물결도 세지 안허서 아마도 우리 조상이 그 땅에 드러오든 날부터 목감는 터으로 정해 노앗든 것 갓헛다.

▲'붉은바위 소'의 현재

낫전 낫후에 잘 감으면 일고 여덜 번은 예사로 감으니 지금 생각해도 무슨 말인지는 몰으지만 목을 넘우 만히 감으면 몸에 진액이 빠진다고 야단을 치고 말니든 어룬들의 말도 거짓말은 아니엿든 모양이다.

목만 이러케 감고 치우면 그래도 다행한 일이지만 이러케 목을 감다가 배가 곱흐면 집에 드러가 밥을 먹으려다가는 금족禁足을 당할테니까 맘문한 물 건너 마을에 외밧 노흐러가는 것은 악동행장기惡童行狀記의 극치極致일 것이다.

물 속에서 외를 먹으면 여느 때보담 갑절은 먹힌다는 터문이 업는 지식知識이 원두막을 망치는 근본이엿다.[67]

자세히는 몰나도 외를 따는데는 넝쿨이 상치안케 잘따야 연달어 연다는 것인데 백주白晝대낫에 벌거벗고 외도적질하는 체면에 이른 것 저른 것 채릴 리가 업다. 익은놈 생둥이 할 것 업시 손에 걸니고 발에 닥치는데로 그대로 훨쓰니 한 번만 지나오면 외밧치고 무엇이고 그대로 수라장修羅場이 되고 만다. 잘못해서 들켜 밧댓자

「가을에 버리 도주로 바다가렴」[68]

---

67) '외'는 '참외'를 일컫고, '물외'는 '오이'를 일컫는다. 근래 해석한 선집들에서 이에 대해 '외'를 '오이'로 번역한 책들이 있어 바로 잡는다.

68) 이 부분은 1946년 판에서 이해되지 않는 부분을 1937년 판을 통해 이해할 수 있다. '버리'는 '보리', '도지'는 '세(貰)를 내는 것'을 의미한다. 그러므로 '가을에 보릴 쌀로 갚겠다'는 뜻이다. 그런데 이 부분은 갈수록 해석이 엉터리가 되고 있다.

하면 그만이니 고십도치[69]보담도 더한 이 악동惡童에게 폐농弊農하게 된 원두쟁이가 마을에 가서 무엇이라고 원소寃訴를 하엿든지 한 번은 운명運命의 날이 닥처 오고 마럿다.

어느 하로ㅅ날도 목감는 일과日課를 마치고 모다 물속에서 나와보니 버서노코 드러갓든 옷이 하나도 업시 되엿다. 아모리 차저 보아도 눈에 뜨이지 안코 지나가는 초동樵童들에게 무러보아도 알지 못하엿다.

구룡연九龍淵못에서 목감든 선녀仙女가 옷을 일헛다는 전설傳說은 나종에 드러 알엇지마는 그때 우리들의 수살愁殺한 광경光景이란 결코 그런데 비比할 것이 못되엿다. 허는수 없이 물 속에 드러갓다가는 모래밧헤 나와 볏도 쪼이고 하면서 서로 옷차질 궁리를 해보앗스나 아무런 계책計策도 나오지 안코 해는 점점 기우러저 볏살조차 얄버가니 한기寒氣가 드럿다. 바로 그쌔 마을에서 우리한테 제일 미움을 밧는 벼락장군가튼 노인老人 한 분이 칙넝쿨로 우리 옷을 묵거 들고 뒷산 바위틈으로 내려오면서

「요놈들 모도 나오느라」[70]

하며 호통을 첫다. 처음에는 엇지나 놀낫던지 엇던 애는 물 속으로 드러가기도하고 엇던 애는 다라나기도 햇스나 결국結局은 일망타진一網打盡이 되어서 집으로 붓잡혀 드러갓다.

그 결과結果는 연첨접옥連簷接屋한[71] 집집마다에서 태형笞刑, 태형笞刑, 태형笞刑. 그 이튼날 모혀보니 일당一黨 중中에 하나도 면소免訴된 사람이 업섯다.[72]

그러든 고향故鄕을 떠나온지 또 십년十年이 넘엇다. 가치 자라든 애들 중에는 이미 자녀子女를 가저 성가成家를 햇다느 니도 잇고 엇드니는 만주滿洲로 갓다는 사람도 잇스나 그 뒤에 하나도 만나지를 못하엿다.

작년昨年 가을에 마침 남행南行을 하엿다가 마을 부노父老를 한 분 만나서

69) 고슴도치.
70) 경북 방언에는 '모도'가 '모두'이다.
71) 지붕의 처마가 서로 붙어 있는.
72) '벌 받지 않은 사람이 없었다'는 뜻이다.

고향故鄕 이야기를 무러보앗더니 마는 작년昨年 물에는 느틔나무 방축도 반이나 떠내려갓고 「붉은바위」소도 터무니 업시 되엿다고 하엿다.

아직도 고향故鄕에 도라갈 기약期約이 업건마는 도라간대야 딴 나라와 가틀진댄 차라리 내 요람搖籃이든 녯 고향故鄕을 인제는 내 마음의 요람搖籃 속에 간직하여 둘 수박게 업는가 부다. －(완完)－

향토유정기鄕土有情記 「낙동강洛東江의 녯 요람搖籃」『여성』 1937.7.

회향懷鄕, 『한국문학전집 수필』, 조광사, 1938.

회향懷鄕, 『한국문학전집 수필』, 조광사, 1946.

경주기행慶州紀行[73]

(일一)

내가 남주南州에서 생장生長하여서 일즉이 경주慶州를 지난 것이 이삼차二三次나 되엿스나 나는 한 번도 들러본 적이 업섯다. 이것을 지금에 와서 생각하면 철업는 생각이엿지마는 그때의 내 생각 갓해서는 신라 이천년二千年 고도古都의 어마어마한 유적遺蹟을 그냥 과객過客과 가티 보고 지나기는 참아 앗가운 듯도 하고 미안未安한 듯도 하여서 어느 때나 재필여한載筆餘閑의[74] 조흔 기회機會가 오기를 기다린다고 하엿더니 맛침 이번에 동경東京으로부터 도라와 향리鄕里에 유留하는 동안 우연偶然히 유경柳京[75]으로부터 K군君이 온지라 이 기약期約하지 아니한 동서東西의 해후邂逅를 그냥 내보내기도 앗가우려니와 또한 경주慶州에 잇는 C군君과는 금춘今春에 서로 만나기로 한 숙약宿約도 잇슨지라 뉘가 말을 먼저 한 지도 모르게 경주慶州로 가자하니 즉좌卽座에 동행同行이 사오인四五人에 이르럿섯다 모다가 숙지구교夙知舊交라[76] 하나도 어색할 점이 업슬 것은 저윽이 마음에 편하엿스나 내 경험經驗에 의衣하면 대개 각구승지各區勝地에 가는 법이 도부동道不同 취부제趣不齊한 동행同行이 만흐면 서로 엇갈리고 삭갈녀서 자연自然과 인생人生이 혼연渾然히 조화調和되는 경지境地에 이르지 못 하고 왕왕往往이 것구경 볼만하게 될 때가 만흠으로 동행同行이 만흔 것도 도리혀 걱정스럽지 안흔 것도 아니엿섯다. 그러나 그 대신에 담소談笑의 자약自若한 일흥一興도 없지 안허서 모다 경장단책輕裝

---

73) 이원조의 「경주기행」은 조성환 편, 『경주에 가거든』, 학고방, 2010에 수록되어 있다. 하지만 이 책에는 원문에서 누락된 부분이 있을 뿐 아니라 잘못 입력된 것도 있어 이 책에서 바로 잡는다. 경주의 지리적 특성과 문화재에 관한 부분은 경주에서 교사로 근무하고 있는 박만호 선생님의 도움을 받았다.

74) '재필여한(載筆餘閑)'은 '글을 쓸 만한 여유'이다.

75) 평양.

76) '숙지구교(夙知舊交)'는 '오래 사귀어 잘 아는 사이'이다.

短策으로[77] 자동차自動車에 오르니 오전午前에 떠나려듯 것이 그럭저럭 오후午後 두 시時나 되엿는데 그다지 청명淸名하지 못한 날세라 먼 산山은 아득하고 덜 익은 볏살에 아직도 남은 봄 취위가 옷깃에 숨어드는 것을 늣겻다.

한참이나 가다가 엽헤 안젓든 K군君이 나더러

「여보게 나는 경주 갈 때마다 홍미興味잇게 보는 것은 저 산山들을 보게, 모다 경주慶州를 향向해 드러가는 것 갓지 안흔가」

하고 좌우左右의 연산連山을 가르첫스나 그야 보기에 달녓지 대해大海의 파랑波浪과 가티 완연蜿蜒한 산맥山脈이 어듸서 나와서 어듸로 추창하는지를 뉘가 알리오마는 구태여 남의 성습成習한 홍미興味를 깨트릴 필요必要도 업고 하여서 나는 아모 말도 업시 그저 그런 냥 하엿스나 실상 그것보담도 맨 먼저 내 눈에 드러오는 것은 다년간多年間 외지外地에 나도든 나로서는 보지도 못하든 까치집들이엿다. 까치란 본래本來부터 우리에게는 상서祥瑞로운 새로서 생각해지는 것이지마는 비록 그것이 흉화凶禍의 새이라고 하드래도 황량荒凉한 들 복판을 흘터버린 듯한 닙 떠러진 백근목白根木가지 사이에 점점點點이 얼키여 잇는 까치집이란 우리 땅에서만 볼 수 잇는 한 폭幅의 그림과 가튼 겨울 풍경風景이라고 아니할 수 업는 것이며 더구나 이들 복판 나무가지에 매여달린 까치집과 산기슭 두어 채 옹귀종긔한 초가草家집과 조화미調和美는 벌서 우리에게는 자연自然 그것이 아니고 맛치 한 개의 고전古典을 보는듯한 늣김을 주는 것이니 거긔에 저녁 짓는 한 줄기의 푸른 연기煙氣가 뜨고 안 뜨는 것은 말할 것도 업는 것이다.

하양河陽 근처近處에 이르는 동안은 길이 산맥山脈의 단애斷崖를 끼고 돌면서 좀 위이逶迤한 바가 업지 안헛스나 그 외에는 일로一路 평탄平坦하여서 조곰도 불편不便한 줄을 몰으게 영천읍永川邑에 이르러 잠간暫間 정류停留하게 되니 이 영천永川을 벌서 십여十餘 년年 전前에 내 사숙私淑하는 선생을 따러 수학修學하러 왓든 곳이라[78] 내 마음으로는 새로운 바 업지 않으나 시가

77) 가벼운 옷차림으로.

78) 영천의 백학학원에서 수학한 경험을 이야기하고 있다. 이원조는 조부에게 한문을 배

市街의 모양은 그때와 별로 달너진 것이 업스니 십년十年동안에 발전發展의 보조步調가 그다지도 더된 것은 한심寒心하지 안흔바도 아니나 내 눈에 보히는 것으로는 그동안에 창상滄桑과 가티 변해서 어듸가 어듸인지 알아보지 못 하게 된 것보다는 도리혀 잔영殘零하남아 지나간 내 추억追憶을 자아내게 하여주는 것이 오히려 고맙다고 할는지. 그때에 말만 듯고 보지는 못한 그 유명有名한 조양각朝陽閣을 자동차自動車 우에서라도 보히는가 해서 사방四方으로 도라보앗스나 눈에 띄이지 안흐니 그동안에 또한 허러젓는지도 알 수 업섯다. 그러나 건천乾川, 금장金丈을 지나면서부터 눈에 드러오는 어듸인지 모를 산야山野의 웅혼대장雄渾壯大한 맛에 가히 살안진 왕기王氣의 남은 자최를 엿볼 수 잇섯다.

(이二)

경주읍慶州邑에 드러서기는 오후午後 네 시時나 되엿는데 벌서 눈에 뜨이는 것은 맛치 그림 속에서 보는 예 집들의 피라밋드와도 가티 숭엄崇嚴한 생각과 일종一種의 기괴奇怪한 늣김까지 주는 산재散在한 왕릉王陵들이엿다. 차車가 무열왕릉武烈王陵 입구入口라는 표목標木 압흘 지날 때 역시 엽해 안젓든 K군君 말이

「지금부터는 이 근처近處가 전부全部 고적古蹟일세」

하는 바람에 갑자기 정신이 나 차린 듯이 눈을 돌니니 과연果然 초일목一草一木과 일석일토一石一土까지 모다 풍마우세風磨雨洗 한 가운데서도 오히려 오년五年 전前 넷일을 말하는 듯 하나 그러나 지금에 능이곡천陵移谷遷하니[79] 황량잔첩荒涼殘堞에[80] 지나가는 자동차自動車의 휘날리는 먼지떼만기리[81] 까러 안질 줄 모를 다름이엿다.

우고 위당(爲堂) 정인보(鄭寅普) 문하에도 들었는데 위당께서 '장안(長安) 3재(才)의 1인'으로 꼽았을 정도로 똑똑했다.

79) 거처를 옮기니.

80) '황량잔첩荒涼殘堞'은 '황량하게 허물어진 치첩(雉堞: 성벽에서 돌출시켜 쌓은 성)'이다.

자동차自動車가 정류소停留所 닷자마자 어디나 다름업시 여관旅館 안내인案內人들이 모기떼 덥비듯 하는 것을 간신히 물리치고 나서 왓다.

우선 안동여관安東旅館이라는 데 드러서 점심을 먹은 뒤에 O군君에게 전화電話를 거니 마침 다른 손이 와서 가리 불국사佛國寺로 갓는데 점으러야 도라올 것 갓다고[82] 하기에 K군君은 O군君과 인위관계姻戚關係가[83] 잇슴으로 바로 O군君의 집으로 드러가고 나와 Y군君과는 우선 시가市街 구경이라도 하겟다고 나섯스나 처음길이라 어듸가 어듸인지 잘 몰나서 당지當地와 산업조합産業組合에 잇는 다른 O군君을 차즈니 여러 해 못 만난 사람이라 반가이 마저주며 곳 인도引導해주겟다고 가티 나섯다.

「우선 어듸로 갈가」

하기에 나는 그거 이전에 일흠만 들은

「봉황대鳳凰臺로 가세」

하니 O군말이

「봉황대鳳凰臺는 바로 저 것일세」

하고 가르치는데 그 역시 내 보기에는 능陵과 갓흐나 다른 능陵에 비比해서 퇴비頹圮하엿슬 뿐만 아니라 그 우는 거의 노목老木에 갓가운 소나무들이 되는 대로 기우러저 잇는데 그 사이로 실오라기 가티 뽀하얀 좁은 길이 파고 박은 듯이 꼬부러저 잇스니 아마 오고가는 손들이나 어린애들까지도 마음대로 오르네리는 것 갓햇다. 그래서 그 우애 따로 축대築臺가 잇느냐고 무럿더니만은 O군君 말에도 모다들 거긔를 봉황대鳳凰臺라고 부르기는 하나 따로 대축臺築도 업슬 뿐만 아니라 그 구조構造가 다른 능陵들과 조금도 다름이 업는 것을 보면 아마 사십팔四十八 왕릉중王陵中에 실전失傳한 능陵을 후인이 봉황대鳳凰臺라고 일흠지어서 일국一國의 「테라쓰」와 가티 된 것이 아닌가 하엿다.

---

81) 먼지 떼만큼이나.

82) 날이 저물어야 돌아올 것 같다고.

83) 혼인을 집안끼리 한 관계.

통곡慟哭을 일헛스니
영화榮華야 꿈이로다
구중궁궐九重宮闕도
허무러저 논밧되니
능천陵賤이 노는 터 된 게야
설어 무삼하리요.

날이 이미 박모薄暮에[84] 갓가운지라 멀니 구경 다닐 수는 업고 하여서 갓가운데만 도러보자고 우선 미추왕릉味鄒王陵에 이르니 이 왕王은 다 아는 바와 갓치 신라新羅 십삼세十三世 왕王으로서 신라新羅의 전세대全世代를 통通해본다면 오히려 창업기創業期의 군주君主이라 그런지 능陵의 규모規模도 그다지 굉장宏壯하달 것은 업스며 다만 후손後孫 과菓가 세웟다는 단갈短碣만이[85] 석양夕陽 나절에 더 초창怊悵하게 뵈엿다.

일면一面에 깔린 금잔듸가 양모羊毛갓치 포근해 보엿스나 봄철이 자저지면 그 주위周圍에 오색五色꼿들이 맛치 당시當時의 시녀侍女들과 갓치 닷투어 아름답게 피인다고 하엿다.

다시 송림松林 사이로 좁은 길을 몟거름 가니 숭혜전崇惠展[86]이라는 나대열조羅代列朝의 묘우廟宇가 잇는데 아직도 전참봉殿參奉[87]이라고 수직守直하는 사람이 잇다고 한다. 바로 능陵 압헤 무슨 비각碑閣이 서 잇스나 문을 잠거서 외통수는 업섯다.

---

84) 초저녁에.

85) '단갈(短碣)'은 '무덤 앞에 세우는 작고 머리가 둥근 비석'이다.

86) 숭혜전(崇惠殿)은 신라 제13대 미추왕(味鄒王)과 제30대 문무왕(文武王) 및 제56대 경순왕(敬順王)의 향대제(享大祭)를 봉행하는 전(殿)이며, 경주시 황남동 216번지에 소재하고 있는 경상북도 문화재자료 제256호이다. 이 전의 시원(始源)은 신라의 마지막 임금인 경순왕의 경천순인(敬天順人)하신 덕의(德義)를 숭모하기 위해 신라 유민들이 자발적으로 경주의 반월성(半月城)에 건립한 사당에서 경순왕 영정을 모시고 고을의 아전이 삼반관속을 이끌고 매양 명절에 제향(祭享)을 올린 것에서 시작되었다고 한다.

87) '전참봉'은 '전각을 지키는 벼슬'이다. 여기서는 능참봉(陵參奉)을 의미한다.

(삼三)

첨성대瞻星臺로 가니 알괴라 당시에는 아마 궁원宮苑 안에 설비設備되엿든 것이겠지마는 지금은 밧 가운데 형각形殼만 남은 채로 서 잇서서 첨성대瞻星臺란 일흠만으로서 녯날의 천문대天文臺이든 것을 짐작하지, 지금의 그 모양으로서는 무엇인지 알 수 업스며 그 우에 어떠한 설비設備가 잇섯든 지도 알 수 업스나 다만 그 원추형圓錐形의 축조築造가 그냥 단순單純한 수직선垂直線으로 되지 안코 허리가 약간 굴근 듯 한데 스사로 유유자적悠悠自適한 맛이 잇서서 나대문화羅代文化의 가장 찬란燦爛한 개화기開化期에 속屬햇든 당시當時의 미의식美意識이 얼마나 발달發達되엇든가를 예서도 가可히 짐작할 수 잇섯다.

네보든 저 천문天文도
인사人事가티 변햇는가
하계下界는 창망滄茫인데
너만 홀로 유유悠悠하니
일천년一千年 지나간 일이
더욱 아득하려라
첨성대瞻星臺 별보는 대坮
놉히 싸허 오를 적에
억조문성億兆文星이
이 땅 우에 빗칫스리
지금엔 풍우風雨에 짓처
장승가티 섯고녀.

다시 남南으로 사오四五 간間을 거러 가니 왼손 편 압흐로 굽으러진 구릉丘陵 우에 소나무 우거진 곳이 반월성半月城이라고 하는데요, 바로 올흔손 편 일대一帶에 성그른 교목喬木이 저녁 연기煙氣를 뛰여 아득한 데가 이 진실로 신라新羅의 신성림神聖林이라고 할 계림鷄林인 것이다. 계림鷄林이 본래 시림始林이란 곳으로서 김알지金閼智의 탄생誕生을 말미암아 계림鷄林이란 일흠으로 곳쳐지고 또한 거귀에 남어 잇는 신화神話와 구비口碑는 새삼스럽히 소개紹介할 것도 업스나 만약萬若 백화요란百花燎爛한 봄철이라든지 푸른 그늘 욱어진 여름가트면 몰나도 닙 떠러진 자최에 아직도 어린 맹아리 피여나지 안흔 가지마다 아득하게 엿튼 봄.

황혼黃昏이란 참아 그냥 지나기 어려운 경景이라고 아니 할 수 업는 것이다. 흔히 경주慶州에 와서 우리를 놀나게 하고 깃부게 하고 찬탄讚嘆하게 하는 것이 만흐되 우리로 하여금 거의 아모 이유理由도 업시 일말一抹의 애수哀愁를 늣기게 하는 것은 진실로 내가 짐짓 두류逗留해서 발을 옴겨도 노흘 줄 모르는 이때의 계림鷄林이었다.

홍망興亡이 하오래니 설어움도 모를레라
고왕궁古王宮 헐린 터도
차저 볼 길 업다거늘
엇지타 이곳에 와서
밟을 길을 모르난고
계림鷄林 쪽은 숩도
봄이 오면 꽃 핀다네

꼿 필 때 체 못 되니
찬 정기精氣만 얼켯건만
천년千年 전前 몟시럼 가타야
더욱 아득하여라

그럭저럭하는 동안에 날이 벌써 어두어진지라 여관旅館으로 도라오는 길에 Y군君과 나와는 다만 묵묵默默한 가운데서 크다른[88] 감격感激에 채인 듯이 아모 말이 업섯다. C군君 말도

「우리는 늘 여긔서 자라나서 별로 더 좋은 줄도 모르지마는 다른 데서 온 사람들은 다 조타고 하느니」

---

88) 커다란.

하기에 나는 문득 「거인생장흥망리居人生長興亡裡 불성황탑유석양不省荒塔有夕陽」[89]이라는 김택영金滄江[90] 선생의 만월탑제滿月塔霽 시詩가 생각이 낫다.

여관旅館에 와서 저녁밥을 먹는 중에 O군君의 집에서 전화電話가 왓기에 Y군君과 나와는 둘둘이 저녁을 맛치고 가티 O군君으로 집으로 갓섯다.

(四)

거긔서 목상牧晌이나 이야기하다가 C군君들 여러 종반從班과 다시 읍몯으로 나오는데 때도 공교로히 초생이라 미인美人의 눈썹가튼 반 쪼각 차가운 달이 이미 천심天心에 이르러 건드리기만 하여도 떠러질 듯이 외로히 걸려 잇는데 무심한 사람들의 발자욱도 정正히 반월성半月城 밋흘 지나고 잇섯다.

저 반달 뽄을 떠서
반월성半月城 싸헛는가
상하上下에 한 모양이
굽어 우러 서로 볼 때
말 업는 미소微少만 뛰어
알음 잇는 갓더라
뉘라서 달을 일러
무심無心타 하단 말고
반월성半月城 허리 우에
놉히 걸닌 저 반달은
긴 한밤 새워가면서
떠러질 줄 모르더라.

89) 인생도 흥망이 그 안에 있다더니
황야의 탑도 돌보지 않는 저녁이로다.

90) 창강(滄江) 김택영(金澤榮). 891년(고종 28)에 42세로 진사가 되고, 1894년(고종 31) 편사국주사(編史局主事), 1895년(고종 32) 중추원서기관(中樞院書記官)을 지내고 통정대부가 되었다. 1905년(광무 9) 학부 편집위원이 되었으나, 그해 겨울에 사직했다. 을사조약으로 국가의 장래를 통탄하다가 1905년(광무 9) 중국으로 망명하였다.

읍邑에 드러와서는 C군君의 호의好意로 진성珍盛한 향응響應을 바드니 선비의 행색行色에 도리혀 넘우 과분過分한 호홍豪興이엿으나 도한[91] 춘소春宵의 쩗음을 한탄恨歎할만 악사樂事이라고도 아니할 수 업섯다.

익일翌日 아침에 불국사佛國寺와 석굴암石窟菴을 향向해 떠나는데 우리 일행一行과 「까이드」로서 C군君이 나온지라, 여섯 사람이 자동차自動車를 모라 불국사佛國寺 압헤 나리니 처음에는 도장道場에 드러 온 청정淸淨한 늣김도 모르겟고 고허古墟애 이른 황량荒凉한 생각도 업시 다만 맛치 깁흔 물속에 빠젓다 소사오른 듯이 내 스사로 망연茫然하엿을 따름이엿다. 경각頃刻이나 멍―하니 섯다가 다시 정신情神을 차려 청운교靑雲橋 백운교白雲橋 무지개갓치 놉히 걸린 다리를 층층層層이 올나가니 그 옛날에는 곤포袞袍와 옥패玉佩가 소리내고 오로네리든 곳이언마는 지금에 속세俗世의 띄글을 거림낌업시 홋트리고 가는 사람이 얼마 이든고? 바로 보이는 대웅전大雄殿보다도 우선 내 눈을 끄으는 것은 좌우左右에 갈너서 서로 바라보는 다보탑多寶塔과 석가탑釋迦塔이엿다.

(오五)

다보탑多寶塔의 구조構造가 섬공纖功의 극치極致에 이르러 변화變化 자재自在한 맛에 올러도 보고 십고 어르만저 보고 십다면 석가탑釋迦塔은 후중厚重하고도 웅혼雄渾하여서 가可히 옷깃을 바로하고 멀리서 바라보기만 하여도 일종一種의 엄숙嚴肅한 생각과 자비慈悲스러운 늣김에 스사로 머리가 숙어지는 것을 깨다를 수가 잇는 것이다. 이 두 개의 존탑存塔이야말로 불국사佛國寺 경내境內에서 어느 하나의 고하高下를 논단論斷할 수 업는 가장 보배스러운 쌍벽雙璧이라고 아니할 수 업슬 것이다. 다시 후원後苑에 이르니 황량荒凉한 풀밧 속에 홋터저 잇는 초석礎石이 녯날의 영화榮華를 말하는 듯 새삼스러운

91) '또한'의 오식.

애수哀愁를 자어내는 것이엿다.

문루門樓에 오르면 남산南山까지의 십리十里 평야平野가 한 눈에 드러 올듯이 펴칫는데 넷날에는 이 십리十里 일면一面이 전부全部 사원寺院이여서 오고 가는 데에 신을 신지 안어도 회랑廻廊으로 도라 단일 수가 잇섯다 드라고 한다. 그럼으로 지금에도 불국사佛國寺 압헤 서 잇는 네 개의 석주石柱는 그때에 어가御駕가 임행臨幸하거나 고관대작高官大爵이 나올 때는 그 사원寺院의 전부全部에게 알니기 위해서 기旗ㅅ대를 세우든 것이 아니엿는가 하는 것이다. 다시 석굴암石窟庵까지 왕환往還할 일자日字가 밧부다 하야 일행一行이 작고만 재촉하는 바람에 거의 모다 헝뚱헝뚱하엿스나 극락전極樂殿 안에 봉안奉安해 잇는 선덕여왕善德女王히 입으섯드라는 애절포哀絶袍 자락과 신 한 컬레가 해여진 데는 해여젓서도 성한 데는 새 것가티 윤ㅅ긔가 잇스며 더구나 그 운룡제雲龍齊는 배색配色의 황홀恍惚한 게라든 모형模型의 발자潑溂한 것이 오히려 어제ㅅ 일가티 선명鮮明한 것이 잇섯다. 넷려울 때는 연화교蓮花橋 칠보교七寶橋으로 네려오는데 저쪽 청운교靑雲橋 백운교白雲橋와 함께 모다 「아ー취」로 되어잇서 돌과 돌이 서로 물고 아우러저서 천여년千餘年을 지난 오늘에도 빈틈 하나도 보이지 안헛다.

우리는 불국사佛國寺 호오텔에 드러서 가벼이 오찬午餐을 마친 뒤에 모다 짝지 하나식 만들고 토함산吐含山 기슭에 첫 발자국 옴겨노으니 진실로의 예술藝術의 성지聖地이라고 할만한 석굴암石窟庵을 향向해 떠나는 길이엿다. 일행一行이 모다 건각健脚이라 산山길을 오른 것이 평지平地나름업스나 나 혼자 뒤떠러저서 아모리 애를 써도 따러갈 수가 업슴으로 먼저 가는 사람들을 불러서 멈추게도 하고 혹 그 사람들이 기달녀도 주어서 간신히 동행同行을 하는데 나는 한 모랭이만 돌어도 「저긔가 석굴암石窟庵인가?」하고 한 구비만 꺽거서도 「인제는 다왓지?」하는 것이 스사로 생각해도 어린양 갓햇다. 그러케 얼마를 올랏든지 압헤 섯든 사람이 문득 발길을 멈추고 「동해東海」다 하는 바람에 나도 홀지忽地에 협연浹然한[92] 긔운이 전신全身에 솟아나는 것 갓해서 멧거름을 다시 용기勇氣잇게 떼여 올나서니 아마 여기가 토함산吐含山 마지막 꼭댁이

인지라 눈알에 보이는 계곡谿谷은 맛치 실오라기를 흇터 노흔 듯이 아실아실한 데 저끗 하늘 다은 곳 아득한 수평선水平線 하나를 경계境界로해서 빗치엿든 것은 하늘이요 짓튼 것은 바다이라 거긔서 잠간暫間동안 다리를 쉬인 뒤에 다시 두어 산모랭이를 도라드니 길 마지막 다다른 곳 구릉丘陵과 가티 솟은 데를 가르치면서 「저게 석굴암石窟庵일세」하고 가르처 주엇다. 먼저 한수寒水를 바더 입을 가시고 손을 씨슨 뒤에 석굴암石窟庵에 드러가서니 다른데 갓흐면 음랭陰冷한 석기石氣가 뼈에 사무치련마는 오히려 다사한 자비慈悲를 전신全身에 늣기는 것 갓햇다. 벌서 문 압헤 서 잇는 사천왕四天王, 금강역사金剛力士, 인왕상仁王像들이 다 각각各各 그 기위괴걸奇偉怪傑한 데가 잇지마는 아모리 하여도 석굴암石窟庵의 대주인공大主人公은 중앙연화대中央蓮花臺 상上에 초연超然히 안저잇는 석가여래상釋迦如來像일 것이다.

첫재 그 소재의 웅대雄大함도 보는 사람에게 일종一種의 비이감飛異感을 주려니와 그러한 대작大作이면서도 그 풍만豐滿한 육체肉體와 여유餘裕잇는 곡선曲線이 어느 한고데[93] 애안碍眼될 데 업시 균정均整되여 잇는 것은 덥허노코 경한驚嘆하지 아니 할 수 업는 것이엿다. 그러나 내 취호趣好로 말하면 불상佛像이란 넘우도 천편일률적千篇一律的으로 단조單調한것이이고[94] 또한 극도極度로 형식화形式化된 것이여서 참다운 예술적藝術的 쾌감快感을 늣기지 못함으로 대개 조화하지 안는데 석굴암石窟庵에서도 내가 도취陶醉된 것은 역시亦是 불상佛像보담도 벽면壁面에서 있는 십일면관음상十一面觀音像들이엿다.[95]

92) '협연(浹然)'은 '갑작스런'이라는 뜻이다.

93) 한 곳에.

94) 단조로운 것이고.

95) 11면을 본 면과 합하면 12면이 되는데, 그 11면은 방편 면이요, 본 면은 진실 면이라고 한다. 11면 관음보살은 자비와 진노, 폭소와 분노로써 모든 중생을 구제함을 나타내고, 그 상단에 그 모든 것을 여의어 모든 불꽃을 꺼버린 열반에 든 부처를 표현하고 있다.

(육六)

대체로 이 벽상壁像들의 작자作者가 한 사람의 작자作者인지 그러치 안흐면 여러 사람의 합작合作인지는 알 수가 업스나 한 개의 종교적宗敎的인 예술의욕藝術意欲 밋헤서[96] 제작製作된 작품作品이 이러케도 면면面面이 다 각각各各 변화變化가 잇고 개성個性이 잇는 것도 놀날 만하거니와 그 의상衣裳과 염주念珠의 흐느러진 유선流線이 섬교纖巧와 화려華麗의 극치極致에 이르면서도 오히려 그 배석背石의 방정方正한 게라든지 자세姿勢의 전아典雅한 것이 빈틈업시 조화調和되여서 그야말로 손꾸락부터 발굼치까지 아직도 승평昇平 혈맥血脈이 통通하여 잇는 듯한 산 고전古典이엿다.

우리가 거긔에 닷기는 오후午後가 훨신 느젓스니까 광선관계光線關係가 잇겟지마는 그 벽상壁像의 조각彫刻을 세부細部와 음양陰陽 이러한 고적古跡을 기록記錄하려면 다 말할 수 업스나 경주慶州에 남어 잇는 나대羅代의 석조石彫 예술품藝術品 가운데서 이미 세상世上이 다 아는 것들은 말할 것도 업고 다만 무명無名한 한 개의 걸작傑作이라고 생각나는 것을 소개紹介한다면 「극락전極樂殿」 죽담 위 올흔손 편 기동 압헤 안저 잇는 적은 석사자상石師子像일 것이다. 이것이 엇더한 이유理由로서 고적보존회古跡保存會에서까지 등한等閑히 녁여서 밧갓헤 내여 노앗는지 알 수 업스나 그 사자獅子의 두부頭部가 약간 깨여젓서도 오히려 맹수猛獸로서의 전신全身에 넘치는 긴축성緊縮性과 응결성凝結性이 금방이라도 살어 움적어릴 듯하며 더구나 그 넷발 발톱 끗헤 맷친 정기精氣란 처음 보는 나로서는 거의 나도 모르게 「앗」 소리를 지르게 하리만치 아연俄然하게 한 것이엿다. 내가 아무리 육안肉眼이라고 하드레도 내가 일직이 감상感賞한 일체一切의 예술작품藝術作品 가운데서 이 석사자상石獅子像의 발톱과 갓치 직선적直線的으로 나를 놀나게 한 것은 그다지 만치 안흘 것이다.

---

96) 밑에서. 이 글에서는 '(종교적 예술의욕에) 의해서'라는 뜻이다.

참아 떨어지지 안는 발길과 여운餘韻이 남아 일색日色이 이미 황혼黃昏을 비추인지라 허는 수 업시 다시 산을 내려가는데 산길을 거의 반半이나 네려오도록 내 도취陶醉와 황홀감恍惚感은 식어지지 안엇다. 오다가 나는 O군君에게

「우리가 이러한 위대한 예술藝術을 가젓다는 것은 다갓치 사랑스러운 일이지마는 자네갓치 여긔서 생장生長한 사람은 우리보다 더 행복幸福스러우이」

하엿더니 C군君 말이

「먼 데서 온 사람들이 모다 자네갓치 조화하는 것을 보면 맛치 내 것을 보힌드시 나도 유쾌愉快하이」

하고 둘이 다 우섯다.

다시 불국사佛國寺에 네려오니 벌서 먼 데는 어둑살이 끼여온지라 자동차自動車 오기를 기다리는 동안에 나는 다시 그 극락전極樂殿 압헤 잇는 석사자상石師子像을 한 번 더 보려고 올나 갓섯다. 그러는 동안 자동차에 오르라고 재촉을 바더서 도라오는 길에 차車가 바로 안압지雁鴨池를 지나는지라 잠간暫間만 정류停留하게 하고 우리는 임해전臨海殿이라는 못가에 비여 잇는 누각樓閣에 올나섯다.

안압지雁鴨池 고흔 물결
황혼黃昏에 잠드럿다
십이봉十二峰 허러저서
자최조차 희미한데
무심히 지나는 바람은
잔디밧헤 울더라

C군君 집에 도라오니 날연히 피곤疲困하여서 거의 경황업시 하로ㅅ밤을 지낫다.

익일翌日이 마지막으로 도라와야 할 일정日程이라, 박물관博物館, 포석정鮑石亭, 황룡사皇龍寺, 오릉五陵 등等을 낫에 보고 밤차로 오려고 햇으나 졸지卒地에 생긴 불가항력不可抗力의 일로해서 그날 낫에 떠나지 안으면 안 되게 되

고 보니 흥興도 식어지고 다소多少 걱정되는 바도 업지 안어서 다른 데는 다 두고 갓가이 잇는 박물관博物館에나 보고 떠나기로 하엿다. 박물관博物館은 그 진열陳烈과 분류分類가 아직도 초창적草創的인 미비未備한 데가 잇는 듯도 하나 와복瓦鍢과 석기石器 등속等屬은 특特히 고고적考古的 안목眼目을 요要하는 것이니 우리네의 알어 짐작할 바가 아니로되 금관金冠과 옥패玉佩의 정교精巧함이란 신라新羅의 조형예술造型藝術이 석재石材에서만 발달發達하지 안엇다는 것을 증명證明할 수 잇는 것이엇다. 마지막으로 봉덕사종奉德寺種 별명別名을 인향人響이라고[97] 하는 대종大種을 박물관博物館 직히는 사람에게 특特히 청請하여서 한 번 울려 보앗는데 말이 울닌 것이지, 약간 건드린 것이엿다. 그러나 그 여향餘響이[98] 맛치 대해大海의 잡드른 물결을 보는 듯이 우리에게 끗 업는 로맨틱한 꿈을 매저주는 것이엿다. 천년고도千年古都를 다 못 보고 도라온 잇흘 동안은 내 일생一生에 깃거운 시간時間이었으며 또한 한恨스러운 시간時間이엿다. 이 미숙未肅한 회포를 애오라지 두어 줄 글에나 붓치노라.

－료了－

『조선일보』 1935.03.29.－1935.04.09.

97) '인향(人響)'은 '사람의 말소리'이다.
98) '여향(餘響)'은 '사라지지 않고 남아 있는 영향'이다.

안압지雁鴨池의 모색暮色

경주慶州의 잊치지 않는 한 곳을 쓰라하였으나 경주慶州를 아주 잊어버린다면 몰라도 경주慶州를 잊지 못 하는 곳으로 다시 생각한다면 잊치지 않는 곳이 어찌 한 곳 분일까? 석굴암石窟庵도 못 잊치는 곳이요 불국사佛國寺도 못 잊치는 곳이다. 아니 한번 경주慶州를 다녀온 사람이 있다면 경주慶州의 일초일목一草一木까지도 오히려 잊처지지 않을 것이다.

그러나 경주慶州의 풍물風物 가운데서도 오직 잊치지 않는 한 곳을 쓰라면 나는 다른 것은 다 두고라도 안압지雁鴨池만은 들지 않을 수가 없다.

물론勿論 경주慶州 일원一圓에 흩어저 있는 명승고적名勝古蹟을 헤아린다면 별로 안압지雁鴨池에 밋갈 것이 없을 것이다. 그러나 그 중에서도 특特히 안압지雁鴨池가 아직도 나에게는 잊치지 않는 곳으로 되어 있다는 것은 첨성대瞻星臺와 가치 당시當時 문화적文化的 척도尺度를 우러러서 허러진 잔해殘骸로서도 오늘날에 오히려 경탄驚歎하는 의미意味의 못 잊침도 아니요 석굴암石窟庵의 조각雕刻과 같이 웅위섬세雄僞纖細[99])를 구현具現한 위대偉大한 예술품藝術品으로서의 못 잊치는 인상印象도 아니다. 그러면 내가 안압지雁鴨池를 못 잊어하는 심정心情은 무엇일까

내가 안압지雁鴨池인가에 발길을 멈춘 것은 불과 삼십분도 채 못 되였다. 아참에 경주읍慶州邑을 떠나 불국사佛國寺까지 자동차自動車로 가서 얼마 두류逗遛한 남녀지 해가 정오正午를 훨신 지난 뒤에 단장短杖 하나만 집고 석굴암石窟庵에 오른 것이 벌서 황혼黃昏에 가까운 때였다. 거기에서 나는 비로소 위대偉大한 예술藝術에 대對한 감격感激과 황홀恍惚을 느꼈다. 그래서 동행同行한 사람들이 몇 번이나 그만 네려 가자는 것을 나는 짐짓 발굼치가 돌아서지 않어서 굴窟 밖에 나왔다가는 되돌아 들어가고 돌아갔다가는 나오기를 몇 차례나 하였던지 불국사佛國寺까지 네려오니 미리 말해두었든 자동차自動車가 벌

99) '웅위섬세(雄僞纖細)'는 '위풍당당함'이다.

서 나와 기다리고 있음으로 다시 불불이[100] 경주읍慶州邑으로 들오는데 때는 사월초순四月初旬 풋나무 가지에도 꽃소식은 아직 었멀고[101] 닢떠러진 홰초리 끝에는서 천년千年 자우룩한 찬 연기煙氣도 엉클릴 데가 없어 고도古都이든 광막廣漠한 들판에는 점은 빛만 집어 갈 때 이엿다. 자동차自動車가 경주읍慶州邑을 거진다 들어왔을 때 옆에 앉었든 사람이 안압지雁鴨池 보고 갈까 하기에 우리는 도중途中에서 곧 네렸다. 논뚝 길 같은 데로 말른 풀을 헷처서 몇 거름을 가니 만형灣形으로 굴곡屈曲된 못이 있고 못가에 텅비인 누각樓閣이 하나 섰는데 이것이 안압지雁鴨池이고 임해전臨海殿이란다.

말을 들으면 안압지雁鴨池는 본래 궁지宮池이였으며 동정호洞庭湖를 모형模型해서 못 가운데는 무산십이봉巫山十二奉을 축조築造하고 못가에는 누사전각樓榭殿閣과 곡교구란曲橋句欄이 벌어젔드라 한다. 지금에 와서 이러한 영화榮華의 옛꿈을 찾어선들 무엇하리마는 아모리 「국파산하재國破山河在」라고 한들 능이속천陵移俗遷[102] 할 때 어찌서 이 안압지雁鴨池만은 메여지지 않었으며 임해전臨海殿만은 헐리지 않었든가? 무산십이봉巫山十二峯의 허러진 자최는 모색暮色에 저진 검프른 물속에 마치 괴물怪物같이 숨어 있는 몇 개의 붉읏붉읏한 돌무덤으로 짐작할 수 있으나 안압지雁鴨池 수면水面에는 바람도 부러가지 않는지 실오래기만한 물결도 일지 않고 정익靜謐과 침묵沈黙만이 잠

100) '불불이'이는 '부랴부랴'의 방언이다. 매우 바쁘게 서두르는 모양을 나타내는 말이다.
101) '멀었고'의 오식.

겨 있을 따름이다. 만약萬若 유상곡수流觴曲水의 포석정鮑石亭이 신라新羅 멸망滅亡의 비극적悲劇的 최종막最終幕을 받힌 무대舞臺이라면 메여지지도 않고 움직이지도 않는 안압지雁鴨池야 말로 죽어진 대신라大新羅의 「떼스·마스크」[103]일 것이다.

흙 속에서 파내인 금관옥패金冠玉佩일지라도 오늘날에도 흔드면 오히려 소리는 나겠지마는 이즈러진 벽상壁像일지라도 오히려 나의예상羅衣霓裳의[104] 옷주름조차 분명分明하거든 당시當時에 옥배玉盃를 씻든 안압지雁鴨池가 어찌 밭갈다 목말은 소먹이는 물이 되면서도 차라리 자최도 없이 흙 속에 메여지지도 않는가? 자동차自動車의 재촉하는 소리가 하도 요란擾亂하기에 총총이 돌아서 왔으나 다 같은 폐허잔첩廢墟殘堞[105]일지라도 점은 날 안압지雁鴨池의 황량荒涼한 풍경風景은 길이길이 나를 괴롭게 할만치 잊치지 않을 것이다.

『조광』 1935.10.

102) '능이속천(陵移俗遷)'은 '오랑캐에 의해 무덤이 옮겨'졌다는 뜻이다.

103) 데스 마스크(death mask)는 사람이 죽은 직후에 밀랍이나 석고로 그 얼굴을 본떠서 만든 안면상이다. 데스 마스크는 죽은 사람의 생전 모습을 남기거나 초상화를 만들기 위해 쓰인다.

104) '나의예상(羅衣霓裳)'은 '신라시대의 무지갯빛 치마'이다.

105) '폐허잔첩(廢墟殘堞)'은 '폐허의 잔해'이다.

그리운 해운대

산山에 가면 바다가 그립고 바다에 가면 산山이 그립다고 하지마는 산山에도 못 가고 바다에도 못 가면 산山과 바다가 함께 그리운 것이다. 아니 어느 겨를에 산山이니 바다니 하고 포스러운 소리를 할 것도 업시 그저 어듸라도 좀 가 보앗스면 판에 박은 듯이 한갈갓흔 이 생활生活에서 다만 하로 이틀이라도 버서나 보앗스면 하는 것이 지금의 내 심경心境이다. 넷날 사람들은 명산대천名山大川을 차저 유유자적悠悠自適하는 것으로 생生의 행락行樂을 삼은이도 잇다고하지마는 내야 아직 하나히 어리고 핏기도 잇는지라 스사로 불우不遇의 인人을 지어서 산천山川도리를 하는 것으로 행락行樂을 짓고서 하는 생각은 호말毫末도 업지마는 그래도 지금과 가티 아모 용기勇氣도 업고 자극刺戟도 업는 인조인간人造人間가튼 생활生活에는 거의 염증厭症이 나지 안흘 수 업다.

그래서 맛치 붓잡혀 온 새가 정처도 업시 창공蒼空을 그려보듯이 내 생각도 정처업시 어듸라도 가 보앗스면 하는 생각이 하로에도 멧번 식 드는 것이다. 그러나 가기는 어듸로가! 이러케 되고 보면 어듸도 가지 못 할 신세인지라 이전에 가 보앗든 멧멧 곳이 애처러운 기억記憶 가운데서 나를 불러내는 것이다. 푸른 소나무와 힌 모래와 또 푸른 바다가 비단문의 가티 아로색여 가면서 뻿치엿는 동해안東海岸의 일대一帶 가다가는 쉬고 쉬다가는 가고 십흔 곳! 거기도 내 기억記憶에는 새삼스럽지 안흔 것이 아니다. 그러나 그중에도 맛치 첫사랑하든 처녀의 얼골과 가치 기리기리 내 마음에서 잇치지 안는 곳 그리운 곳은 저 – 남국南國의 해운대海雲臺이다. 여긔를 말하면 내 가슴은 울넝거릴 만치 그리워지며 여긔를 그리워하면 내 마음은 초조焦燥하게 가고 십흔 곳이다.

그러나 해마다 이때가 되면 이러케 가고 십흔 것을 다시는 한 번도가보지 못하고 지처진 내 마음은 인제는 비에 저진 갈메기의 꿈과 가티 일말一抹의 애수哀愁와 감상感傷 속에서 그 곳을 그리워하는 것이다.

오五 년年 전前, 여름방학放學을 타서 집에 왓슬 때에 나는 K라는 친우親友

의 요청要請을 바더서 해운대海雲臺ㅅ길을 떠낫다 말로도 익숙히 듯든 곳이라 홍로화택烘爐火宅과 갓흔 도회지都會地를 떠나서 바다ㅅ가 해운대海雲臺를 간다는 것은 말만으로도 우화羽化하는 것 가티 청초淸楚하고 경쾌輕快하엿다. 부산釜山에 이르니 벌써 일국一掬의 해풍海風이 옷깃을 슷치는데 맛치 뭇헤 뛰여 나왓든 고기색기가 물 속에 드러간 것 가티 생긔를 채렷다.

곳 동래東萊로 가서 다시 자동차自動車로 해운대海雲臺까지 오르는데 벌써 먼 산에는 햇빗치 가리워지고 저녁 황혼은 소나무 끄테 물드러가는데 제일 신기新奇한 것은 자동차自動車가 산굽이를 하나ㅅ식 이를 때마다 자동차自動車 속으로 부러드러오는 바람의 느낌이 현저顯著하게 다른 것이다. 맛치 우리가 어렷슬 때 강ㅅ가에 가서 목욕하다가 보면 간혹 묽기슭에서 소사 나오는 물의 온도溫度와 강江물의 온도溫度가 아주 상이相異하게 달으듯이 해운대海雲臺가는 길은 한 구비 틀 때마다 더 싀원한 바람이 굽이굽이 사람을 마져 주는 것이엿다. 「오월강심초각한五月江深草閣寒」이라는106) 글귀句를 외워서는 사언한 줄 몰나도 나는 그때 그 바람에 부다치는 촉감觸感을 다시 생각하면 지금도 겨드랑 밋치 언듯선듯한 것을 늣기는 것 갓다.

하로ㅅ밤을 벼개ㅅ머리에서 만수灣水의 우는소리를 듯고 그 잇흔 날 아침결에 K와 함께 대패밥 모자로 햇살을 가리우면서 두동치 바람으로 해변海邊에 나갓다. 궁만형弓灣形으로된 포만浦灣이 비록 소규모小規模이라고는 할 수 잇스나 압흐로 오륙도五六島를 가리우고서는 동으로 무변무제無邊無際하게107) 터진 것이 광막廣漠한 바다의 늣김을 주면서도 오히려 아담雅淡한 데가 잇는 것이 무엇보담도 내 취호趣好에 마젓다

첫째 송도해수욕장松島海水浴場에 가면 잡되고 음탕하고 분주할 뿐만 아니라 지형地形과 해면海面부터도 해운대海雲臺를 따르지 못하는데 해수욕장海水浴場으로서 송도松島가 더 적당適當한 것은 조석潮汐의 수세水勢로보아 송도松島가 해운대海雲臺보다 좀 아자硪藉한것 쑨일 것이다.

---

106) '오월강심초각한(五月江深草閣寒)'는 '오월의 강은 깊고 초가 누각은 쓸쓸하네.'이다.
107) '무변무제(無邊無際)'는 '끝없이 넓다'는 뜻이다.

해변海邊에서는 모다 해수욕복海水浴服 한 겹만 입고 밀물의 구비를 넘어가면서 헤엄을 첫스나 나는 본래부터 오졸汚拙하고 소심小心한 사람이라고 의가랭이만 처 올리고 발만 물에 장것다가는 나와서 모래 우에 거닐곤 하엿다. 마침 보니 저 우의 바위너덜에서 아해들이 조개를 따기에 나도 거긔 한 줌 들려고 가서 따보앗스나 멧 시간을 지나서도 얼마 따지 못하엿섯다.

이러케 지나기를 약約 일주일一週日이나 하면서도 나는 해수욕海水浴은 한 번도 못하엿다. 그래서 나종에 친구들이 그 이야기를 듯고 나를 못난이니 겁쟁이니 하엿지마는 해수욕海水浴 못한 해운대海雲臺일지라도 나는 해마다 이때가 되면 항상 그리워하는 것이다.

올해나 엇더케 한 번 가보앗스면 그리운 해운대海雲臺!

그래서 나는 때때로 묵은 원고原稿 둥치 속에서 그때에 적어 두엇든 시조時調 멧 수를 차저 내보고는 멍-하니 하늘만 바라볼 때가 있다.

푸른 하늘이오
또 푸른 바다로다
그중에 보이느니
해오래비[108]
힌 한 점을
이박게
눈 갈 데 업스니
종일 아득하려라.

반 넘어
느진 황혼黃昏
모래 우에 걷엇는데

양삼석범兩三席帆이[109]
바람배여 오노매라

108) '해오래비'는 '해오라기'의 방언이다.
109) '양삼석범兩三席帆'은 '양쪽 세 개의 거적으로 만든 돛'이다.

어즈버
저 배 탄 사람을
물어 무삼하리오

아침에 밀물 나니
모래 우에 김이 피네

뒤도라 섯는 아씨
그 무엇을 생각는고
물소리 숙질 때 마다
불러보고 십더라

『조선일보』 1935.06.24. 석간 24면

인터뷰 기사-그 안해 그 남편男便

나는 내 남편의 어느 점이 조흔가-이해순李亥順

나뿐 곳을 쓰라시면 맛치 진열장의 상품 느러노트시 많이 쓸 수 있겠습니다만 하필 좋은 데를 물으시니 매우 란처한 노릇입니다. 그러나 음식과 복의 테업는 것만은 황송하오나 물으심의 좋은 데랄가요?[110)]

나는 내 안해의 어느 점이 조흔가-이원조李源朝

무르심에 대답은 하겠습니다만은 속담게 자식자랑하는 건 반미치괭잉이고 계집자랑하는 것은 미치괭이라고 하였으니 내가 내 안해의 좋은 데를 공개함으로써 미치괭이가 된다는 것은 그다지 반갑지 않습니다.

그러나 구태어 말하라시면 늘 집안을 청결하게 하려는 것이 좋다고 할까요?

『여성』 1936.05.

110) '음식과 옷에 대한 투정이 없는 것이 좋다'는 말이다.

머리카락

봄도 느저갑니다.

나는 지금 주인업는 편지를 한 장 날니겠읍니다. 만약 이 편지의 주인이 나타난다면 그때 나는 이 편지보다 야룻한[111] 그 무엇을 돌녀보내 드리겠읍니다.

내가 헌책을 사는 것은 무슨 고고학적 수집벽(考古學的 蒐集癖)이라고 하는 괴팍스러운 성미에서 나온 것이 아니고 다만 돈이 없다는 간단한 리유에서였읍니다.

하루는 나카노(中野) 어느 헌책 집에서 젊은 「꾀-테」의 명작이라고 하는 「젊은 뵈르텔의 슬픔」을 샀습니다. 이 책은 나종에 출판된 세계문학 전집이나 『꾀-테』 전집에 든 것이 아니고 폴과 버지니아니 숲 속에 처녀니 하는 따위의 연애 소설만을 모아서 전집같이 만든 것인데, 아주 옛날에 출판한 것으로서 그 책의 체제나 또 같은 전집에 뽑아 모은 종류로 보아서 아주 고귀한 집 아가씨들을 독자의 상대로 하고 출판한 것 같했습니다.

물론 나는 그 책을 사 가지고 와서 감격에 차서 읽었습니다.

그러나 거의 다 읽어 가다가 나는 책장 속에 긴 머리카락 하나이 끼여 있는 것을 발견했습니다.

머리카락은 한없이 보드라웠습니다. 한 끝을 쥐고 다른 한끝으로 내 뽑는 두 손까락에 착착 감길 듯이 보드라웠습니다. 곱슬머리를 가진 사람의 성질이 조포(粗暴)하다는[112] 것이 사실이라면 그 머리카락을 가졌던 사람의 성질은 그 머리카락같이도 곧을 듯 하였읍니다.

인연 없이 선사받은 머리카락! 나는 그 머리카락을 비비면서 그 머리카락의 주인이 불현 듯 그리웠으나 그 한 개의 머리카락 밖에는 다시는 그 주인을 더 찾아볼 길이 없었읍니다.

---

111) 야릇한.

112) 거칠고 난폭하다는.

금방 뽑은 머리카락은 털 박혔던 데가 하얀 허물기가 있지 않습니까? 그러나 이 머리카락은 털 박혔던 데도 바싹 마른 것으로 보아서 그 책장 속에 끼인 지도 꽤 오래된 것 같했습니다.

그 뒤에 그 머리카락이 나와 어떠한 관계를 가졌다는 것은 여기서 말할 필요가 없습니다.

오 년이 지난 오늘날까지 그때 끼여 있던 그 책장 속에 끼인 채로 내 책들 속에서 잠자고 있는 그 머리카락! 지금이라도 그 머리카락의 주인이 나타난다면 나는 곱게 곱게 싸서 그 머리카락을 돌려보내 드리겠읍니다.

『여성』 1936.05.

불면증不眠症

의사醫師의 말을 드르면 신경쇠약神經衰弱과 위병胃病은 일종一種의 문명병文明病이라고 한다. 딴은 사고思考를 만히 하면 신경쇠약神經衰弱에 걸리기[113] 쉽고 미식美食을 과過히 하면 위병胃病이 걸리기 쉬우니까 그럴 듯도 한 말이다.

불면증不眠症이란 것은 아마 신경쇠약神經衰弱의 일종一種일 것이다. 현대문명現代文明의 혜택惠澤인지는 몰나도 지금 우리 나이된 사람들 치고 이 불면증不眠症에 걸려보지 아니한 사람은 별로 없을 것이다. 그러므로 내가 인제 불면증不眠症이니 무엇이니 한다고 해서 내가 문명인文明人이라는 것을 자랑하고저 하는 것은 아니다. 더구나 오늘밤갓치 오지 안는 잠은 제법 깊은 사색思索이나 하다가 신경쇠약神經衰弱에 걸녀시서[114] 오지 안는 잠도 아니고 다만 저녁나절에 친구親舊에게 끄을녀서 어디 가 먹은 한 잔의 「커피」에 중독中毒된 것이니 내 스사로 생각해보아도 오늘밤의 불면증不眠症은 문명병文明病으로서 긍지矜持할 만한 아모 건덕지도 없는 것이다. 그러나 다갓흔 병중에도 전염병傳染病갓은 악질惡疾은 남에게 숨기면서도 불면증不眠症이 있다는 것은 남의 앞에 예사로 말하게 되는 것은 역시亦是 이것이 문명병文明病이라는 별명을 듯는데서 매혹魅惑된 심리心理가 아닐까?

「아르튜르·램보」[115]가 그랬다든가 잘 기억記憶은 되지 안흐나 어렸을 대 동무에게 편지를 쓸 때면 공연空然히히[116] 멀정하게 잘 있으면서도 금방 자스레질드시 병상病床에서 신음呻吟하는 사연을 잘 썼더라고 한다. 이것은 우리도 지나온 일이라.

열일곱 여덟 할 때는 윈 편지도 그다지 만히 썼으며 그 편지마다는 무슨

113) 원문에 '걸리면기'로 표기되어 있으나 이는 '걸리기'의 오식이다.
114) '걸려서'의 오식.
115) Jean Nicolas Arthur Rimbaud.
116) '공연히'의 오식.

그다지 깊은 병에 걸녓던가? 이것은 확실確實히 한 개의 어린 「센티멘탈리즘」이엿던 것이다.

그러나 나이 삼십三十을 바라보는 지금에 혈마[117] 이러한 「센티멘탈리즘」을 깨트리기야 못하엿을라구. 다만 이런 작란에ㅅ글이라도 쓰는 동안 잠이나 오면 그만이니까 정말 호되게 불면증不眠症에 걸녓던 기억記憶이나 더듬어 보자. 본래 어렷을 때부터 좋은 일 잇는 전날 밤은 잠자지 못 해본 기억記憶이 얼마라도 있다. 외가外家에 가면 전날 밤, 설, 옷 가려 입는 전날 밤, 장 구경 처음 하러 가든 전날 밤. 그러나 이것도 제법 불면증不眠症이라고 하기에는 아직도 미성년未成年이엿겟지.

그러든 것이 동경東京에 가 잇으면서 점점 원숙圓熟한 경지境地에 이르러 작년昨年 이맘때가 아마 그 절정絶頂에 이르럿던 모양이다. 날도 이저버리지 않엇다. 금년今年 이월二月 이십삼일二十三日. 아침잠 때문에 선거과목選擧科目은 될 수 있는대로 열 시부터 시작始作하는 것을 골랏지마는 삼년三年을 내려두고 시간표時間表 밧구이기만 기다리던 언어학言語學은 끗끗내 오전午前 여덜시부터 시작始作하는 것이엿다. 일년一年 동안에 단 세 번 밧게는 나가지 안흔 과목科目이엿지마는 그것 하나 때문에 한 해를 묵을 수는 없고 해서 졸업시험卒業試驗만은 쳐야되겟기 때문에 아주 일직이 이러날 요량하고 그 전날 밤은 열시쯤 되어서부터 이불속으로 드러갓다. 처음에는 잠이 오지 안어도 역시亦是 늦게 자든 습관習慣인게지 하엿다. 열한시, 열두시, 새로 한 시가 되어도 잠은 올 생각을 하지 안는다. 고 때부터는 벌써 조기증燥氣症이[118] 난다. 「래일은 일직이 이러나야 할텐데」 인제는 일부러라도 잠을 부를 수밖에 없다. 「하나, 둘, 셋……」 백百이 넘어 이백二百, 삼백三百까지 가도 정신을 말뚝말뚝하다. 탁상시계卓上時計소리에 호흡呼吸을 맞추자 그 억양抑揚없이 일정한 리듬에 호흡呼吸을 맞추는 것이 그래도 제일第一 효과적效果的이엿다. 그러나 올치 잠이 온다

---

117) '혈마'는 '설마'의 방언이다.

118) '조기증(燥氣症)'은 '조기(燥氣)가 폐를 상하여 생기는 병증'이다. 본디 폐는 윤기(촉촉)가 있어야 되는데 가을낙엽처럼 건조한 상태가 되어 병이 난다는 말이다.

할 때는 벌서 정신情神이 딴 곳으로 솔려버린 때이다. 한번 다시 도라누었다. 인제는 모든 것을 다 이저버렸다. 몰아지경沒我之境이다. 그러나 얼마 안가서 내 머리 속에는 딴말이 들닌다. 「다 잊어버렸스면 몰아지경沒我之境은 다 무엇이냐?」 벌서 한 가지 딴 생각이 나면 그적새는[119] 갈피를 못 잡는다. 터진 방천이다. 맛치 자려하는 것은 나 하나뿐이고 못 자게 하는 것은 여러 사람의 나인 것 갓다. 에라 이래는 안 되겠다. 차라리 잠을 자지 말자. 이것은 잠을 못 자게 하는 여러 사람의 나에게 대對한 한 개의 복수復讐이다. 불을 켜라. 눈이 부시여 눈물만 흐르는 것을 겨우 부벼 뜨고 손에 닥치는 대로 책册을 폐여들기는[120] 하였으나 몟줄 안 보아서 또 딴 생각이 든다. 하긴 책册을 언제 다 보누. 이래보는 책册은 보다가 두면 본 것만은 헛 공력이다. 아모래도 다 못 볼 것을」 다시 불을 끄고 누었다. 마음으로는 「지금부터 새로 시작이다」하고 이때까지 일은 하나도 생각지 안 키로 했다. 그러나 얼마 안가서 나는 누구하고 인지 장황長皇한 대화對話를 하고 있는 것을 의식意識하게 된다.

그때는 내가 내 자신自身을 미워한다. 「내가 이러케도 요사스러운가?」 「사내자식이 제 마음 하나도 통제하지 못 하는가?」

별 수 없다. 어떻게 하던지 잠을 속히 드리는 것이 제일이다고 하고 다시 도라누었다. 시계時計는 벌시[121] 네 시를 친다.

인제는 자는 것이 도리혀 탈이다. 아모리 주인主人에게 깨워달나고 일러두었지마는 인제 잠이 들면 도리혀 아침에 이러나기가 어렵다. 이러케 되고 보니 내 자신에 대한 악이 발끈 이러났다. 나도 모르게 이불을 차고 이러났다.

「죽어라. 죽어라.」

이것은 누구에게 한 말인지도 모른다. -료了-

『조광』 1936.02.

119) '그적새'는 방언이다. 마침내, 비로소, 그때서야 등으로 다양하게 쓰이고 있다.
120) 빼어 들기는.
121) 벌써.

눈 오는 밤

눈 오는 밤이면 끝없이 뻗은 큰 길을 걷는 것이 좋다. 가등街燈은[122] 모두 눈물에 어린 눈동자처럼 흐리고 하늘은 부풀어 오른 솜꽃같이 지평선에 드리운 밤길을 유령과 같이 혼자서 걷는 것이 좋다.

이러한 길을 걸을 때는 누구와 더불어 이야기하는 것도 너무 번잡한 노릇이다. 발밑에서 바사삭바사삭 눈 다녀지는 소리를 들으면서 나는 내 혈관이 맑아지는 것을 깨닫는 때문이다.

이렇게 걸어가다가 다리가 지쳐지는 나는 그제서야 비로소 길가에 작은 등불이 감박거리는[123] 술집을 찾아드는 것이다. 되도록은 독한 술을 달래서 권하는 이 없이 잔을 거듭하노라면 대개는 저쪽 '복스'에 '과거'를 모를 협수룩한 늙은이가 역시 혼자서 술잔을 기울이고 앉았는 것이다. 나는 수수께끼와 같은 그 노인의 '과거'를 푸는 동안에 밤은 한없이 깊어 가고 바깥에서는 여전히 함박눈이 소리 없이 내린다.

이러한 하룻밤에 맛보는 보헤미안 취미는 또한 행복된 일순간이기도 하다.

이태준, 『문장강화』, 1940, 문장사, 140쪽.

---

122) 가로등.
123) 깜박거리는.

영춘

영춘은[124] 나무 일음이다. 한자漢字로 무슨 자字를 쓰는지 모른다. 그리고 무슨 과科에 속하며 엇더한 성질엣 나무인지도 모른다.

그러나 내가 가지고 잇는 한 나무의 영춘은 내 처가妻家에서 어더 온 것이다. 작년昨年 가을 내가 명색이 살림이라고 차리게 되엿는데 그때가 맛침 화초의 등분登盆할 때 일는지 하로는 사社에서 도라와 보니 책상 우에 적은 분盆이 두 개가 노혀섯다. 하나는 영춘이고 다른 하나는 지금도 일흠은 모르나 맛치 모ㅅ단(진동鎭東)을 묵거노흔 듯이 가다란 입사귀가 엉크러진 무슨 풀이엿다. 이 영춘은 본래부터 내가 탐내는 것이라 나는 겻에 서 잇는 내 안해를 보고

「이거 어더왓구려」

하고 반색을 하엿다. 내 안해는

「그것보다 이 풀이 더 조흔게래요. 이 향긔 좀 맛하봐요」

하고 한 닙사귀 따서 내 코끗해 갓다 대엿스나 나는 본래 후각嗅覺이 둔鈍한지라 별로 향기香氣가 나는지는 몰랏다.

이 날부터 우리 가정생활家庭生活은 한 결조結調를 어덧다. 사社에 나갈 때면 양지바른 마루ㅅ가에 분盆을 내여노코 가서 저녁때 도라오면 의례히 물을 준다. 그리고 저녁밥을 먹은 뒤에는 이 나무가 치울세라 더울세라 하면서 내 방房으로 놓아드리고 그 압헤서 책자도 보고한다. 이것이 몃칠을 계속繫屬하는 동안에 나로서는 바이 흥취興趣업는 일은 아니지마는 그 보담도 내 안해 편에서는 생각는다면 명색이 살림이라고 채린 지라 날마다 남편이 일직 도라 와서 비록 화분花盆하나을 각굿는 것이라도 가사家事에 착념着念하는 눈치가 보힌다는 것은 적어도 한 개의 행복감幸福感을 느겻슬 것이다. 그럼으로 아모리 밧분 때일지라도 영춘에 물을 주기 위해서 부엌에 잇는 안해에게 물 심부름을

---

124) 영춘화(迎春花, Jasminum nudiflorum)는 낙엽관목이다. 가지가 많이 갈라져서 옆으로 퍼지고 땅에 닿은 곳에서 뿌리가 내리며 능선이 있고 녹색이다. 꽃은 이른 봄 잎보다 먼저 피고 황색이며 각 마디에 마주 달린다.

식힐 때만은 상 찡그리는 것을 본 일이 업섯다.

그러나 시이사천時移事遷하야[125] 자연히 내 집으로 도라오는 발거름이 느저질 때가 되니 이 영춘을 에워사고 생겻는 우리 생활生活의 해조諧調는 흠으러질[126] 때가 만헛다. 물론勿論 그럿타고 해서 영춘이 신접新接 우리의 화두話頭에 올라 옥신각신 한 적은 업섯지만 그래도 우리 생활生活에 해조諧調가 흠으러진 것은 영춘이 내 손에 물을 어더먹지 못 하기 때문이라고 할 수 잇다.

이러케 내가 영춘에 손을 떼인지가 거의 두 달이나 되엿슬까? 어느 공일날[127] 나는 책들을 터다가 이 영춘을 발견發見하였다. 그때에 나는 문득 동심童心의 세계世界로 도라온 것 갓햇다.

「랭보」의 시는 한업시 깁흔 지옥地獄 밋바닥으로 떨어지는 동안에 그 몸둥어리가 바로도 서고 꺽구로도 서게 되는 그 변동變動의 일순간一瞬間마바[128] 번쩍이는 예지叡智의 섬광閃光이다. .

질탕佚蕩의 탐닉耽溺에서 비애悲哀의 감정感情을 이 먼지 안진 영춘 분盆을 들여다보면서 나는 가슴 압흐게 느겻다.

불불이 물을 더오라 해서 영춘에 물을 주엇다. 맛치 가물에 모판터지드시 짜개젓든 분盆에서 하얀 거품이 두서너 개 일면서 물은 흙속으로 자저섯다. 그제야 나는 길게 한번 숨을 내쉬엿다.

그러나 영춘은 맛침내 잘 개나지[129] 안헛다. 초사楚辭에 잇는 말대로 하면 「안색유췌顔色惟悴 형용고고形容槁枯」[130]이다. 그래서 나는 영춘을 볼 때마다 물을 준다. 엇던 때는 하로에 두 번 세 번 줄 때도 잇다. 그러나 별로 신통하지 안헛다.

감박 이저버린드시 돌보지 안튼 영춘을 요사이 와서 내가 하도 유난스러히

---

125) '시이사천(時移事遷)'은 '때를 옮기고 일을 옮긴다'는 뜻이다.
126) 허무러질.
127) '공일'은 공휴일날이다.
128) '마다'의 오식.
129) 깨(어)나지.
130) '안색유췌(顔色惟悴) 형용고고(形容槁枯)'는 '안색은 초췌하고 형상이 볏짚같이 말랐다'는 뜻이다.

각구니까 하로는 내 안해가 영춘에 물을 주는 내겻헤 와서

「그거 어러죽지 안헷세요」

하고 뭇는다. 나도 엇전지 의심스러워

「글세」

하고 줄기를 만저 보앗스나 죽엇는지 살엇는지 알 수 업섯다.

안해는 두 말 업시 손톱으로 영춘 줄기를 꼬집어드럿다. 내 가슴은 선뜩햇다.

「그래도 살긴 햇구먼 그래」

하기에 들여다보니 하얀 뼈다귀는 드러낫서도 뜻겨진 껍질에 연두비치나면서 그래도 물피가 좀 잇는 것 갓해다. 나는 그 껍질을 본래ㅅ대로 잘 덥허서 다시 책틀 우에 올녀노앗다.

그런지 며칠 뒤에 나는 우연偶然이 어느 신문新聞 떠러진 쪼각에서 「나무를 감귀가 들지 안토록 해야 한다」는 문구文句를 보앗다. 그러고 보니 우리집 영춘은 곡 감귀가 든 것 갓다. 새 집이라 엇더케 외풍外風이 센지 우리집 식구食口치고 감긔를 한 두 경 치지 안흔 이가 업는 데 엇지 영춘이 성할 수 잇스랴.

그러나 영춘이 든 감긔에는 방문方文[131]을 모르니까 나는 물만 작고 준다.

「우리집 영춘 때문에도 봄은 고대 와야 할 텐데」

어제 이 말 했더니 안해는 픽 우섯다. -끗-

『조선일보』 1936.02.26.

131) 약방문(藥方文). 처방.

산거山居

숭일동崇一洞 집을 팔고 창의문彰義門[132] 박그로 나갈 때 모다 멀어서 엇더케 다니겟느냐고 함으로 저욕이 낙향落鄕이나 하는 듯한 구슬픈 생각도 업지 안엇스나 거귀는 물맛도 좋고 과실果實도 만히 나고 무엇도 어떠코하면서 내 안해를 꾀운 것은 모다 한 개의 구실口實이엿다.

실상인즉 「나절로」집에 놀러가는 겸兼 내잇을 집을 임검하기 겸兼 나가는 길에 백운장白雲莊압을 지나서 바로 무당ㅅ집을 도라서면서 부터 완악頑惡스럽게 웃득 소슨 북악산北岳山이 약간 휘유듬이 솔리는 일면一面 산황荒에 누르고 붉은 단풍丹楓든 추색秋色이 탐스러워서 곳 창의문彰義門 박그로 나가기로 한 것이다.

물론 여러 사람들이 걱정을 해주든 바와 같이 교통交通이 불편不便하다는 것은 이사하는 첫날부터 경험經驗했다. 「구루마」[133]가 짐을 실고는[134] 도저

132) 종로구 청운동에서 부암동으로 넘어가는 고개를 자하문 고개 혹은 창의문 고개라 하였다. 고개 마루턱에 자하문(紫霞門)이 있으므로 해서 이름이 붙여졌다. 자하문의 정식 이름은 창의문(彰義門)으로서 도성의 북문인 숙청문(肅淸門)에서 서쪽으로 능선을 따라 내려오면 있다. 창의문을 속칭 자하문이라 한 것은 창의문이 자핫골(지금의 청운동)에 있으므로 생긴 속칭이다. 청운동 일대는 골이 깊고 수석이 맑고 아름다워서 개성의 자하동과 같다고 하여 자핫골이라 하였다. 그리고 창의문을 장의문(莊義門 혹은 藏義門)이라고도 하였다.

133) '수레'의 방언.

134) 싣고는.

히 문턱을 넘지 못 한다고 해서 이사ㅅ집을 재미테다가 푸러노코 다시 개군을[135] 사서 이놈을 모다 저올리자니 귀한 것은 말할 것도 업고 모다 두들겨 팔어도 짐싹도 되지 안흘 짐이 만키는 왜 그리 만흔지 오고 가는 사람들이 모다 한 번씩 도라보고 가는 것도 챙피한 일이었다.

그럭저럭 밤 열시가 넘어서 짐을 다 옴겨 노코 명색이 살림이라고 또 시작하였다.

남향南向으로 널직한 문이 난 것은 조타. 그 문 밖게 적은 감나무가 한 주株. 그 감나무를 타고 오는 등藤넝굴이 지붕을 덥혓다. 지금은 보기에도 황량荒涼할 따름이자믄 나는 내년來年 녀름이 도라오기를 기다리면서 그때의 풍경風景을 그윽히 질겨 한다.

자고 이러나니 손바닥만한 들에[136] 어듸서 불려왓는지 감나무 입사귀 백양목白楊木 입사귀 우수수 낙엽落葉이 더러저 있다.

세수도 안한 채 바지춤만을 치키고서 비를 드러 쓰는 것도 실상은 창의문彰義門 턱에 물든 단풍丹楓이 조하서 이곳으로 나온 것이다. 마찬가지로 하염업는 내 산거山居 취미趣味의 향락享樂에 지나지 못 하건마는 백년이라도 이러케 부지런하게 집일을 돌볼 줄 알고 금방에 깃버하는 안해를 나는 속으로 불상이 녁였다.

이것도 하로 이틀 간열분 산거山居 취미趣味의 향락享樂도 하염업시 사러질 때가 도라왔다.

사社에서 일을 마치고는 자석磁石에나 끄을리는 드시 다방茶房으로 가는 버릇이 생겼다. 가면 반드시 아는 사람을 한 둘은 맛나게 되어 능하지 못한 「빌리야－드」[137]도 하고 홍차紅茶도 마시면서 쓰다잔을 소리만 하다가 보면 밤이 느저진다. 「그만 도라가세요」 「댁에서 기두리실텐데」 「가시기에 춥잔어요」 마담의 호의好意를 늣겨 정말 가야할 텐데 하기는 하지마는 맛침에 궁둥이가 떨

135) 지게꾼.
136) 뜰에.
137) 당구.

어지지 안는 것은 열두시가 지나서 집으로 드러가는 시내市內에 살대의 버릇이 남은 때문이다.

그러나 기왕 느저진김이라 효자동孝子洞 막 전차電車를 건음해서[138] 다방茶房에서 나왔다.

전차電車 속에는 손들도 홍성드뭇 하다. 나는 그 손들의 얼골과 채림채림을 보고서 그 손들의 집이 어듸즘 있으리라는 것을 알어보았다.[139] 마진 편에 안진 사람은 진명여학교進明女學校 앞에서 네릴 것이고 저-쪽에서 있는 사람은 청운동淸雲洞 근처近處에 살 것이고. 이러케 맛처보아도 창의문彰義門 턱을 넘어서 동행同行을 할 듯 한 사람은 하나도 업다. 대개는 육상궁陸商宮[140] 근처近處에 가서 다 떠러질 사람들이다.

그런데 내가 왜 이러케 전차電車의 승객乘客을 음미吟味하느냐 하면 나는 남달리 무섬을 타는 대문이다.[141] 어렷을 때 해만 지면 문박걸 혼자 나서지 못한 것은 그래도 몰을 일이지마는 내가 내 감낭을 짐작하는 데 잇서 가장 갓가운 기억記憶으로는 열일곱인가 열여덜 즘 되엇슬 때 절에 가서 약을 먹고 잇섯다. 절깐 변소便所라는 것은 아는 이는 다 아는 바와 같이 넘우도 멀니 떠러저 잇서서 밤중에 뒤가 마려웟스나 무서워 못 가고 그날 밤을 그대로 참느라고 혼이 난 일을 아직도 이저버리지 못한 때문에 밤중에 혼자서 창의문彰義門을 넘는다는 것은 아모리 생각해도 으스슥한 일이엿다.

무엇이 무서우냐하면 혼자 생각해도 할 말이 업다. 그러나 가랑입 하나만 밧삭해도 등에서 땀이 흐를 일을 생각하니 백운장白雲莊[142] 앞흘 지나면서 발길이 잘 떠러질 것 갓지 안엇다. 그러나 앞으로 창의문彰義門 박게 맷해나

---

138) 가늠해서.

139) 원문에는 '알어본어다.'로 되어 있으나 오식이므로 바로 잡는다.

140) 청와대 영빈관 바로 옆에 위치한 일명 '칠궁(七宮)'의 공식 명칭은 사적 제149호 '서울 육상궁(毓祥宮)'이다. 그런데 이 글에서 육상궁(陸商宮)으로 적고 있는 것은 '오식'임을 알 수 있다. 육상(陸商)은 해상과 달리 육지에서의 상행위를 의미하는데, 그런 상인을 위한 궁궐은 없다.

141) '때문이다'의 오식.

142) '백운장(白雲莊)'은 종로구 부암동으로 넘어가는 청운동 고개에 있는 산장이다.

살지는 몰나도 나가티 매양 느저드러 사람에게는[143] 이 오늘밤에 혼자서 한번 넘어 보는 것이 한 개의 시금석試金石이다. 가다가 오수리를 만날지 독개비를 만날지는 몰라도 — 대개는 이른 것을 만나지 안는다. 그러나 만나면 엇저나 하는 잘겹이다.[144] — 하여간何如間 이날 밤을 무사無事히 넘으면 오래잇슬 것이고 그러치 안흐면 또 무슨 구처求處를 하든지 다시 시내市內로 드러와야 한다. 이러한 생각을 하는 동안에 첫재 무섭다고 생각햇는 무당집 담을 지낫다. 말하자면 무섭지 안케 지낫다. 이러케 되고 보니 내가 무섭지 안케 지낫다는 것은 딴생각을 한 때문이다. 인제는 한번 무서워질 심경心境을 가저보다. 그것은 첫재 다른 생각을 가지지 않을 일, 그 다음에는 주위周圍에 대對한 신경神經을 첨예尖銳하게 할 일이다. 그래도 별로 무섭지 안엇다. 일부러 녯날 주서드른 독개비 이야기도 생각해보고 호랑이가 나와서 사람을 얼럿다는 이야기도 생각해 보앗다.

그래도 역시 무섭지 안엇다. 무섭지 안흐니 거름을 쌜리 거를 필요必要도 업서서 천천히 올라온 것이 창의문彰義門 턱까지 왓다.

이것은 내 자신自身에 대對한 한 개의 숨은 용기勇氣를 발견한 것이다. 이럴진댄 이 문턱에서 인조仁祖 반정反正때 독기 정승[145]으로 일흠난 원두표元斗杓 유령幽靈을[146] 만나도 조흘 것 갓했다.

그날부터 나는 어듸서 놀든지 밤이 느저진다고 해서 초조焦燥한 생각을 갓지는 안는다. 또한 친구들이

「느저 다니기에 불편不便하지 안어?」

할 때 나는 진실로

「아무러치도 안어」

---

143) 늦게 들어가는 사람에게는.

144) '잘겁이다'라고 하는 말은 없다. 원문은 잘못 입력된 '오식'으로 보이며, 문맥으로 보아 '잘겁이다'가 맞다. '잘겁하다'는 '크게 놀란다'는 뜻이다.

145) '독기 정승'은 '도끼정승'이다.

146) 원문에 '元斗의 표유령杓幽靈'으로 적고 있으나 도끼정승은 '元斗杓'이므로 '元斗杓幽靈'이 맞다.

하는 것이다. 그러면 혹 다심多心한 친구는

「그러치마는 눈이나 오고하면 어려울 겔세」

할 때 나는

「더욱 조치」

하고 웃는 것이다.

이러면 혹시나 영리怜悧한 친구가 잇어서 내가 빈한貧寒한 산거생활山居生活을 남에게 보이지 아니 하려는147) 앙탈이라고 생각할 넌지도 모르지마는 실상은 밤 느저 다녀도 무섭지 않는 째문에 북악산北岳山 단풍丹楓을 완전完全히 향락享樂할 수 잇는 때문이다. 그러기에 나는 그 이튿날 먼저 구두에다가 튼튼한 진(징)을 여러 개 박엇다.

-끝-

『여성』 1936.12.

147) 원문에 '보히지하니하려는'라고 되어 있으나 이는 문맥상 '보이지 아니 하려는'으로 보아야 한다.

문아蚊蛾[148)]

모기장은 바다보담도 더 무섭다.

그야 초록빛 나는 영초 모기장 속에서 옷깃을 끌르고 남미선이나 흔들고 누었는 것을 그려다보는 것은 멀리서 바다를 바라보는 듯한 아득한 생각을 자아내지 않는 바도 아니지마는 그렇다고 해서 몸을 굽흐리고149) 모기장 속으로 기여 들어가기란 푸른 바다 속에 뛰여드는 것보다 무서운 일종一種의 고행苦行이다.

그러므로 모기에 대해서는 해파리보담도 더 약한 나이면서 모기장 속으로 들어가는 것은 이렇게 무서워하는 때문에 여름은 해마다 나에게 남모르는 비극悲劇을 던저 주고 가는 것이다.

바로 요 며칠 전이다. 저녁을 먹고서 문깐에 나서 바람을 쏘이느라 오래 못 만난 R군君이 찾어 왓다. 그러자 뜻하지 아니한 K군君도 곧 뒤이어 들어왔다. 이 수삼數三의 구우舊友로 더부러 주고받는 미미娓娓한 설화說話에 내안도 크게 감동感動된 바가 있었든지 이전 같으면 한껏 해야 딸기 물 한 잔씩 내는 습관習慣을 깨트리고서 의외意外에도 맥주麥酒 세 병甁이 유리琉璃 소반에 놓여서 들어왔다.

(사람은 항상 일순간一瞬間의 홍분興奮이 큰 행복幸福을 자어낸다는 것을 이날 밤에 비로소 체험體驗했다.)

금방 냉장고冷藏庫에서 나온 듯이 보기만 해도 서늘한 기운이 스치는 맥주병麥酒甁을 볼 때 나는 얼마나 홍분興奮했는지 모른다. 그러기에 저녁나절만 되면 모기가 들어올세라 고 방문을 전부全部 밀폐密閉했다가 잘 때만 들어가자는 유일唯一한 호신술護身術도 잊어버리고 초저녁 서늘한 기운을 소이면서 맥주麥酒 잔을 기우리는 홍취興趣에 팔려서 그만 문이라는 문은 사방으로 다 개

---

148) 모기나 나방.
149) 구부리고.

방開放해버렷다. 그러나 그때에도 오히려 닥처올 불행不倖을 의식意識하지 못하였다.

그럭저럭 밤이 늦어서 두 친구는 돌아가고 잠자리를 펼 차례가 되엇다. 그때야 비로소 깨달었다. 모기나 파리 할 것 없이 이름도 모를 왼갖 잡버레[150]가 언제 그렇게도 많이 들어왔는지 왼통 방안의 새캄앟게 되엇다.

미훈微醺에[151] 약간 건화하는[152] 정신은 찬물을 끼인 듯이 다 깨여버렸다. 그리고 이 하룻밤을 지날 일이 아득하였다.

처음에는 부채로 쫒아보앗다. 그러나 부채에 부다치는 소리만 후다닥 거렸지 한 마리도 나가는 것 같지 않다. 그제는 아무 불이 밝으니가 안 나가나부다 하고 불을 근 뒤에 한참 쫒아보앗다. 그러나 역시 한결 같다. 쓰다 남은 모기향이라도 있는가 싶어서 찾어 보았으나 그것조차 마침 떠러졌다. 허다 못해서 모기ㅅ불을 피우기로 하였다.

그러나 그맛일로[153] 집안사람을 깨우는 것도 안 되었고 해서 가만히 부엌으로 들어가 보앗다. 저녁에 찌개를 지진 화로가 석쇠가 걸친대로 있었다. 이놈을 들어다 방 한복판에 놓고서 모기ㅅ불을 피우려니 무엇을 피워야 좋을지 알수가 없다. 어렸을 때ㅅ일을 생각하면서 겨[154]나 약막지[155] 같은 것을 피우는 것을 보기는 했으나 그런 것은 하나도 없다. 생각다 못해서 무엇이든지 독한 연기가 나는 것을 피우면 되려니 하고서 우선 신문지에 불을 붙여 보았다. 그러나 이것은 종이쪼각이라 불꽃만 훨훨일지 정작 연기는 피지 않었다. 다시 신문지에다가 담배 꼬타리를 사서 둘둘 뭉처 가지고 불을 붙여 놓았다. 그리고는 문을 꼭꼭 닫어서 연기가 새지 않도록 해 놓고 마루로 나왔다.

속마음으로는 이 버레들을 모진 연기에 한참 얼살을 멕여서 숨이 막히도록

---

150) 잡벌레.
151) '미훈(微醺)'은 '조금 취한'의 뜻이다.
152) '건화하다'는 '거나하다'이다. '술이 취한 정도가 기분이 좋을 정도로 어지간하다'는 뜻이다.
153) 그만한 일로
154) 왕겨.
155) 약을 달이고 남은 찌꺼기.

하여 두었다가 갑자기 문을 열어제치고 부채로 쫓이면 신선한 공기를 따라서 모다 밖알으로[156] 나가게 되려니 한 때문이다.

연기에 부닥겨 설레고 미치는 버레들의 갑분 숨소리가 문밖에 까지 들려오는 것 같았다. 웃으운 말 같지마는 버레들에게 대한 일종의 잔인殘忍스러운 승리勝利의 쾌감快感같은 것도 느꼈다.

그러나 너무 오래도록 가두어두면 버레들이 도로혀 솔식窣息을 하여서 쫓아내여도 날지도 못 하게 되지나 않을가 하는 생각에 얼마나 기달리야 가장 적당適當할까를 잘 견음하여서 문을 열고 들어섰다. 불은 껐으나 방안에는 연기가 자우룩하게 끼여서 사람의 코까지 톡톡 쏘는 듯하였다. 나는 어두운 공간에 두 팔을 버리고서 사방으로 부채질을 하였다. 얼마 동안을 이렇게 하였을가 연기가 다 빠졌을 때 쯤 되어서 급히 문을 닫었다. 그리고 불을 켰다.

그러나 어찌 뜻하였으랴? 다 나갓으리라고 믿었든 버레들은 그대로 방바닥에 깜앟게 붙어 있었다. 처음에는 옳지 모다 죽은겐가부다 하였으나 사람 기침을 알고서는 도 일어 설렌다. 모기들도 어느 벼르박 틈에 기였다가 나오는지 여전히 귀밑으로 날어다니면서 앵앵한다.

불을 피우고 부채로 내쫓고 해도 실상은 한 마리도 더 축이 난 것 같지 않다. 여전히 나는 베레떼 속에 묻혀 잇는 셈이다.

그제는 짜증이란 것보다도 어찌할 수 없는 한 개 귀다란 운명運命에 사로잡힌 것 같아서 기가 탁 막혔다.

그러나 이러한 운명運命과 같은 불가항력不可抗力인 일에 부다칠 때 유일唯一한 복수復讐의 수단은 오직 앙탈이 있을 뿐인 것이다.

그러므로 나는 불만 끄고서 영창을 활짝 열어 제쳤다. 「모기 버레아니라 뭐든지 다 들어오려므나」 하는 일종一種의 자포자기自抛自棄에 가까운 마음으로.

그러나 또한 다음 순간瞬間에 생각나는 공리적公利的 타산打算으로 생각하

156) 바깥으로.

드래도 기왕既往 편히 못 잘 바에는 시원케나 해보자는 것이었다.

그러나 가마귀 떼서리 속에 유기遺棄된 시체屍體와 같이 무수無數한 모기와 버레들에게 홋옷[157] 한 벌만 입은 사지四肢 그대로 내여 맡기고 누었다는 것은 여간한 고통苦痛이 아니였다. 그렇다고 이 자리를 피避해 가는 것은 비겁卑怯한 일이라는 앙탈 때문에 그대로 백였다. 이러다가 어째서 눈을 떴다.

저- 서쪽 하늘 바로 우리집 아래채 지붕 뿌다귀[158] 우에
이름 모를 별 한 개가 깜박 깜박하고 있었다.
그 별은 퍽 외로우면서도 퍽 서늘하였다.

『조선문학』 1936.10.01.

157) 얇은 옷.

158) '뿌다구', '뿔따구'는 '뿔'의 방언이다. 몸체는 묻혀 있고 한 부분만 뾰족이 솟아난 것을 이른다. 이 시에서는 한옥 지붕의 합각, 즉 삼각형으로 된 부분을 이른다.

낙엽일기落葉日記
-「아리사」의 슬픈이야기

가을바람이 설레기 시작하면 나는 '아리사'의 슬픈 이야기를 하지 않고는 배기지 못 한다.[159]

하숙下宿을 구하러 종일宗逸 돌아다녀도 마땅한 데를 만나지 못해 오월五月의 권태는 육체까지 좀 먹을 때다.

아무리 어려워도 쓸 것은 방 한 칸이니 기왕이면 담쟁이 올린 집이 낫다고 해서 바로 YMCA 옆에 이층二層집 팔첩방八疊房 하나를 얻었다. 새로 옮겨와 어색한 며칠이 지나는 동안에 나는 담쟁이를 향락享樂할 겨를도 없이 먼저 아리사를 알게 되었다. 늙은 어머니만 모시고 있는 아리사의 집안은 매우 고요했다. 그러므로 방 한 번 쓰는 것이나 세숫물 한 대야 떠 놓는 것이 유달리 정하고 깨끗한 것도 말하자면 이 집의 고요한 분위기雰圍氣가 빚어내는 한 개의 풍속風俗인 줄로만 알았다.

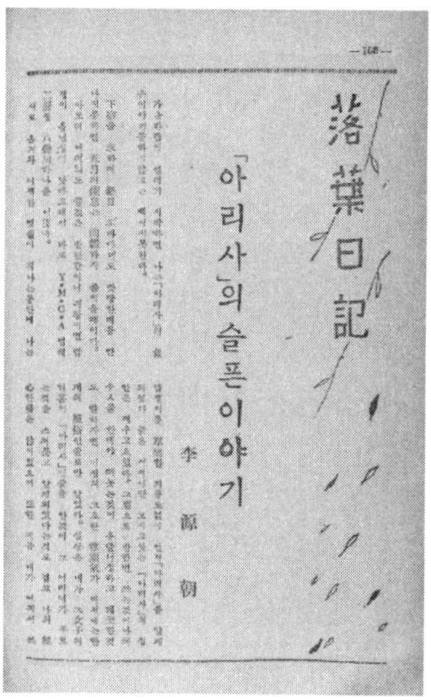
—108—

落葉日記

「아리사」의 슬픈이야기

李源朝

실상은 내가 그 여자女子의 일홈이 아리사인 줄 안 것이 그 어머니가 부르는 것을 스쳐 듣고 알게 되었다는 것도 결코 나의 무심한 탓은 아니었으며 또한 지금 내가 여기서 쓰는 아리사라는 이름이 그 여자女子의 본명本名이 아니라고 하더라도 그것은 결코 나의 짓궂은 장난은 아니다. 하여간 어느 친절親切한 독자讀者가 잇어서 이 글을 읽으면서 그 『좁은 문門』의 「히로인」을 연상聯想할 수 있다면 나는 이 글을 쓰는 데에 여러 가지 번잡煩雜스러운 것을 덜 수 있겠으므로 이러한 막연漠然한 방편方

159) '아리사'는 앙드레 지드의 「좁은 문」의 여주인공 이름이다. 그런데 이 글에서 이원조가 '아리사'를 대입시켜 이야기하고 있다. 그만큼 작자가 앙드레 지드에 대한 독서 경험과 자신의 경험을 일치시켜 이야기하여 서정적 분위기를 조성하고 있다.

便을 취取하는 데 지나지 못 하는 것이다.

오월五月도 어느덧 지나고 담쟁이 잎사귀는 퍼질 대로 다 퍼졌다. 그 우에 미끄러지는 매우梅雨를[160] 감상하는 것은 일년一年을 내쳐 와도 지루하지 않은 비이다. 이러한 계절季節이 빚어주는 귀여운 애상哀傷에 사로 잡혔을 때, 나는 아리사로부터 꼭 한 송이만 피었던 시차화矢車花[161] 한 떨기를 받았다. 이러한 때에 가장 생각나는 인사ㅅ말을 할 줄 모른 것은 나의 불행不幸한 천성天性 중 하나다.

"이 꽃은 화어花語가[162] 무엇인지요?"

내 눈은 인해 화병花甁을 떠나지 못 했다.

「몰라요」

하는 대답이 바로 내 옆이었건마는 먼 데서 울려오는 방울소리같이 가느렀다.

「매우 청초淸楚합니다」

「마음에 드십니까?」

이 말이 언제가지든지 내 귀에서 사라지지 않을 줄 알았었든 것이 어느 때나 되었든지 문밖에 빗소리가 더 높아졌을 때, 나는 시차화矢車花의 고향故鄕을 그리는 꿈에서 깨였다.

이때부터 나에게는 새로운 일과日課가 하나 더 생겼다. 이부자리 펴고 개는 것도 귀찮아하는 게이름뱅이건만 하루에도 몇 번씩 꽃병을 물을 갈아 주는 것은 잊어버리지 않았다. 그것은 꽃이 귀엽다는 것 보담도 아리사의 고운 정성精誠에 보답報答하려는 나의 유일唯一한 의무義務라고 생각한 때문이었다.

그러나 아름다운 꽃이란 대개 오래가지 못한다는 것을 깨달은 것은 이 이야기의 마지막 구절을 쓰게 될 때 비로소 알았지만, 그때는 이틀이나 사흘이 채 못 되어도 이름 모르는 꽃들이 갈려 가면서 항상 새로운 이야기를 가져다가 내 책상冊床머리에서 속삭이는 것이었다.

이러는 동안 아리사의 어머니는 될 수 있는 대로 우리 둘만이 한 자리에

---

160) '매우(梅雨)'는 '매실이 익을 무렵에 오는 오뉴월 장마'이다.

161) '시차화(矢車花)'는 '국화과에 속한 한해살이풀 또는 두해살이풀'이다.

162) 꽃말이.

앉게 되는 것을 끄려하는[163] 눈치가 보혔다.

그러나 그때는 벌써 나 혼자 앉았으면 팔첩八疊 한 칸 방도 가이없는 벌판같이 막막漠漠하고 외로워서 고양이 거름가티 몰래 계단階段을 밟고 올라오는 아라사의 발자욱 소리가 몹시도 그립게 되었으며, 또한 이러틋 초조焦燥하게 아리사를 기두리노라면 대개는 기약이나 한 듯이 아리사의 노크하는 소리가 반드시 내 귀 창을 두드렸다.

두 사람은 혼魂은 아름다운 괴로움에 허덕였다. 여름이 되어서 다른 동무들은 모두 후조候鳥와[164] 같이 고향으로 돌아가건만 '오시이래'[165] 속에 처박혀 내 집에는 마침내 꼬리표가 붙지 않았었다.

나한테는 그 오뇌懊惱의 심연深淵을 해워 나올 만한 힘이 없었든 때문이다.

밤마다 「니콜라이」 성당聖堂 높은 담을 끼고서 무거운 이슬이 내릴 때까지 우리 둘은 손목을 잡고 거닐었다.

「이대로만 지내면 무었해요?」

「더 불행不幸하지 안차니」

「그보담도 당신에게는 혈통血統의 긍지矜持가 있습니다.」

「결혼이라는 게 얼마나 속된 상식常識인지 아십니까?」

「그건 당신의 교양敎養에 맡지 않어요.」

이러한 애숫는 이야기에서 우리의 심장心臟은 창백蒼白하게 여위었다. 그러나 아리사의 원망에 의依하면 나는 숫까지 내 혈통血統의 긍지矜持를 지켰다.

그러나 아리사의 가계家計가 나날이 기울어 가는 것을 나는 알았다. 마침내 하숙업下宿業도 계속繼續하지 못 하고 다른 데로 올마가면서 아라사는 어느 백화점百貨店에 다니게 되었다.

이때에 나는 아무 자신도 없는 의협심義俠心을 경험도 해 보았다. 그러나 눈비 오는 날 밤, 수도교역水道橋驛에서 느께 도라오는 아리사를 마저서 집까

163) 꺼려하는.
164) '후조(候鳥)'는 '철따라 자기 환경에 맞는 곳으로 살 곳을 옮기며 살아가는 새'이다.
165) '오이시래'는 '붙박이장'이다.

지 데려다 주는 것으로서 — 나의 아리사에 대對해 미안未安한 마음을 속냥하였을 따름이었다.

이듬해 여름 방학放學에 돌아왔다가 훨씬 늦어서 동경東京으로 건너갔다. 아스팔트 우에 날리는 흰 몬지도 찰씨가 없는 가을이었다. 짐을 풀어놓고 생각하니 여름내 한 번밖에 편지가 오지 않은 아리사의 일이 궁금해서 바른길로 아리사의 집을 찾았다.

문 안에 드러서자 마자 아리사의 어머니가 나를 보더니 인사도 전에 눈물이 쏟아진다. 펏득 불길不吉한 예감豫感은 돌았으나 아무 말도 없이 방으로 들어가니 나를 인도引導하는 데는 아리사의 청초淸楚한 사진寫眞을 받들어 놓은 조그마한 불단佛壇 앞이였었다. 아리사가 처음 나에게 꽃을 갖다 줄 때도 생색나는 인사를 못 했더니만 아리사와의 마지막 자리에서도 나는 아무 말을 못하였다. 시키는 대로 분향焚香도 하고 예배禮拜도 했다. 그러나 아리사의 어머니를 위로慰勞할 만한 말도 눈물도 나오지를 않었다. 얼마를 지난 뒤에 아무 유언遺言이 없드냐고 물으니 원체 급질急疾이라 말 한마디 못 드렀다고 하면서 그 어머니는 또 눈물을 씨섰다.

몟칠이 지난 뒤 꽃 파는 집에 가서 시차화矢車花가 있느냐고 물으니 그것은 봄에나 있지 가을에는 없다기에 다른 꽃을 한 다발 사 가지고 청산묘지靑山墓地로 「아리사」의 무덤을 차저갔다. 비석碑石 하나도 서지않은 초라한 무덤 위에 꽃다발을 던지면서 나는 하욤없이 「아리사」의 손톱을 생각했다.

때가 바로 석양夕陽이라 제법 음산陰酸하게 몰려오는 저녁 바람에 백양목白楊木 입사귀의 몸부림치는 소리는 아리사의 발자국 소리를 기다리든 내 마음을 한없이 차게 했다.

『조선일보』 출판부 『조광』 1936.11.

『현대조선문학전집－수필』, 조광사, 1938.

『현대조선문학전집－수필』, 조광사, 1946.

대춘보待春譜[166)]

겨울에 눈이 안 온다는 것은 얼마나 섭섭한 일입니까?

북악산北岳山 단풍丹楓은 철없이 빨러서 울긋불긋한지 한 달이 못 가 모두 퇴색褪色이 되고 말었습니다. 그 뒤로 삼동三冬을 내두고 준령峻嶺같은 자하문紫霞門 턱을 넘나들면서 빈한貧寒한 풍경에 얼마나 염증厭症이 낫는지 모르겠습니다.

산거山居의 이튿날부터 신발을 단속한 것은 잘한 일이었지마는 아직도 마음을 단속지 못한 것은 천려千慮의 일실一失입니다.

평생을 두고 못 고칠 버릇 – 열시에 출근出勤을 하건만도 아홉시에 대어 일어나기가 약약하니가 낫 씻고 밥 먹고 옷 갈아입는 동안이 모두 처야 십오분十五分이 될랄말락 하는 군대식軍隊式 출근出勤이었마는 사립을 나서면서부터 종종거름을 처도 사社에 들어서면 출근부出勤簿는 건우어 간 뒤이니 보람 없는 종종거름이 하도 빈번頻繁해서 저녁이 되면 일부러 천천이 나옵니다.

듯기에는 우습지마는 아침 종종거름에 대한 앙가픔의 심리心理일까요.

그나마 길 가에서 친구나 만나면 처음에는 여편네의 상 찡그리는 주름살이 가슴이 그려저서 한 시간 두 시간이 초조焦燥하지마는 어쩌다가 첨 첨첨諂諂한 홍취興趣에 휩싸이면 어느 듯 열두시가 넘어 막 전차電車도 띄우게 됩니다. 그러면 일이 시내市內에서 이러난 것인 만큼 매양 탁시[167)]의 혜택惠澤을 입어 그 푹신푹신한 쿳숀에 모가지가지 파묻힌 한 덩이 육매肉埋가 약간 가벼운 「스프링」을 향락享樂하게 됩니다.

그러나 이 조그마한 향락享樂은 진실로 순간적瞬間的이서서 백운장白雲莊 앞에 오면 자동차自動車 운전수運轉手는 의레이 나를 기아棄兒와 같이 내버립

---

166) '대춘보'라는 제목은 문인들이 수필 주제로 자주 쓴 것이다. 잡지사에서 그런 청탁을 한 때문이기도 하지만 겨울을 지나는 것이 당시에 만만찮은 것이었음과 추위 속에서 생활하면서 생기는 서정을 엿보기 위해 그런 글을 청탁을 많이 한 듯하다.

167) 택시.

니다. 요새는 치도治道를 해서 자하문紫霞門 턱까지 넉넉 올라갈 수가 있다고 해도 듣지 않습니다. 나중에는 돈을 더 주마고 해도 듣지 않습니다. 이렇게 탄원嘆願의 교섭交涉이 결렬決裂되면 나는 완전完全히 자동차自動車의 기아棄兒가 되어 허는 수 없이 새로운 결의決意와 용기勇氣를 내어가지고 마천령摩天嶺 같은 자하문紫霞門 턱을 터벅터벅 걸어 넘지 아니하면 안 될 신세가 되고마는 것입니다.

대개 이러한 때에 이 근처近處의 빈한貧寒한 풍경風景을 새삼스러이 느끼는 것입니다.

그러나 그저께 와서 금년에 처음으로 눈답게 눈이 왔습니다. 그만 마음이 달떴지요. 「나점로」와 함께 나오는 길에 운창동雲昌洞 어느 집을 들렀더니마는 효자동孝子洞 전차戰車에 네릴 때는 미작微酌이요, 박모薄暮요,168) 게다가 함박눈이 천지天地가 아득하게 날립니다. 늘 송악頌惡스러워서 보기 싫던 북악산北岳山도 눈 속에 바라보는 것만은 으젓하고 좋습니다. 이 바람에 밤을 새워 가면서 했노라든 두루메기가 젓는 줄도 모르고 그림 속 같은 산길을 천천히 걸었습니다.

소나무 가지마다 소담스럽게 쌓인 눈, 그 눈이 무거워 라고 소나무 가지는 휘어도 지고 굽어도 젓습니다. 이럴 때 사람의 발자국 소리에 놀라서 티기는 산새가 푸두득 하고 깃을 치면 쌓엿든 눈은 또 솨르르 쏟아(지)기도 합니다. 이런 산길은 십리十里를 뻗혀도 싫지 않겠습니다.

집에 들어서면서부터 나는 모자와 옷을 털 새도 없이

「××아! 아유 눈 봐」

하고 네 살 먹은 딸년을 부르면서 소리를 질렀습니다. 이전 같으면 잘 맞받어

「아버지」

하고 쫒아 나올 것인데 아무 기척이 없기에 속으로 이상ㅎ다 여기면서 들어

168) '미작(微酌)이요, 박모(薄暮)요'는 '술은 마셨고 해는 져 어둠이 깔린다'는 뜻이다.

가 보았습니다. 어제 밤부터 감기 기운이 있는 줄은 알었지마는 갑자기 열이 높아지고 숨이 가뻐져서 괴로워한다고 제 어머니가 품고 누었습니다. 「엑기호스」니 「아스피린」이니 하는 대강 약은 한 모양이나 몸은 화덕같이 달고 숨은 가뻐서 할닥거리다가 간간이 가깝증이 나는지 고함을 지르고 몸부림을 칩니다. 실상 어린애에게 아버지라는 것은 한 개의 소꼽박에는 안 되는 것인지 제가 포스라울[169] 때는 「아버지 아버지」하면서 재롱도 부리고 「구두 사주세요」, 「모자 사주세요」하고 보채기도 하지마는 배가 고프다든지 몸이 성ㅎ지 않다든지 하는 육체六體의 고통苦痛이 있을 때에는 아버지란 결국 무용無用의 장물長物에 지나지 못 하는 법이라 괴로워 못 견디는 꼴이 내 보기에는 가엽기 짝이 없건마는 제 보기에는 내 존재存在란 아무 필요必要도 없는 것이 같이 거들떠 보지도 않습니다.

그러다가 겨우 잠이 좀 드는 듯 하기에 나는 다시 문을 가마니 열고 밖으로 나왔습니다. 눈을 볼려고.

그 동안에 얼마나 더 왔는지 마당에 네려 서니 거의 한 치나 쌓엿을가 제법 발이 드러가는 것 같엤습니다.

밤빛은 수정水晶같이 투명透明합니다. 아직도 눈이 오나하고 두 손을 벌려 보았으나 아무 감촉感觸이 없는 것을 보면 인제는 끄친 모향[170]이었습니다. 눈! 발자국 나지 않은 이 눈을 밟고 어디로든지 작구만 가고 싶었습니다.

그 때 방에서는 어린 것의 괴로워 몸부림치는 소리가 또 들려왔습니다. 그러자

「여보세요」

하는 안해의 짜증내는 소리도 연달어 들려왔습니다. 갑작이 내 마음은 어두워젓습니다. 그러나 불불이 방으로 들어와서는 애가 진정을 하도록 우드커니 지키고 앉었습니다.

---

169) '포실하다'의 방언이다. '까다롭다, 아주 귀하게 대접받고 자라서 험한 것을 잘 안 하려고 하다'의 뜻이다.

170) 모양.

물을 다우는 등 약 심부럼을 하는 둥 하다가 보니 밤은 벌서 새로 한시가 지나서 적이 피곤疲困하기도 하였지마는 인제는 밖앝에 눈이 왔는지 비가 왔는지도 다 잊어버렸습니다. 그리고 다만 이 운명運命의 방 속에 가장 온순溫純한 포로捕虜가 되어 있음로서 내 직능職能을 다 하지 아니하면 안 되게 되었습니다.

이 방 속에는 병풍屛風이 둘렀고 방장171)이 치었습니다. 그리고 방구석 거미줄에는 묵은 먼지가 잠자고 있습니다.

「얼른 봄이나 왔으면, 봄이나 왔으면」 내 마음은 이러한 소원所願에 타고 있습니다.

『여성』 1937.3.

『한국문학전집-수필』, 조광사, 1938.

『한국문학전집-수필』, 조광사, 1946.

171) '방장'은 '외기를 막기 위하여 방안에 치는 휘장'이다. 여름에 사용되는 발과는 달리 겨울용으로, 주로 모직물과 견직물로 만들어진다.

화분花盆

이사를 와서 짐을 챙기느라고 보니 다른 것은 다 왔는데 화분花盆 두 개가 아모리 찾어도 눈에 뜨이지 안었다.

「이게 웬일이냐」고 야단을 쳣더니마는 짐은 많고 깨질 념녀도 잇고서 묵당黙堂집에 두고 왔는데 일간日間에 다시 찾어오기로 하였다고 한다.

그 때 벌서 속맘으로 우리 성관에[172] 언제나 찾올나구 했더니마는 과연果然 이때까지 못 찾어 온 채로 설을 넘겼다.

화분 두 개란 하나는[173] 영춘이고 하나은 앙아옥이라고 하는 것이다. 영춘의 내력은 한번 언제인가 쓴 일도 있지마는 작년 겨울에는 꽃도 못 보고 겨우 죽이지만 않느라고 가진 애를 다 써 가면서 약약하게 삼동三冬을 지났다.

그렇게 지나노라니 나무고 뭐고 꼴악사니가 하도 되지 않기에 해동解冬이 되면서부터 곳 마당 한 편을 베여 명색이 화단이라고 만들고 토종土種을 하는데 하도 패나지 않기에 얼넌 생기生氣를 체리라고 대두비료大豆肥料를 음북주고 싱것섯다. 그리고는 매일每日같이 물을 주고 그 우에 또 비료수肥料水를 주고 하였건마는 역시亦是 한 모양으로 초라하였다. 그적새는 그 나무를 분총分叢해온 집에 가서 물어 보았다. 아모리 비료수肥料水를 주어도 깨나지 않으니 왼 일이냐고 하였더니마는 아무렇게나 해도 잘 사는 나무인데 그럴 리理가 있느냐고 하면서 뒤레 비료肥料를 많이 준게 누구냐 하기에 그적새는 파보았다. 아니나 다를까 뿌리가 썩어드러 가고 있다. 하도 놀나워서 썩은 대를 잘러 버리고서 인제는 살면 살고 죽으면 죽는 수밖에 없다고 두 판 잡고 다른 데로 옮겨 싱것더니 여름철 진 장마를 지나고 나서 겨우 싹이 돋기 시작해서 느진 가을 등분登盆할 때 제법 입사귀가 피여날 때 쯤 되엿는데 그것을 이사 올 때 살든 이웃 친구 집에 맡기고 온 것이다.

---

172) '성관'은 '성격과 습관'이다.

173) 원문에는 '하나은'으로 되어 있으나 '하나는'의 오식이므로 바로 잡는다.

양아옥이란 것은 본명本名으로 무엇이라고 하는지 모른다. 생김생김이 아옥 같다고 해서 속명俗名으로 양아옥이라고 하는 것 같으나 그 이름이 아雅하지 못해서 그다지 탐탁지는 않으나 그 꽃이 어찌나 새빩안지 「산청화욕연山青花欲燃」[174]이라더니마는 어듸 같다 노하도 불타는 것 보담도 더 새빩안 것이 마음에 드렀다. 그리고 창경원昌慶苑에서 갖어올 때가 초봄이였는데 가을이 늦기까지 그 꽃을 보았다.

한 번 피면 대개 오십일四五日은 가는데 고 꽃이 시들 때 가위로 베혀 버리면 이튿날[175]은 다른 순에서 꽃맹아리가 매처서 피곤 하는 것이 세 철을 잡아 피였다. 그 꽃이 어찌나 곱던지 밤으로 늣게 드러가서 발이나 씻느라고 마루에나 앉으면 바로 마진 편 장독대 우에 놓여 있는 화분花盆에서 불꽃이 폴폴 이는 것 같았다.

그래서 작년 가을쯤인데 어느 날이든가 한 번은 그 꽃을 바라보다 미완성未完成이나마 이런 글귀句도 읊어 보았다.

「만완추심풍로중滿脘秋深風露重, 분화적력야편명盆花的歷夜偏明」[176]

그러든 화분을 아모리 친구집이라도 남의 집에 맡겨 놓고 삼동三冬이 다지나도록 못 찾어 왔으니 내 등곤等困함도 어지간하지마는 실상인즉 나는 그집에 화분花盆 문안問安을 세 번이나 간 일이 있다. 갈 때마다 물을 청淸해서 먼저 앉인 화분花盆에 주면서 볕이 나거던 양지陽地 쪽에 내여놓아 달나고 부탁은 했지마는 그 집도 낮으로는 식모食母 하나밖에 집에 남지 않는 집이니 꼭 모를 리 이였다. 나종 번에는 그 집 주인도 보기에 딱했던지

「겨울도 되고 하면 얼닐넌지도 모르니까 그래」 하기에

「글세 곳 갖어 가야 할 텐데」

---

174) 산은 푸르고 꽃은 붉게 타네. 두보(杜甫)의 절구(絕句) 두 번째 시에 나오는 구절이다.
175) 이튿날.
176) 보름달은 깊고 무거운 화분에 심은 꽃은 늦도록 밝습니다.

하고 도라와서는 그 뒤에 한 번도 문안問安좇아 가지 못 했다. 요사이 날세는 감작이[177] 치워저서 방장을 치고 자는 방에서도 차운 바람이 이불깃을 숨어들 때마다 나는 멀니 그 화분花盆을 생각하면서 혹이 어러 죽지나 않었는가 마음이 쓰인다. 그럴 때 내일來日은 세상없어도 꼭 가서 찾어보려니 하는 결심決心을 하지마는 그 이튼날이 되면 다 잊어버린다. 그러고는 밤늦어 산창山窓에 차운 바람이 설레이면 나는 또 만조萬條한[178] 방안을 둘러보면서 화분의 안부安否를 그리워한다. －료了－

『백광』 1937.04.

177) 갑자기.
178) '만조(萬條)한'은 '초라한'이다.

나체裸體의 꽃

다방茶房 「미뉴엣트」의 오후午後는 권태倦怠의 해저海底와 가치 정숙靜淑하다.

홍차紅茶잔에서 피여오르는 푸른 김이 현대인現代人의 온갖 꿈을 이그러 광막廣漠한 공간空間에 무수無數한 호선弧線[179]을 그리고는 곳 살어질 따름이다.

누가 말하기를 「인생은 섇들레르의 시詩 한 줄만도 갓지 못 하다」고 하엿지마는 「악惡의 화華」의 넘우나 지튼 빗갈에 현기眩氣를 늣긴 현대인現代人은 다만 혓끗헤 감도는 향긋한 홍차紅茶맛에 인생人生의 가장 큰 홍분興奮을 느끼는 모양이다.

그러기에 거리의 황혼黃昏이 지터와도 집으로 도라간다는 행복幸福된 시간을 이저버린 이 시대의 탕자蕩子들은 한 잔의 홍차紅茶에 상긔를 하고 잇는 것이 아닌가?

내가 「미뉴엣트」에 드러간 것은 진실로 우연偶然한 일이엿다.

그러나 다방茶房에 드러서면 되도록 그 분위기雰圍氣를 깨트리지 안는 것이 한 개의 예의禮儀라는 것쯤은 짐작하고 잇슴으로 되도록 사람들의 주목注目을 끄을지 아니하려고 한 모퉁이에 안젓다.

그러나 저편 쪽 「복스」에 버려진 광경光景. 그것은 마치 해조海藻를 헤치고 헤염치는 수족水族을 드러다보는 것가치 미소微笑를 자애는 것이엿다.

이 수족水族은 자칭自稱 금붕어라고 하는 R군君이엿다. 그러나 R군君 혼자이라면 이 풍경風景이 엇지 미소微笑를 자어냇스리요. 다만 뜻하지 아니한 그 「아베크」가 허술하고 못생긴 R군君으로 하여금 수족水族처럼 새뜻하게 보히도록 한 것이엿다.

물론勿論 우리는 눈인사로서 가튼 족속族屬이라는 뜻을 표한다. 그러나 알

---

179) '호선(弧線)'은 '활의 등 모양으로 굽은 선'이다.

뜻 말뜻하게 하는 이 인사를 R군君과 마주 안진 그이가 눈치를 채인 그 순간부터 이야기가 시작된다. 그 이가 R군君에게 몸을 갓가히 하고 무슨 귀ㅅ속 말가치 뭇는 것은 아마 내가 누구인가를 뭇는 것일 것이고 그 다음 고개를 깟닥깟닥하더니 엽눈[180]으로 살짝 나를 흘려보는 것은 나를 안다는 말인 듯도 하엿다.

그러나 이러한 광경光景 되도록 무관심無關心한 체 모르는 체 하는 것은 신사의 보신술로 가장 상책上策인 것이다. 그래서 차만 마시고 잇노라니까 R군君이 나를 자기의 자리로 오라고 부르는 것이엿다. 처음에는 사양도 해보앗스나 대체로 R군君과 어울니지안는 그이와 마주 안저 비로소 아름다운 한 개의 조화調和를 이룬다면 그 또한 무방할듯해서 부르는 대로 갓다.

나는 마치 「사롱」에서 귀부인의 초대招待나 바든 듯이 가진 교양教養과 의식儀式을 다해서 공순이[181] 인사를 밧드럿다. 만약萬若 나의 이러한 기분氣分을 삼십분三十分만 연장延長식힐만한 기술技術을 그이가 아럿드면 나는 그 감격感激에 넘친 찰나刹那에서 「죠르쥬 · 상드」와[182] 「뮦세」의[183] 첫인사하는 장면場面을 외람히도 상상想像햇슬넌지 몰랏슬 것이다.

나의 문인聞人은[184] 마침내 아모런 파문波紋도 이르키지 못 했다. 이야기는 R과 그이의 대화對話가 그대로 지속持續 되고 잇섯다.

그러나 R군君의 말투가 「레토릭」을[185] 쓸 줄 모르는 것을 보고 나는 그이의 세력勢力[186]이 칠분七分이나 사라진 것을 짐작하였다.

「이래뵈도 일은 곳 잘 한답니다. 밥도 짓고 싀어머니는 속도 모르고 며누리

---

180) 옆눈. 곁눈.

181) 공손히.

182) 조르주 상드(George Sand). 천재들에게 무한한 영감을 주고 때로 천재들을 파괴하며 천재들과 뜨겁게 사랑한 여인 조르주 상드. 세상은 그녀를 '뮈세의 연인'이나 '쇼팽의 연인'으로 알고 있다.

183) 프레드 드 뮈세(Alfred de Musset)는 프랑스의 시인, 소설가, 극작가이다. 파리 태생으로, 20세에 대담 분방한 시집 『에스파냐와 이탈리아 이야기』(1830)로 문단에 데뷔하여 낭만파의 청춘 시인으로서 사교계의 총아가 된다.

184) 청중(聽衆)

185) '레토릭(rhetoric)'은 '화려한 문체나 다소 과장되게 꾸민 미사여구'이다.

186) 실력.

잘 밧다고 조화만하지요」

구름가지 지진 단연斷宴과[187] 밥짓는 광경光景과 안방에서 조화만 한다는 늙은 싀어머니를 상상想像할 때 새로운 조화調和를 어드려고 그 자리에 참석한 내 골과 그이와 R과 셋이 조흔 대조對照가치도 생각되엿다.

「정말 녯일이 그리워요. 사내가 좀 방탕放蕩햇스면 이해성理解性이 잇슬 줄 알엇더니마는 완고하기는 더 합듸다.」

홍차紅茶 잔을 아페노코 이러한 이야기를 작고만 드러야 한다는 연후年后의 운명運命은 진실로 권태倦怠에 지친 그것이엿다.

R도 그 이야기를 듯고 십허하는 것은 아니엿다. 더구나 그이도 그런 이야기에 아주 새삼스러이 흥미興味를 느끼는 것 갓지도 안엇다. 다만 화제話題업는 산화散話가 여기에도 이르고 저기에도 부다치는 거시엿다.

그러나 남편의 이해理解라는 것은 무엇일까 그에게 한限업는 비상飛翔의 자유自由를 준다면 그이는 무슨 새가 되여서 어듸로 갈 것인가?

나는 이 향긔 업는 나체裸體의 꽃해서 념우나 지난支難한 연후年后를 격것다.
－(끝)－

『여성』 1937.04.

187) '단연(斷宴)'은 '잔치'라는 뜻이다. '구름까지 지진 단연(斷宴)'은 '노을이 지면서 구름이 전처럼 붉게 된 것'을 말한다.

실총失寵의 양춘陽春

양춘보陽春譜를 쓰라는 부탁을 바든 것이 정월正月 초사흣날이엿다. 춘왕春王 정월正月이라는 말이 잇으니 초사흣날이라도 정월正月달이 드러선 바에는 봄 아닌 배 아니나 금년今年은 또 어인심인지 섣달 그믐날부터[188] 진눈개비가 오기시작더니마는 격일隔日해 오는 눈이 거의 장설丈雪이 되었으니 아모리 잡지기자雜誌記者라 시절을 무시無視하고 쓰는 글이라고 해도 첫재 기후氣候가 이렇게 되고 보니 천지天地를 뒤살펴보아도 봄다운 기운이 없고 마음속을 샃샃치 뒤집어보아도 봄까지 가자면 아직도 가마득한 궁음窮陰 그대로이라.

루나르의 일기日記를 읽다보니 이러한 말이 있더라.

「봄은 발자국 소리도 없이 파리巴里를 찾어왔다. 그러나 누구도 봄이 온 줄은 다 알고 있다.」

迎春

失寵의 陽春

李 源 朝

파리巴里가치 잡답雜沓한[189] 도회都會에서도 발자국 소리 없이 찾어오는 봄을 안다는 루나르의 감촉感觸도 있다거늘 조석朝夕으로 지나다니는 풍치보안림風致保安林 속에서 하로식 달러지는 나무 싹트는 것을 보고도 봄이 오는 지 안 오는지 모르는 것은 내 폐쇄閉鎖된 감각感覺의 탓일까?

봄이 온댓자 별수는 없다. 본래 일년一年 사시四時에 봄이 수위首位를 차지한 것도 찬람僭濫한 일이자마는 봄이 좋으니 겨울이 낫부니 하는 것은 그 시절이 향락享樂하기에 적당敵黨하거나 부적당不適當한데 달린 것이다. 같은 값시면 날세도 따뜻하고 바람도 살랑거리면 극한극서極寒極暑에

188) 원문의 '그음날부터'는 '그믐날부터'를 잘못 입력한 오식이므로 바로 잡는다.
189) '잡답雜沓'은 '사람들이 모여 붐비는'의 뜻이다.

전신全身으로 움츠리고 드러앉었는것보담은 낫겠지마는 가령假令 봄철보담 몇 배倍나 더 나흔 시절時節이 온다고 한들 우리 따위가 그 시절時節을 향락享樂을 하기는 새로히 대체로 무슨 힘이 있어 그것을 주첸들 하잔 말인가?

아모리 봄이 온다고 해도 오층五層집 벽돌을 뚫고 드러와서 때무든 내 책상 머리에서 무슨 잔조로운[190] 이야기를 속삭이지는 않을 것을 나는 안다.[191] 다만 내 즐기는 메나리[192] 나물이라도 한 접시 얻어먹을 수가 있다면 그것으로 내 마음에 양춘노정기陽春路程記의 한 줄을 쓸 수는 있겠지마는 그조차 못 한다고 해도 나는 별로 앙탈하지는 않으리만치 양춘陽春의 유혹誘惑을 잊었나 부다.

일전日前에 한 동내 사는 홍섭興燮과 우연偶然히 동행同行이 되어 자하문紫霞門 턱을 넘는데 같은 신세라 오고가는 말이 고개넘기 싫다는 말이엿다. 홍섭興燮은 내한테 대면 이력도 낫을 만큼 「고참古叅」이언마는 그 고개넘기 싫은 생각은 구정舊情도 여신如新인지 내 말하기를

「얼런 겨울이나 지나면 곧 시내市內로 드러가야겠오」

했더니마는 홍섭興燮이 대경실색大驚失色하면서

「드러가다니 여기는 봄 한철이 제일인데 삼동三冬을 이 고생하다가 제일 좋은 봄에 드러가」

하기에 생각해보니 딴은 그럴 상 싶엇다.

「봄보다는 가을이 낫지 않소」

나는 자하문紫霞門 밖 봄이라는 것은 겪어보지 못 하고, 작년昨年 가을에 단풍丹楓이 마음에 드러서 이사移舍했든 생각으로 무르니가[193] 오히려 봄이 낫다기에 그러면 봄이나 지나볼까고[194] 속으로 생각했다.

이웃 사람에게 무러 보앗더니마는 지금은 아모 것도 보이지 않어도 봄이 되

190) 잔잔한.
191) 원문은 '않다.'로 되어 있으나 '안다.'의 오식으로 판단한다.
192) 미나리.
193) 물으니까.
194) 지나 볼까 하고

면 바로 내 있는 집 마진 편 언덕에 개나리도 피고 진달래도 핀다는 바람에 봄철만은 게서 지나기로 정말 작정을 굳게 한 것은 바로 며칠 전이다. 그러나 그도 웃으운 말이지 일년一年내 두고 날마다 아침에는 일직이 나오고 저녁에는 늦어 드러가니 진달래는 무엇에 쓰며 개나리는 무엇을 한단 말인가? 그러기에 명색이 선거운仙居韻이라는 희작戱作에는[195] 이러한 신세타령도 있다.

> 주인조출귀래만主人早出歸來晩
> 진일상장오경무盡日山莊午景無[196]

그러나 나가치 양춘陽春에 실총失寵을 당한 사람일지라도 만약 내한테 아모도 간섭干涉 않는 무상無償의 사흘을 빌닌다면 나는 누구보담도 더 많이 양춘陽春의 은총恩寵을 회복恢復할 수 있건마는.

이제 여기에서 회복復寵의 대계大計를 공개公開하는 것은 모신지책謀身之策은 아니나 이 글의 한정限定된 매수枚數를 채우기 위해서 말하면 첫날 하로는 남향南向한 내방을 깨끗이 치우고 가인家人 일체一切 출입금지出入禁止 한 뒤에 혼자 지날 것. 이튼날을 산山으로 들로 산책散策을 하면서 촌료村醪[197]도 사먹고 할 일. 사흗날은 이러한 모든 것에 권태倦怠가 생겨서 다시 지금과 가치 지나도 좋다.

『조광』 1937.04.

---

195) '희작(戱作)'은 '장난삼아 지은 작품'이다.
196) 주인은 아침 일찍 나가 늦게 돌아오니.
해 저문 산장의 오경(午景)은 무슨 소용이로.
197) '촌료(村醪)'는 '촌 막걸리'이다.

태극선 - 인어人魚의 날개와 부채

바로 삼년三年 전前이엇습니다. 내가 피서를 한다고 C촌에 가 잇슬 때 일입니다.

저녁을 먹고 나서 산보로 나선 거름이 엇지다보니 조그만한 시냇물 소리를 따라서 제법 산골로 드러섯습니다. 물소리는 기피 드러갈사록 돌 틈을 새어 흐르느라고 더욱 서늘햇습니다. 본래 무심히 나선 거름이라 마음이 내키면 더 가고 움추러지면 되도라 설 것이나 가다가다 어듸를 왓는지 산골치고는 맛지 안으리만치 큰 기와집이 보혓습니다. 멀니서 보기에 터전도 널찍하고 담도 둘러싸서 그 집이 무슨 집인지는 알 수 없엇스나 동북으로 노피 빼든 부상浮椽[198] 끄테 달닌 풍경이 잇다금 저녁 바람에 뎅그렁 뎅그렁 우는 것으로 보아 혹시 절간이나 안인가 하엿습니다.

그러나 그 집 앞에 와서는 시냇물이 저쪽 담을 휘도라 드러가면서 양쪽 갓으로는 무슨 수목 관목灌木이 엉크러저서 다시 개천을 따러가자면 그 넝쿨 속을 뚤코 드러가야 하겟스나 그런 위험할 필요는 업고 해서 되도라 서려는 판인데 다시 보니 이쪽 담 밑을 도라올라가는 길이 실오리만 하게 희미하게 보혓습니다. 이로 가면 대체로 어디로 가나 하고 단장으로 더듬어 올나 보았습니다.

한 이십 보 즘이나 갓슬가요. 널찍한 너레석이 멍석하나 폐여노흔 것만 하게 갈니엿는데 거귀에 올나서니 올나오든 길은 저족[199] 산비탈로 맛치 실배암갓치 꼬부라저 도라갓는데 그것은 아마 초동들 초자樵子들이 다니는 길 같엇습니다. 그적새는 다시 더 발을 옴겨 놓고 십지를 않어서 망부석가치 너레석 우에 섯노라니 저편 동쪽 봉峯우라지에서 해말끔한 상현上弦달이 거의 반쯤이나 올

198) '부상(浮椽)'은 '서까래를 덧달아 낸 부연(附椽)'이다.
199) 저쪽.

나왔습니다.

실상 이러한 여름저녁의의 총초한[200] 씬이란 십오분十五分만 하면 넉넉한 것입니다. 그러나 이 십오분十五分이 다 못가서 내 눈은 다른 한 곳을 발견發見하고서 그 다음에는 멧 십오분十五分이 지나갓는지를 모릅니다. 처음 풍경風磬소리만 듯고 절간이거니 하엿든 큰 기와집은 실상 절간이 아니엿습니다. 어떠케 알엇는고 하면 내가 올나 서서 동東쪽 봉우라지에 떠오르는 상현上弦달을 바라보는 그 너레석은 바로 그 기와집 뒤인데 지세地勢가 어찌나 경사가 젓든지 그 너레석 우에서 상현上弦달을 바라보다가 돌니는 눈동자는 일부러 듯하지 아니하여 그 기와집 속을 하계下界와가티 다 네려다 볼 수 있었습니다. 아마 산에서 부러오는 솔바람을 바드려는 뜻이엿겟지요. 한끗 열어저친 북창北窓으로 네려다 보히는 육간대청六間大廳은 바다와 가티 멀릿습니다.

바로 북창 앞에 맛치 가을 호수와 가티 투명透明하게 초록색草綠色 물결이 얼른거리는 것은 아마 영초 모귀장엿든가 봅니다. 그 물결 속에는 확실히 권태倦怠에 지친 한 마리의 인어가 쉬고 잇섰습니다.

고산지 관산지 얄분 적삼 밑흐로 피어오르는 풍만風鰻한 육체肉體로 보아서 나히는 만히 잡아야 스물일곱 여덜 가태 보이는데 무엇을 생각는지 몰나도 간얄푼 손목이 게을니 움적일 때마다 손에는 태극선太極扇은 맛치 인어人魚의 날개 치드시 가는 바람을 이르켜 영초 모귀장에 푸른 물결이 흔들니게 합니다.

대체로 그 집은 무슨 집이며 그 여인女人은 누구일까 하는 호기심好奇心도 처음에는 업지 안엇스나 가장 단조單調로운 이 정경情景만으로는 내 호기심好奇心을 풀만한 단서端緖를 잡지 못 하였습니다. 그러나 이러한 단조單調한 정경情景일사록 나종에는 바라보는 사람의 모든 감각感覺을 한테 뭉처서 안개ㅅ속 갓치 아득한 황홀恍惚의 경지境地로 이끄러가는 것입니다.

처음에는 초록草綠빛 모긔장과 새하얀 소복素服과 푸르고 누르고 붉은 세빗같이 연량連量한 태극선太極扇들이 모다 적력的歷한 제 빛갈로 내 눈에 빗취왓

200) 청초한.

지마는 나종에는 이러한 빛깔이 한데 어려서 내 시각視覺은 몽롱朦朧해지고 다만 부채가 한번 흔들릴 때마다 네 호흡呼吸도 한 번씩 서로 이것만이 맞는 것 가텃습니다. 이러한 화려한 꿈이 얼마나 오래 지속持續되엿든가는 지금도 몰읍니다. 다만 열대여섯 살 되어 보이는 어린 시녀侍女가 화채인지 무엇인지 유리쟁반에 바추어 가지고 조심성스럽게 거러와서

「아씨」

하고 부르니가 마지못헤 이러나면서 배개마테 놋는 태극선太極扇의 강렬强烈한 세 가지 빛깔이 내 눈압헤 확 다칫슬 때 나도 꿈에서 깨인 듯하여 비로소 밤이슬에 저즌 옷깃이 무거운 줄 알엇습니다.

나중에 동리洞里에 와서 물어보니 그 집은 그 고을에서 유수有數한 집인 R씨의 별장別莊이라고 하며 그 여인은 아마 그 별장 주인의 맛딸로서 작년昨年에 혼자된 청상靑孀인가부다는 말을 드렀습니다. －료了－

『여성』 1937.08.

이원조씨李源朝氏의 편지便紙

昨秋仄聞작추측문

退休山林緬想퇴휴산림면상

觀玩崇深伊來阻隔便若涯角暮雲春樹難禁惻惻之懷朝一樣陸陸無足奉

관완숭심이래조격변약애각모운춘수난금측측지회조일양륙륙무족봉

道月前幸得小閑飄然作權京行滿眼風光都是錦繡足以暢叙如許名區恨不與

도월전행득소한표연작권경행만안풍광도시금수족이창서여허명구한불여

尊座同賞尙今悵缺優遊也因淸福自安於缺處可乎奉呵呵

존좌동상상금창경우유야인청복자안어결처가호봉가가

유축惟祝

문기文祺

4월 12일

원조源朝 배배

무애无涯 양주동대인梁柱東大仁 청억淸抑

『삼천리』 제10호 1938.10.01.「문인서한집文人書翰集」

가는 가을을 아쉬워 하며 안부를 전합니다

산림에 물러나 쉬면서 아득히 그리워합니다.
관왕숭심(觀玩崇深)이 막혀 통하지 않고
아득히 먼 저녁 구름처럼, 수목이 측은히 여기는 회조처럼
다행히도 소한을 품어 달을 보는 짐승과 같이 있습니다.
높은 자리를 함께 칭하지만 저도 여행을 잘 하지 못 하고
푸른 옷을 입고 스스로 안주하니 하하하 웃는 봉황꼴입니다.
편안하오십시고 받들어 좋은 글 기대하겠습니다.

4월 12일
원조 배
무애 양주동 대인大仁께 우러러 청하옵니다.

실총어失寵漁[201)]

누가 말하기를 사람의 식성食性은 사람의 지문指紋 같아서 천 사람이면 천 사람, 만 사람이면 만 사람이 다 다르다고 하는데 자세히는 몰라도 내 그윽히 생각건대 사람마다 식성食性이 다른 것은 지문指紋 같다고 할는지 모르지만 경찰서警察署에서 범인犯人의 지문指紋을 박아서 영구永久히 보관保管해 두는 것은 후일後日에 전과자前科者를 잡을 때 그 지문指紋과 대조對照하기 위함이라고 하니, 만약 사람의 지문指紋도 식성食性과 같이 그렇게 변한다면 천하天下의 강절도强竊盜들은 그 범죄犯罪를 일생一生의 계속繼續 사업事業으로 해도 지문指紋 때문에 탄로綻露되지는 않을 것이다.

그렇게 잘 변하는 식성食性을 가지고 누구는 무엇을 즐기고 누구는 무엇을 즐긴다고 하는 것이 족히 믿을 바가 못 되지마는 근래 회남悔南, 구보仇甫, 태초態超 제공諸公으로 더불어 가령 주사酒肆[202)]에 들어서면 으레 소독저 한 모를 마치 군대軍隊 「봉총捧銃」[203)]하듯이 번쩍 들어서 다시 이놈을 두 쪽으로 쪼개 가지고는 도 일렬횡대一列橫隊로 찬붕饌棚[204)] 앞에 늘어선다. 가위可謂[205)] 산진해착山珍海錯을[206)] 보기 좋게 늘어놓은 앞에서 모두 안공眼孔의 흑백구黑白球가 두리번두리번하는 것은 서로 그 기호嗜好를 고르는 것인데 이런 때 내가 조기나 도미새끼 같은 것을 떡 집게 되는데 이것이 한 이삼차二三次 거듭되었더니마는 구보씨는[207)] 그만 나를 지목해 가로되 생선당生鮮黨이라고 하고 안회남安懷南씨 또한 이에 호응呼應해서 나를 꼼짝할 수 없이 생선당生鮮黨이 되고 말았지마는 실상 나는 무엇보다도 얼큰한 국물도 좋아하고

---

201) '실총어(失寵漁)'는 '물고기의 총애를 잃는다'는 뜻이다.

202) '주사(酒肆)'는 '큰 규모의 술집'이다.

203) '봉총(捧銃)'은 '받들어총 자세'이다.

204) '찬붕(饌棚)'은 '음식이나 그릇 따위를 넣어 두는 찬장(饌欌)'을 말한다.

205) '가위(可謂)'는 '말하자면 정말로'이다.

206) '산진해착(山珍海錯)'이란 '산해진미(山海珍味)의 성찬(盛饌)'을 말한다. 산이나 바다에서 나는 진기한 물건들로 만든 반찬을 말한다.

207) 소설가 박태원.

생갈비도 잘 먹으며 기타 거의 무소불식無所不食이건마는 이제는 그러한 박애博愛 시중侍中의 미덕美德이 다 묻혀지고 나는 거연居然히 생선당生鮮黨의 영수領袖가 되고 말았다. 비록 생선당生鮮黨일지라도 일당一黨의 영수領袖가 되었다는 것은 그다지 초초草草할 일이 아니어서 구태여 변명辨明도 안했더니마는 태초공態超公[208])이 무어라고 하는가 하니

「제까짓 게 산골에서 자랐으니 못 얻어먹던 것이라고 자꾸 먹지 웬 생선生鮮 맛이나 아나」

하는 것은 사년四年 동안同案에 벌써 내 생장生長한 곳까지 아는 탓이라 딴은 그렇다고 실정實情을 고백告白했지만 그렇다고 나는 생선生鮮이라면 존비귀천尊卑貴賤을 헤아리지 않고 즐기는 것도 아니다.

가령 도미라든지 방어라든지 또 특히 조기 같은 이런 청신고결淸新高潔한[209]) 류類가 아니면 일면一眄[210])도 주지 않는데 그 중에도 조기를 편기偏嗜[211])하는 것은 사실事實이다. 그러나 겨울철이 되면 조기를 얻어먹지 못 하므로 그때는 동태회凍太膾(바로 말하면 얼음이 어석어석 씹히는 동태凍太이다)를 즐기나 이것은 우리네 따위는 상식으로 할 수가 없으므로 흔히 밥상에 오르는 것이 도루무기 찌개이다. 도루무기 하면 인조仁祖 대왕大王과 관계되는 그 유명한 설화說話를 다 아는 것이니 이제 새삼스러이 말할 것도 없지마는 사람으로 태어나 제세濟世의 경론經論을 품고도 한번 왕후王侯의 득총得寵도 못 하고[212]) 초목草木으로 더불어 썩어버린 것이 얼마라고 있을 텐지 일개一介 무기라는 한미寒微한 어족魚族으로 태어나 나중에는 도루무기가 되었을망정 일시一時는 융숭隆崇한 천총天摠을[213]) 입어 그 여영餘榮이 가히 인개鱗介의[214]) 전족全族에 미쳤으니 그래도 이 고기는 다른 고기가 가지지 못한 무슨

---

208) 수필가 김태초.
209) '청신고결淸新高潔'은 '청신(淸新)한 외모와 고결한 내적 품성(외유내강)'을 말한다.
210) 한 번의 눈길.
211) 편기. 편애하다.
212) 왕후의 총애를 받지도 못하고.
213) '천총(天摠)'은 '임금의 은혜'이다.
214) '인개(鱗介)'는 '비늘 동물인 인충(鱗蟲)과 등딱지가 있는 개충(介蟲)을 아울러 이르

별미別味가 있으려니 하고 아무리 맛있게 먹어보아도 생선당生鮮黨 영수領袖의 입에는 도저히 맞지 않는지라 “오죽하면 도루무기가 되었을라고” 하고 다시는 밥상에 오르지 못 하도록 아내에게 엄명嚴命을 하였다.

그러나 저- 세도世道가 공간孔艱한 때이라 도미나 조기 같은 것은 진찬進饌의 길이 두색杜塞됨에[215] 능히 수라의 옥반玉盤에 오르지 못 하고 이무기 같은 것이 천상天常의 단권澶權을 한 것을 생각하면 슬프기도 하나 한번 묘산廟算이[216] 바로 잡힘에 다시 도루무기를 실총한 것을 보면 또한 이지理枝없는 바도 아니다.

이 어찌 고기에만 한限한 일일까 보냐.

『박문』 제3집 1938.12.

는 말'이다. 곧 어류와 패류를 말한다.

215) '두색(杜塞)'은 '막히다, 금지되다'를 뜻한다.

216) '묘산(廟算)'은 '임금이 신하들과 정사를 의논하던 묘당(廟堂)에서 세우는 전쟁 계획'을 뜻한다.

여향餘響 (일一) ; 적초摘草

그적게가 바로 중양重陽이다. 마침 시골서 올라온 친구 한 분이 한시漢詩를 퍽 조하해서 멧멧 동호자同好者 모아가지고 어디 절깐에도 나가 보자기에 한목 끼여 볼가하고 갓더니마는 이 노름이란 본래 찐덥자도 못 하고 바둑이나 마쩜 가치 아깃자깃한 재미도 업는 것이어서 몃 시간을 두고 모임을 짜 보아도 잘 되지 안키에 절깐 노리는 파의하고 그저 한 삼사인三四人이 저 청량리淸涼里 박그로 나갓다.

아침에 나와서 책상머리에 안젓다가 저녁에 느저서 집으로 도라가는 신세라 시절이 어떠케 된 줄도 몰라더니마는 청량사淸凉寺[217] 아플 휘도라 냉천冷泉 잇는대로 접어들면서 벌써 베를 비혀 논뚜럭이랑 논바닥에 너러 노흔 것이 언제 이러케 되엇나 시프리 만치 눈에 채이는 대로 훅훅 가을이 위엇섯다.

동행이 모두 동향同鄕 친구들이라 삼남三南은 그냥 적지赤地라는데 여기는 어쩌면 이러케 나락(베)이 잘 되엇느냐고 탐스러운 듯이 베이삭을 손으로 훝터보는 것이다.

경춘철도京春鐵道 「레일」을 건너 용머리 방죽을 거닐다가 어디서 다리나 좀 쉬여가자고 풀바틀 골라서 모두 다리를 죽죽 뻿고 안젓다. 우순 소리, 잡소리 서로 주고 밧고 하면서 일부러들 국화菊花송이를 따다가 오섭헤 꼽아보기도 하고 시내가에 가서 고기라도 웅키려듯이 손을 잠거도 보는 것이 어린 날 갓기도 하건마는 봄이나 가을이 되면 모두 어려진다는 것을 확실히 계절季節의 감상感傷임에 틀림 업는 만큼 족足히 점잔은 자리에서 이야기 거리도 될 것이 업지마는 갈사록 제 자신自身이 무력無力해만 보이고 남들의 날뛰는 것이 나로서는 도저到底히 따라갈 수 업다는 것을 자꾸만 느끼게 될 때 무엇을 들국화菊花를 만지고 지나가는 구름을 바라본다는 진광陣廣한 어린양도 내게는 분分에 넘치는 일이라 부러울 것도 업고 안타까울 것도 업는 것이다.

---

217) '청량사(淸凉寺)'는 서울 동대문구 제기동에 있는 절이다.

요사이 친구들한테 네 의식意識은 이세계爾世界[218]에서 방복彷復한다고 도[219] 하고 네 주장主張과 취미趣味는 분리分離되었다고 하는 공감攻敢을 밧기도 하나 물론勿論 이것은 나한테 비애悲哀는 될 지언정 자랑꺼리는 조금도 못 될 것을 범연히 알 것만은 그러타고 해서 지금 나는 어찌 하란 말인가 할 때 나는 내 자신自身으로서 아모런 대답도 할 말이 없다. 다만 내가 어려서부터 지켜오는 한 가지 신념信念은 사람의 괴로움 중에 언제나 벽碧내지 않고는 못 견디는 괴로움이 제일 크다는 것을 알고 잇기 때문에 내 자신이 분열分裂하고, 그 분열分裂을 공감攻敢[220] 밧는 괴로움도 크기는 하지마는 이 괴로움을 면免하려고 내 자신이 통일統一되엇다는 심장深藏을 하는 괴로움은 더 크다는 현명賢明한 타산打算이 있기 때문에 남이 무어라고 해도 그저 그런 냥하고 고개를 숙이는 수밖게 업는 것이다.

「몬테－뉴」는 그 「수상록隨想錄」 가운데서 「나는 저 물이 내 키보담 엿르면[221] 건느려니와 만일 더 기프다면 언덕으로 거러가면서 그 물을 네려다 보기만 하겠다」는 의미意味의 말을 한 적이 잇다.

사실事實 지금 내가 본건대 어느 물이나 할 것 업시 모두가 내키보담 더 기프니 나는 부득기不得已 언덕으로 거러가면서 그 물을 바라다보는 수박게 업는데 기왕 물을 건너지 못 하고 언덕을 건일진대 국화菊花도 좀 따보고 풀바테도 좀 누워 동그래보는 것이 무방無妨할 것이 아닌가?

『조선일보』 1939.10.25.

218) '이세계(爾世界)'는 '그 세계'이다.

219) '헤맨다고'

220) '공감(攻敢)'은 '감히 공격하는 것'을 뜻한다.

221) 얕으면.

여향餘響 (이二)

요전에 본정本町(혼마치)을(를)[222] 나갓다가 길가에 노힌 저울판에 올라서보니 고작 십삼十三 관貫박게 안 되엇다. 성년이 지나고 처자妻子까지 잇는 삶으로서 체중體重 십삼十三 관貫이란 것은 가소로울만치 빈약貧弱한 체중이다.[223]

대체로 이 체중體重이란 것이 건강과 어떠한 관계를 가진 것인지는 몰라도 딴은 요지음 와서 잔병이 많허젓다.

냉방冷房에서 낫잠을 자다가는 감기가 한 달이 지나도 가시지 안코 심하면 쌍금탕첩雙金湯帖이나 먹어도 종시終始 깨끗하지를 못 하다. 그래서 인제 가을도 되엇고 하니 약제藥劑나 먹어보려니 하고서 귀비탕歸脾湯이나 대보탕大補湯이나 한두 제 먹을까 했더니마는 어느 친구 말이 바로 우리 집 아페 조그마한 약제藥劑를 내고 있는 노인老人이 일시一時에는 장안長安 제일가는 명의名醫로서 유명햇스나 지금은 낙척落拓[224]해서 그러케 잇잇스니[225] 기왕旣往 복약服藥을 하려거던 그 의원醫員에게 한 번 집맥執脈을 해보고 그 약을 쓰는 것이 조흐리라는 것이다.

그도 그럴듯해서 그 약국藥局에 한번 들러보려니 하건마는 우선 보약補藥은 둘째 처노코 감기가 아주 쇠여서 기침을 하면 가슴이 결리고 목이 드끔거려도 한두 첩 자리 감기약조차 못 먹는 거슨 무어 약 갑시 업서 그런 것이 아니라 그까짓 감기쯤이야 이러다가 낫겟지 하는 때문이다.

그러고 보니 십삼관十三貫 박게 안 되는 체중體重으로 잔병이 느러가도 의

---

222) 혼마치는 일제강점기 당시 서울 충무로의 지명이었다.

223) 예전에는 체중을 측정할 때 무게의 단위가 현재의 kg으로 단위가 통일되지 않았다. 따라서 당시 근과 貫으로 단위를 표시하였다. 따라서 1관이 3.75kg이므로 여천의 당시 몸무게는 약 49kg 정도 나간 것이다. 29세의 여천이 이 정도 몸무게라면 건강을 걱정할 만도 하다.

224) '낙척(落拓)'은 '낙담'을 이른다.

225) '있으니'의 오식.

원을 못 만나 애를 쓴다거나 약을 못 먹어 걱정 할 줄 모르는 것은 아직 내 건강健康에 대해서는 내대로는 일종一種의 자신이 잇는 것 갓기도 하다. 가령 이보담 더 심하거던 그까짓 약제나 먹으면 그만이지 뭐 - 하는 그러한 자신自信.

그러나 어찌다가 술잔이라도 지나처서 그 이튼날 아침에 만신이 느러지고 왼동 신을 못 하게 될 대는 정말 내가 이러다가 나도 모르게 인체 속으로 큰 병을 짐지하는 걱정도 업지 안타. 그러면 가슴만 뜨끔해도 폐병肺病이 아닌가 아래배만 갱겨도 맹장염盲腸炎이 아닌가 하는 무지無知한 걱정이 생기다가도 정작 오늘은 의원醫員을 차저 가서 집맥執脈을 해보려니 하면 만약 갓다가 무슨 불치不治의 큰 병病이라고 하면 엇저나 하는 생각이 드러서 그만 두기도 한다.

이러한 심리審理란 결국結局은 몸이 건강健康지 못 하다는 표석標石인데 이러한 불안不安은 내 몸의 건강健康만 아니라 내 정신적精神的 상태狀態에 있어서도 나날이 느끼는 것이다. 가령 아무 것도 드러잇지 안흔 듯한 공복감公僕感이라든지 무엇이고 붓드럿스면 하는 귀의심歸依心, 이박게도 갈피 잡을 수 업는 산만散漫한 상태狀態가 아무리 생각해도 내 정신情神은 쇄약衰弱해진 징조(徵兆)가 한두 가지 아니건마는 그래도 내대로[226] 굴러가는 것은 그까짓 약차하거던 정신적精神的 환생還生을 좀하면 무엇이 되겟지 하는 생각에 또 세상일이 모두 시들하게 보일 때도 잇다.

그러나 이러는 동안에 내 정신적情神的 후퇴後退가 불치不治의 지경에 이르면 어떠커나 할 때는 자못 피곤疲困을 할 때도 잇스나 환생還生도 안하고 동의同醫도 안하는 것은 그 진단診斷이 무엇이라고 날까 무서운 때문이다.

그러고 보니 우리가 무서워하는 것은 병病이 아니고 바로 진단診斷 그것인데 사실事實 불치不治의 병객病客은 와석종신臥席終身[227]을 하지마는 자살自殺은 왕왕往往이 진단診斷을 무서하는[228] 사람들의 행위行爲라는 것이 결

226) 나대로.
227) '와석종신(臥席終身)'은 '사람이 제 명대로 다 살고 편안히 자리에 누워서 죽음'이다.

코 우연偶然한 일이 아닌 것 갓다.

그러나 지금 이글을 쓰면서도 생각나는 것은 요전에 어느 선배先輩의 글을 보다니까 선배先輩의 글을 보다보니까 두인頭印이 찍혓는데 표표유릉운기「飄飄有凌雲氣」[229]라고 색혀 있었다.[230]

『조선일보』 1939.10.26.

---

228) 무서워하는.

229) '표표유릉운기(飄飄有凌雲氣)'는 '초탈하여 구름까지 치솟는 기세가 있다'는 뜻이다. 여기에서 '능운'은 '뜻이 웅대함'을 말한다.

230) 새겨져 있었다.

여향餘響 (완完)

과학科學으로 안을 비치지 (아니) 한 평론評論은 결국結局은 근시近視나 원시遠視를 면免치 못 한다. 술꾼들의 말을 들어보면 술은 어른 아페서 배운 술이 제일 얌전하다는 것이다. 이것은 무슨 말인고 하니 술이란 고래古來로 내려오는 말과 가치 「벌성지광약伐性之狂藥」231) 이래서 잔 수가 넘치면 행패行悖하기가 쉬운 것이나 어른 아페서 배운 술은 늘 어른을 뫼시고 먹은 때문에 주정하는 버릇이 업는 때문이라 한다.

딴은 어려운 자리에서 먹는 술과 만만 자리에서 먹는 술은 취기醉氣가 다르기도 한 것이다. 그야 아주 술을 안 먹으면 본래부터 아무 탈이 업겟지마는.

그러고 보니 문득 생각나는 것은 원죄설原罪說아, 「아담」과 「이브」가 금단禁斷의 실과를 따먹은 날부터 인생人生은 죄악罪惡의 중하重荷를232) 지게 되었다는 것이 아마 원죄설原罪說의 골자骨子인 모양인데 이것이 사실事實인지 아닌지는 지금 무어라고 말할 수는 업스나 하여간何如間 금단禁斷이라는 것이 죄악罪惡을 방지防止하는 예방주사豫防注射인 것만은 틀림 업는 것 같다.

그야 무슨 진리眞理든지 그 놈이 오래간 즉은 자극성刺戟性이 업서지는 때문에 이놈을 새로 살리기 위해서는 모든 역설逆說이 탄생되는 것과 마찬가지로 원죄설原罪說이 하도 오랫동안 진리眞理 행세를 하니가 그적새는 금단禁斷이 죄악罪惡을 막는 것이 아니라 도리어 죄악罪惡을 짓는 것이라는 소리도 하게 되엇고 사실에 잇서도 금단禁斷으로 말미암아 생긴 죄악罪惡이 얼마라도 잇는 것이다. 가령 남녀칠세부동석男女七歲不同席 할 때 난론亂論이더라만라든지 닭장을 튼튼히 한 집이 도리어 닭서리의 수라장修羅場이 된다든지 하는 따위. 그러나 이야기가 이러케 되면 그적새는 한계설限界說이 희원禧願 할 수 있는 것이다. 가령 남녀칠세부동석男女七歲不同席 할 대 난론亂論이 잇섯다고 하더

231) '벌성지광약(伐性之狂藥)'은 술을 비유한 것으로서 '인성(人性)을 해치는 미치게 하는 약'이라는 뜻이다.

232) '중하(重荷)'는 '어렵고 무거운 부담'을 뜻한다.

라도 그것은 남녀칠세부동석男女七歲不同席이란 금단령禁斷令이 잇섯스니 그만하고 치웟지 그나마 업섯더면 인류人類는 금수禽獸가 되엇다거나 본래 닭장을 튼튼하게 햇스니 닭 도적을 한두 번 맛고 치웟지 그나마 안 햇더면 닭은 씨가 젓스리 라고 하는 따위.

하여간何如間 이러니 저러니 주고 바들 것이 업시 날마다 어른의 품박글 나와서 아무런 금단禁斷의 굴레도 쓰지 안흘만큼 장성長成해가는 우리가 또한 날마다 잘못 하는 일이 이만 하가(겠)는가를 살펴보면 알 일이다.

하다못해 친구들하고 술잔을 나누다가 허튼소리를 해도 거리낌이 업는 것도 못 될 일인데 하물며 개막난이 행세를 해도 꾸지람하나 하실 어른을 모시지 못한 것은 확실히 장성長成해 가는 우리의 불행不幸이 아닐 수 없는 것이다.

그야 우리 연배年輩에도 풍성한 숙성夙成한 이가 잇서서 무슨 행동行動이든지 일세一世의 지표指標가 될 만한 사람이 잇슬 터이지마는 내부텀도 무어 좀 거리낌이 잇셔야겠고 때로는 우리보다 더 으젓한 분들 중에도 그이에게 어른되는 이가 잇서서 때로는 굴레도 좀 씨우고, 심하면 종아리도 좀 쳣스면 조켓다 시픈 적이 잇는 것은 괴로운 일이 아닐 수 업다.

능금은 제철이라고 한 업시 익어 가는데 그 실과는 누가 따먹을 것인가?
－완完－

『조선일보』 1939.10.27.

채귀설債鬼說

우리 동양東洋 사람의 최대最大의 악덕惡德 가운데 한 가지는 배은망덕背恩忘德이란 것이다. 사기詐欺니 협작挾雜이니 하는 것이 한 개의 파렴치破廉恥죄罪로다. 거기에 해당한 법률이 있는 모양이나 이 파렴치죄破廉恥罪의 징벌懲罰 보담도 더 서먹서먹한 것은 배은망덕背恩望德이라는 도덕道德적 낙인烙印을 받게 되는 것이다. 이 이유는 생각건대 사기詐欺나 협잡挾雜이란 것은 본래本來부터 상대자相對者의 심리적心理的 안도감安堵感을 요要하지 않는 다만 한 개의 기술에 지나지 못 하는 것인 때문에 한 번 발각이 된다면 그 기술技術이 不足부족했다는 대상代償으로서 일년一年이고 이태의 징역懲役만 사면 그만 문제는 그것으로 일단락一段落을 지을 수가 있지만 배은망덕背恩忘德이란 것은 단순單純히 상대자相對者의 심리를 안도安堵하게 했을 뿐만 아리나 상대자相對者가 우리에게 가졌든 호의好意를 유린蹂躪했다는 심리적心理的 사실事實을 청산할 수 없는 때문에 남이 볼 때 가장 비루卑陋하게[233] 보이는 것이며 제가 당해도 종시終始 께름칙한 것이다.

그런데 往往이 우리 개제호덕지사愷悌好德之士들이[234] 저도 모르게 이러한 배은망덕背恩忘德의 도徒 될 때가 있다는 것은 실로 세도인심世道人心을 위해 기피 개탄慨歎할 일이 아닌가?

대체로 그러면 이러한 불미不美한 사례事例가 어떠한 경우境遇에 있느냐 한다면 시로 「청빈낙도淸貧樂道」 한다는 사람들이 뜻하지 않고 「채귀債鬼」 운운云云하는 말을 예사例事로 쓴다는 것은 바로 일종一種의 배은망덕背恩忘德이 아닐 수 없는 것이다.

본래 「시은어불보지지施恩於不報之地」라고[235] 했으니 그것이 은혜恩惠인 이상以上에는 실상은 「무상無償의 행위行爲」가 아닐 수 없는 것이다. 채권債權

233) '비루卑陋하다'는 '품행이 저열하다.'이다.
234) '개제호덕지사(愷悌好德之士)'는 '부드럽고 온화하며 덕을 좋아하는 선비'이다.
235) 은혜를 베풀려거든 보답하지 않을 사람에게 베풀 것이다.

의 성립이란 것은 지독히 명백明白한 조문條文으로서 어느 며츨날[236] 반드시 반상返償을 하겠다는 것이며, 그 기한期限을 넘기면 채권자債權者가 어떠한 일을 해도 아무 이의異議가 없다는 서약誓約 밑에서 심甚하면 선이자先利子부터 떼고 갔다 쓴 돈이니 이것은 물론勿論 은혜恩惠라고 할 수는 없는 것이다. 그러나 이것은 객관적客觀的 제삼자第三者의 입장立場에서 볼 때 그러한 것이지 직접直接 당사자當事者의 주관적主觀的 입장立場에서 본다면 크게 그렇지 않는 것이 있으니 주主로 우리 채무자債務者들의 입장立場에서 볼 때 우리가 다른 악채惡債에 몹시 졸린다던지 불시不時에 급히 쓸 데가 있어서 허둥지둥할 때 한 두 곳 돈 있을만한 곳에 교섭交涉을 하다가 그것이 결렬決裂이 될 때 우리의 초조焦燥와 불안不安이란 과연 어떠한 것인가? 이러한 때 만약萬若 어느 근검저축지사勤儉貯蓄之社가 있어 우리의 소요한 금전金錢을 대여貸與 해준다면 이때의 우리의 감격感激하는 바이란 결코 채권債權이나 채무債務가 아니라 바로 시은施恩 그것인 것이다. 그러므로 우리가 아무리 성의誠意를 다해도 불행不幸하게도 그 채무변제債務辨濟의 기한期限을 넘길 대 그 채권자債權者로서 좀 귀찮게 군다고 그것을 채귀債鬼라고 불른다는 것은 심甚히 경솔輕率한 일일 뿐 아니라 그 기채과정起債過程이[237] 복잡複雜하였으면 했을사록 정비례正比例의 과오過誤를 범犯하는 것이다. 더구나 우리들의 채권자債權者란 대개는 말 한마디가 조희한 쪼각 보고 대부貸付한 것이 아니고 그야말로 초진건설焦唇乾舌[238]해서 먼저 될 수 있는 대로 우리들의 신용信用이라던지 성의誠意라던지 또는 갈급渴急한 사정事情을 피력披瀝함으로서 한편으로 상대자相對者의 심리心理를 안도安堵하게 하고 다른 한편으로는 이 가긍可矜한 사정事情을 듣고 유연油然히 이러나는 동정심同情心에 호소呼訴해서 기채起債가 된 그야말로 복잡다단複雜多端한 과정過程이었으니 우리가 능能히 이때의 일을 기리 장리臟裡에 간직하는 사람이라면 채무자債務者가 여간 좀 귀찬케 굴고 심해서 인격人格을 침범侵犯하려한다고 한들 어찌 함부로 채귀債鬼라고 부를까부냐?

236) 며칠날.
237) 채무의 처리 과정이.
238) '초진건설(焦唇乾舌)'은 '입술이 타고 혀가 마른다'는 뜻으로 초조한 상황을 강조하기 위해 쓰인다.

요전에 처분비處分費란[239] 명목名目으로 일원칠십전壹圓七拾錢 금액金額에 월급차압月給差押을 당한 뒤로는 나는 앞으로 항상 나의 선량善良한 채권자債權者들에게 그윽히 경의敬意조차 표表하고저 하는 바이다.

『문장』 1940.10.

239) '처분비(處分費)'는 '채납처분비'를 말한다.

문인 폴트레 안회남安懷南의 인상印象

회남懷南은 나와 동갑同甲이다. 그 동안에 나는 딸을 넷이나 나코도 태연자약泰然自若한데 회남懷南은 아들 둘에 딸 하나이니 가위可謂 고명딸이건만는 그래도 섭섭하드라고 하니 이만큼 욕심慾心 사나운 사람이다.

이러한 자녀子女에 관關한 욕심慾心 가정家庭에 대對한 애착愛着과 그 선친先親에 대對한 추모追慕로 까지 미쳐서 회남懷南은 그만 사소설가私小說家로서 한목[240]을 본 모양이다.

그러나 회남懷南이 이러한 사소설가私小說家란 말이 듣기 싫어서 자기의 작품作品 세계世界를 찾느라고 언제가 어느 제선소製線所에서[241] 얼마동안 수업修業한 일이 있다면 더욱 욕심慾心 사나운 사람이란 것을 알 수 있을 것이다.

그러나 회남懷南은 술만 먹으면 의례히 잘 웃는 사람이고, 또 나를 가지고 바보라고 곳잘 놀리는 사람이다.

『인문평론』 1941.01.

240) 한몫.
241) '제선소(製線所)'는 '주로 철사를 만드는 제철공장'이다.

연교화連翹花

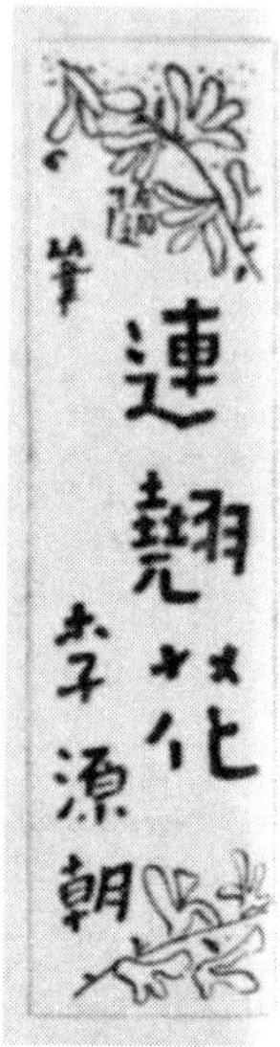

개나리 꽃을 화이화華夷花라고 불르는 사람들 보면 일홈 글자 잘못 쓴 편지받은 것 같이 섭섭하다. 화이화華夷花라는 것은 고상高尙은 해도로 보임새가 그다지 아담스럽지 못한 목련木蓮 비슷한 것인데 개나리를 한자漢字로 쓰면 연교화連翹花라고 써야 옳은 것이다.

그야 내가 식물학자植物學者가 아니니까 개나리꽃을 화이화華夷花라고 하든 연교화連翹花라고 하든 아랑곳할 배 아니지마는 이제 어느 봄날 밤 훈훈한 미풍微風은 내 혈관血管 속에 일탕佚蕩한 호수湖水를 불어이르키고 철철 흐르는 달빛은 매소부賣笑婦의 입설처럼 흐무르 녹은 하로 밤을 돌아나와서는 다시 안 가려고 맹세했든 그 이름 「연교화장連翹花莊」을 한번만 더 차저 가리라.

그가 보티체리의[242] 그림을 특히 좋아하고 스타르빈스키의 「봄의 제전祭典」을 드르면 일종一種의 영감靈感에 사로잡힌다는 것은 나는 모를 일이다. 아니 내가 모른다는 것보담도 그의 성격으로 미루어보면 그것은 도리혀 「허세虛勢의 향락享樂」일는지도 모른다.

그러나 그가 모른 위력尉力과 정력精力과 지성知性과를 오직 향락享樂에만 소비消費하느라도 향락을 위해서는 아무것도 현념懸念하지 안는 자기 집을 연교화장連翹花莊이라는 일홈밖에 또 「무보상無報償의 소우주小宇宙」(Im mound Graunt)라고 까지 하였으니 이제 그 위력尉力도 다 되어 가고 정력精力도 쇠衰해 가고 오직 남은 것은 얼마간[243]의 지성知性밖에 없는 이때에

242) 산드로 보티첼리(Sandro Botticelli)는 이탈리아 초기 르네상스 시대의 대표적인 화가이다. 본명은 알레산드로 디 마리아노 필리페피이지만, '작은 술통'이라는 뜻을 가진 보티첼리라는 이름으로 더 잘 알려져 있다. 메디치 가문과 그 가문의 추종자들의 이미지를 각인시킨 그의 초상화가 아주 중요한 의미를 지닌다.

허세虛勢를 가지고라도 향락享樂을 하려는 것은 결코 그이의 허물은 아닐 것이다. 그러면 나는 어느 달 밝은 봄밤을 골나서 그 연교화장連翹花莊을 왜 찾어 갈 것인가?

아직도 내 기억記憶은 새롭다. 그날 밤 연교화장連翹花莊의 사치奢侈스러운 홀 안에 기쁜 회화會話와 류량嚠喨한[244] 음악音樂과 진한 차茶와 향긔 나는 술 냄새가 파도波濤와 같이 일넝거리는 속에서 우리는 행복幸福된 수족관水族館의 인어人魚같이 놀고 있었다.

이 끗없는 행복幸福에 도취陶醉한 우리는 서로 비눌하나도 거슬려지 아니한 채 그 행복幸福의 꿈은 영원永遠히 깨지 않으려 짓터 갈 때이다.

바로 이때 저－쪽 갱초更抄 커－텐 밑 기름한 포－터이유우에 여왕女王인 듯 교만嬌慢만스럽게 비스-듬이 누엇든 그 주인主人은 술향긔에 약간 홍조紅潮를 뛰인 얼골로 게을리 이러서니만은 아모 말없이 내 손을 이끄러 문 밖으로 나왔다. 홀 안에서는 여전히 음악音樂 소리와 간간이 석기는 우슴소리가 멀니 듯겨오면서 맛치 그윽한 향수鄕愁와도 같이 내 귓전에서 사라지지 않었다.

추창하드시 그이를 따라 이른 곳이 연교화장連翹花莊이라는 일흠의 발상지發祥地인 개나리 꽃밭이었다. 마치 온전히 우리를 마지하려고만 만드러 놓은 듯한 육각정六角亭, 그러고 두 사람이 앉으면 서로 체온體溫이 약간 통할 수 잇을 만한 벤취가 두어 개 있었다. 술과 행복幸福에 취한 얼골에 부드치는 미풍微風은 우리의 혈관血管 속에 일탕佚蕩한 호수湖水를 불어이르켯고 달빛은 철철 흘려 넘첫다. 그러나 두 사람만이 이렇게 말없이 지나는 두어 시간 동안에 나는 그가 무서워졌고 그는 나에게 실망失望을 하였든 모양이다. 다시 홀 안으로 드러왔을 때 일종一種의 무료無聊에도 각가운 서운함을 느꼈으나 느진밤이라 모혔든 손님이 하나둘식 헤여저가고 그 주인은 하녀下女의 인도引導로 침실寢室로 도라가려 할 때 나도 모자와 단장短杖을 들고 현관玄關에 나섰다.

아까가지 홍조紅潮를 뛰였든 그의 얼골은 갑자기 창백蒼白해졋다. 아마 모

---

243) 원문에는 '얼마깐'이라고 쓰여 있으나 문맥상 바로 잡는다.
244) '류량(嚠喨)하다'는 '음악 소리가 맑으며 또렷하다'는 뜻이다.

든 홍분興奮이 깨인 모양이였다. 우리는 마지막 인사로 이런 말을 했다.

「실례失禮했습니다.」

「보기보담은 퍽 소심小心하군요」

「저 개나리꽃이나 한 송이 꺾어가지고 가겠습니다.」

「겨우 고게예요」

그 뒤 삼년三年 동안 우리는 만나지 아니 하였다.

그리고 그 동안에 나는 월급月給이 두 번을 올랐고 자식이 하나 느럿 것마는 길가에서 극악한 빗쟁이를 만나면 낯을 붉힐 때가 있고 집에 도라와 책틀을 네려다 보면 문지가 장설丈雪같이 앉어 있다.

그럴진댄 차라리 허망한 보상報償의 삼년三年을 이저버리고 무보상無報償의 소우주小宇宙에나 드러가 볼까부다하는 생각으로 나는 연교화장連翹花莊 주인主人에게 하로밤 만날 약속約束을 해달나는 편지를 내였었다.

그랬더니마는 곧 뒤미처 답장이 왔는데 향락享樂은 항상 새로운 형식形式을 갖추는데 기뿜이[245] 있는 것이지 한번 경험經驗을 되푸리하는 것은 홍미興味가 없다고 했다. 그리고 만약 오려거든 이전 번과 다른 내용內容을 가지고 다른 때 차저와 달라고 했다.

『여성』 1938.04.

245) 기쁨이.

등하燈下

일일一日에 편집자編輯者가 명命하기를 「등하燈下」라는 수필手筆을 쓰라한다. 넷날은 출제응시出題應試함에 한 편의 시詩, 부賦, 표表, 책策이라도 그 조사입론措辭立論이 임리호탕淋漓浩蕩하면[246] 이로 말미암아 만종萬鍾의 녹祿도 누릴 수 있었다하지만 지금은 세도世道와 문물文物이 바뀌어 비록 도도수만어滔滔數萬語[247]를 비하여도 그 대상代償이 기幾문의 아도물阿堵物에[248] 지나지 못 하니 슯으다. 글지음의 헛됨이 이와 같을진저! 그러나 돌이켜 생각건대 내 졸리拙俚한[249] 행문行文으로 어찌 감敢히 세도世道와 문물文物의 박귀였읍을 한탄하리오. 다만 때에 따라 간절懇切한 청촉請囑을 저버리지 않는 것으로써 분수分數에 족하다 할지니 그러면 알괘라 편집자偏執者의 이 출제出題가 「신량입교허新涼入郊墟, 등화소가친燈火稍家親」이란 고사를[250] 이끌어 나로하여금 무문탄사蕪文誕辭[251]를 농弄하라는 것보담 차라리 한산추야寒山秋夜의 일수청등하一穗青燈下에서 즐겨 고인서古人書를 많이 읽으라는 근면勤勉의 고훈高訓일른지도 모르겠다.

晩秋隨筆

燈下

李源朝

이에 늣긴 바 있어 협중峽中의 집으로 돌아온다. 삼년三年 채 손대지 않은 집이라, 나뭇가지 말라 서로 엉킨 채 울타리 되고 잎사귀 떨어져 욱어진 채 방

246) '임리호탕(淋漓浩蕩)'은 '그림이나 글씨에 힘이 넘쳐 호탕하다'는 뜻이다.

247) 수만 단어.

248) 중국 진(晉)나라 때 왕연이라는 사람은 돈을 치사하게 여겨 돈이란 말을 입에 담지 않고 돈을 칭할 때는 '아도물(阿堵物)'이라 했다.

249) '졸리(拙俚)'는 '옹졸하고 속되다'는 뜻이다.

250) 변두리에 들어서니 초가에 등불이 밝다. 가을밤은 서늘하여 등불을 가까이 두고 글 읽기에 좋다는 말로, 한유(韓愈)가 아들의 독서를 권장하기 위해 지은 시 「부독서성남시(符讀書城南詩)」 중의 한 구절이다.

251) '무문탄사(蕪文誕辭)'는 '황당무계한 글'이다.

석이 되어 내 게으름에 길들여진 귀뚜라미는 사람의 발자국 소리에도 놀라지 안코 벽에서 마루에서 뜰에서 섬돌에서 물소리같이 요란하게 우는 밤 서둘러 가인들을 잠들게 하고 호올로 자리를 돋우고 책상을 바로 잡아 도사리고 앉으니 이 소조황량蕭條荒涼한[252] 모양이 문득 저 방옹노인放翁老人의 궁산추야窮山秋夜에[253] 병서兵書를 읽었다는 이야기 생각나기도 한다. 그러나 헛된 생각이여, 부즈럽슨 마음이로다. 내 본래 오졸迂拙한 것으로 자처自處하여 이로서 자신自身을 편안히 하려거든 비록 육도삼략六韜三略이[254] 내 안두案頭에 싸혓기로서니 이제 새삼스러히 그것을 읽어 내 마음을 번그러히 하고 내 안분安分의 초지初志를 저바려 무엇하리오. 한번 안희顔欷히 태식太息할 제 찬바람을 개여진 벽壁에 부다처 울고 이즈러진 달은 지개(戶)에 걸려 달릴 줄 모르더라.

다시 편집자의 근면勤勉하는 고훈高訓을 저발지게 될까 두려워하여 문지 안진 서가를 도라보매 기질幾帙의 시문時文이 없은배 아니나 가령 지금 베르레-느의 낙엽시落葉詩를 읽는다고 하드래도 그거이 등하燈下의 독서讀書는 아니며 뉘-체의 「쫘라투스트라」[255]나 「램보-」[256]의 「지옥地獄의 계절季節」은 더구나 격格에 어울니지 안는 것이다. 몬테-뉴의 「엣세이」가트면 혹시 모르겟스나 그 또한 보는 글이지 읽을 글은 되지 못 하나 이런 때는 장자莊子의 남화경南華經을 페여노코 제물濟物 편篇 한 대문을 소리 노펴 읽었으면 격에도 맛고 마음도 시원하련마는 애흡게도 그 책을 가지지 못 하였으니 내 서가書架의 가난함이 또한 엇저면 이럿한가?

글 읽고 싶은 생각과 글 읽는 격格과 글 읽을 책이 서로 어그러지고 틀어지매 내 다시 책상을 물니고 가루누어 저 달리지 안는 이즈러진 달을 치여다 본다. 십촉十燭 전등電燈이 넘우 밝어 글 익을 말각을 헤젓더니 저 이즈러진 달은

252) '소조황량(蕭條荒涼)'은 '매우 을씨년스럽고 황량한'이다.
253) '궁산추야(窮山秋夜)'는 '깊은 산골의 가을밤'이다.
254) '육도삼략(六韜三略)'은 '중국의 오래된 병서'이다.
255) 자라투스트라(아베스타어: Zaraϑuštra) 또는 영어식으로 조로아스터(Zoroaster), 독일어식으로 차라투스트라(Zarathustra)는 이란 북부지방에서 태어난 예언자로서 그의 이름을 딴 조로아스터교를 세운 것으로 알려져 있다.
256) 랭보(Rimbaud, Jean Nicolas Arthur)는 프랑스 상징파의 시인이다.

문득 내 생각을 낙귀 맛치 방목放牧의 산양山羊같이 천千갈래 만萬갈랫길로 훗터버린다. 그래서 어느 생각에 곱비를[257] 매고 어느 생각에 자갈을 멕일까 맛침내 번뇌장煩惱障에 사로잡힌 내 마음은 밤깊어갈사록 더욱더 깊어가는 벌레소리와 함께 요란하다.

이럴진댄 차리리 저 국수자麴秀子와[258] 더부러 표표飄飄히[259] 형랑夐閬의[260] 세계世界에 우유優遊함만 갓지 못 하다 하야 다시 가인家人을 이르켜 일곤주一壺酒을[261] 청請하였더니 이어인 불시지수不時之需일고[262] 두주斗酒는[263] 못될망정 합주合酒라도 대월독작對月獨酌이[264] 그다지 무료無聊하지 않으나 술을 대對해 벗을 생각함은 오도吾徒의 청덕淸德이라 태초態超 어백魚伯[265]으로 더부러 서로 토주討酒의 회해詼諧하든 것과 지용芝溶 사백詞伯과[266] 함께 경준傾罇하든 일인 듯 전록前綠인듯 아득한데 호올로 더 마음을 끄는 것은 무애无涯 학사學士의 문병問病을 가지 못한 것이다.[267] 혹 간다 간다고 혼자 벼르기도 하고 가자 가자고 동무도 끄으렀으나 아즉것 예거曳裾하지[268] 못 하였슴으로 이렇게 준의準擬만[269] 하는 것보담은 차라리 심중의 소회所懷를 두어 장구章句 붓치여 볼까 하니 그 또한 소략素落한 체 앉어서

---

257) 고삐를.

258) '국수자(麴秀子)'는 '술'을 말한다.

259) '표표(飄飄)히'는 '사람의 생김새나 풍채, 옷차림 따위가 눈에 띄게 두드러지게'라는 뜻이다.

260) '형랑夐閬'은 쓰이지 않는 단어이다. 굳이 해석하면 '멀고 아득한 높은 문'인데, 오기나 오식일 가능성도 있다.

261) '일곤주(一壺酒)'는 '한 동이의 술'이다.

262) '불시지수(不時之需)'는 '제때가 아닌 때에 먹게 된 음식'을 말한다.

263) '두주(斗酒)'는 '한 말의 술'이다.

264) '대월독작(對月獨酌)'은 '달을 마주하고 홀로 술을 마신다'는 뜻이다.

265) 김태초

266) '사백(詞伯)'은 '시문에 뛰어난 사람을 높여 이르는 말'이다.

267) 이 부분은 무애(无涯) 양주동의 병문안을 이야기하는 것 같다. 하지만 글자의 오식(誤植)으로 인해 그 뜻을 바르게 알 수 없게 되어 버렸다. 김윤식 교수가 편집한 『해금수필 61편 선집』에서는 원문과 다르게 한자가 기록되어 있어 오해를 유발할 수 있다.

268) '예거(曳裾)'는 '긴 옷자락을 늘어뜨린다(曳長裾)'의 준말로, 즉 '왕후의 문에 출입한다'는 뜻이다.

269) '준의(準擬)'는 '견주어 흉내 냄'이다.

겨우

「경개회무일傾蓋會無日
부륜거유기扶輪詎有期」270)

두 구句를 짓고 보니 공정工程도 미흡未洽하려니와 사조詞調 – 넘우 처참측담悽慘惻憺하야271) 가히 위한의 자資가 안 되겠음으로 그래도 버리려 하니 그런 양 정情은 끄을니고 두려하니 더욱 뜻은 석글려 정의情意에 미혹迷惑함이 마갈麻葛과272) 같은 형랑夐閬은 새로이 이 무슨 업고業苦아!

아까 이극로李克魯 박사博士는 라듸오로서 무슨 수양강화修養講話를 방송放送하는데 「전미득오轉迷得悟」란273) 말을 인용引用하리라. 내 듯건댄 불가佛家의 삼계윤회설三界輪迴說이 모다 인과因果에 매였다고 하니 크게 오悟하는 자者는 크게 미迷해야 할 것이며 적게 미迷하면 적게 오悟할 수박게 없을 것이 맛치 「미화불사군迷花不事君」274) 했다는 송인宋人이 작록爵祿을 못 타드시 내 고연히 미시불음주迷詩不飮酒타가275) 맛침내 이 미훈微醺조차 일허 버리면 이 어찌 허안虛安하지 아니 하리오.

희噫라! 구양영숙歐陽永叔은276) 진실로 문장文章일진저.

그가 어느날 밤에 자리를 바로 하고 촉불을 도두운 뒤 바야흐로 글을 읽으려 할새 문 박에 무슨 소리 들리되 처음에 그다지 대단치 안터니 나중에 석력팽배淅瀝澎湃277)함이 맛치 천군만마千軍萬馬가 모로오는 것 가틈으로 엽헤섯는 동자童子로 하여금 나삿다 도라와 고告하는 말이 사방四方으로 도라보아도 아

---

270) 「傾蓋會無日 우연히 수레 덮개를 기울여 친해지거늘 만남의 날이 따로 없느니
扶輪詎有期」 수레바퀴를 붙들고 어찌 만날 날을 기약할 수 있으리오.

271) '처참측담(悽慘惻憺)'은 '처참하고 측은하다'는 뜻이다.

272) '마갈麻葛'은 '칡과 삼'이다. '막 뒤엉켜서 자라는 식물이라 미혹함이 어지럽게 얽혀 있다'는 뜻으로 쓰였다.

273) '전미득오(轉迷得悟)'은 '미혹을 돌려 깨달음을 얻는 것'이다..

274) '미화불사군(迷花不事君)'은 '꽃에 눈이 멀어 임금을 섬기지 않는다'이다.

275) 시(詩)에 집중할 때는 술도 마시지 않다가.

276) 구양영숙(歐陽永叔)은 구양수를 이른다. 영숙(永叔)은 송(宋)의 학자이며 문장가인 구양수(歐陽脩)의 자(字)이다.

277) '석력(淅瀝)'은 '나뭇잎이 떨어지는 소리', '팽배(砰湃)'는 '파도가 밀려들는 소리'이다.

무도 사람은 없는데 그 소리는 저 숲 속에서 나더이라 하니 그제서야 구양자歐陽子 - 무릎을 치면서 「음 이게 가을소리로군」 한 것이 저 구양歐陽씨의 일대一代 명작名作인 「추성부秋聲賦」278)이라고 한다.

내 오늘밤에 글을 읽으려다 읽지 못 하고 글을 지으려다 짓지 못 하고 겨우 박주薄酒 몇 잔盞의 미훈微醺을 익기지 못해 이런 잡문雜文을 끄적이니 구양대야歐陽大爺의 후진後塵이 넘우 아득하다.

『조광』 1938.11.

278) '추성부(秋聲賦)'는 구양수가 52세 때 쓴 문부(文賦) 형식의 작품으로 처량한 가을소리를 듣고 일어나는 감회를 동자(童子)와의 대화 형식으로 표현한 구양수의 대표작이며, 소동파의 「적벽부」와 함께 문부(文賦)의 대표작이다.

종전차終電車 산화散話

내 지우知友 모씨某氏의 말을 드르면 거름거리에 오십원五十圓짜리 거름이 있다고 한다. 그 표현이 하도 기경奇警해서[279] 오십원五十 圓 짜리 거름은 어떤 것이냐고 무렀더니마는 모씨某氏 답왈答曰 아침 아홉시쯤 되어서 소위 문화촌文化村이라는 곳의 근처近處에 가보면 출근出勤하는 사람들의 거름거리가 모두 제대로 정가표定價票가부터 있는데 좀 천천히 점잔하게 것는 패는 적어도 월급月給 팔십구원八九十圓식 받는 과장급課長級이고 기타 옆도 안 도라보고 황망慌忙히 걷는 패는 대개 출근出勤 시간時間을 대느라고 줄다름치는 월급月給 오륙십원五六十圓 받는 하급下級 사원社員의 거름이라고 한다.

만약 이 거름거리 정가표定價票가 요지음 물가物價 공정가격公定價格쯤의 근리近理한 말이라면 마지막 전차電車도 한 오십원五十圓 짜리 밖에 안 될 것이다.

그러므로 마지막 전차電車를 타는 사람들을 도라보면 대개는 일률적一律的으로 그 계급적階級的 색조色調가 매우 단조單調하지마는 그중에도 왕왕往往히 신기新奇한 존재存在를 발견撥遣하는 것은 또한 재미로운 일이다.

이제 종전차終電車 이용자利用者의 한 사람으로서 그 평소에 생각했던 바를 술회述懷하기로 해보자.

279) '뛰어나고 재치가 있다'는 듯해서.

1. 얼골

랏슈·타임[280]에는 전차電車를 타도 안질 자리를 차지하는 것은 시골놈 옥당玉堂[281]하기보담 더 어려우니 여간 호운好運의 해자骸子가 구을기 전에는 대개 서서 가게 되는지라 안계眼界에 드러오는 상점간판商店看板뿐이지마는 종전차終電車를 타게 된 즉선 상하上下 두 계급階級은 제거除去되고 모두 오십원五十圓짜리만 타게 되는 때문에 대개 안저 가게 되니까 이때야 말로 눈에 드러오는 것은 얼굴, 얼굴, 얼굴뿐이다. 일렬一列 횡대橫隊로 무수한 얼굴들을 한번 쭉 돌려 보면 대개는 취안醉顔이다. 혹惑 유자柚子같은 얼굴도 있고 혹 조개 같은 얼굴도 있고 혹 고드렛돌 같은 얼굴도 있으나 대개는 홍조紅潮를 띈 것이 가위 종전차의 일색이다. 그러므로 그 중에도 도량방자한 놈은 취해도 취한 체만 하느라고 네릴 정류장을 지나와서 도리허 차장을 붙잡고 시비를 따지고 흘개 빠진 무장공자無腸公子[282] 곁에 앉은 모른 사람의 어깨를 제 집 벼개같이 비고서 한비여뢰鼾鼻如雷에[283] 수연백척垂涎百尺[284]하는 것이 종전차의 어굴 바리에 테인데[285] 이렇게 참치부제參差不齊한[286] 얼굴들 중에서 간혹 가다가 웃둑소슨 얼굴 하나를 對하게 된다. 그러면 내 시선視線은 그 얼굴에서부터 전신全身의 구석마다 다 믿치게 되는데 보면 의복儀服이 남루襤褸하고 형용形容이 초췌憔悴하나 그래도 그 미자眉字에 감敢히 건드리지 못할 말근 기운이 도는 데가 있다. 그런 사람을 보면 대체 저 사람이 금니를 박었나 안 박었나 하는 것이 제일 궁거우나 굳게 담으린 입술을 열지 않으니 그것은 알배 없으나 곁눈 한 번도 흘기지 않고 꼿꼿하게 도사린 맵시가 아모리 더러운

---

280) '러시아워(rush hour)'는 '통근·통학 인구의 집중으로 도로나 교통기관이 혼잡한 시간대를 뜻한다.

281) '옥당(玉堂)'은 '홍문관의 부제학(副提學), 교리(校理), 부교리, 수찬(修撰), 부수찬을 통틀어 이르는 말'이다.

282) '무장공자(無腸公子)'는 '창자가 없는 귀공자'라는 뜻으로, '게'를 달리 이르는 말이다. '배알도 없는 놈', '쓸개 빠진 놈'을 말한다.

283) '한비여뢰(鼾鼻如雷)'는 '천둥 같은 코'이다.

284) '수연백척(垂涎百尺)'은 '침을 질질 흘리는'이다.

285) 코를 골며 침을 흘리며 자는 모습을 일컫는다.

286) '참치부제(參差不齊)'는 '길고 짧고 들쭉날쭉하여 가지런하지 않음'이다.

옷 속에 파무처도 어댄지 말근 비치 떠도는 그 얼굴을 유심하게 드러다보면 어언간 내 생각은 그 사람의 알지 못한 기구崎嶇한 전기傳記를 쓰느라고 바뿔 때가 많다. 그러다가 그 사람이 중략中略의 어느 정류소에서 네리면 내 생각은 부질없이 그 교만驕慢한 얼굴을 따라 어느 알지 못 하는 오막사리의 문깐방을 따라 드러간다. 공주냉방空廚冷房에[287] 늙은 안해의 한숨소리를 듣고는 전차電車 속에서 가졌던 교만驕慢한 표정表情을을[288] 흠크리지 않는 그 얼굴을 보고 나는 속으로 애 고 얼굴 매섭구나 하고 혼자 도라선다.

그러나 또 한 가지 얼굴! 이것은 종전차에서 좀 체로 보지 못 하는 얼굴이지마는 대개 아침 전차電車 타면 눈에 뜨이는 얼굴이다. 얼굴이 식꺼먼 지방脂肪 덩어리로 된데다가 이목구비耳目口鼻가 되는대로 부터서 하나도 정리整理되지 않은 채로 둔탁鈍濁한 얼굴, 이런 얼굴의 소유자所有者가 대개는 동바갈은 금시계金時計 줄을 느린 것을 보면 광부鑛夫로서 광주鑛主로 「성금誠金」된 사람일 것이다. 이렇게 보면 얼굴 생김이나 표정表情에서 그 사람의 빈부貧富 족적族籍 경력慶曆같은 것을 읽을 수 있는 것은 대단히 재미있는 일이다.

그러기에 옛날같이 문벌門閥없으면 출세出世 못 하는 세상에서도 사람을 평정評定하는 표준標準으로 신언서판身言書判이라고 해서 얼굴을 먼저 보았든 모양이며 마의상서麻衣相書[289]같은 것도 의무복서지술醫巫卜筮之術을[290] 멸시蔑視하는 판에서 이 책만은 상서相書니 상경相經이니 해서 제법 사서오경四書五經의 반열班列에 참여參與나 할 것 같이 된 것이 아닌가 한다.

2. 발

종전차終電車에서 얼굴을 한번 쭉 돌아보고 나면 그 다음에는 눈이 자연自然히 발로 네려온다. 이 발들이 또한 삼림森林한 수목樹木과 같이 쭉 느러 있는데 얼굴은 남자男子의 얼굴을 보는 것이 흥미興味 있지마는 발은 여자女子의

---

287) '공주냉방(空廚冷房)'은 '빈 주방과 냉방. 가난한 집'이다.
288) '표정을'의 오식.
289) '마의상서(麻衣相書)'는 마의선인(麻衣仙人)이 지은 관상학(觀相學) 책이다.
290) '의무복서지술(醫巫卜筮之術)'은 '의술, 무속, 점을 치는 기술'을 이른다.

발을 보는 것이 더욱 흥미興味가 있는 것이다.

요전에 회남懷南을 만나서 나는 전차電車에서 여자女子의 발 맵시를 보면 그 여자의 계급階級, 연령年齡, 취미趣味, 학력學力까지도 다 안다고 한번 허풍을 쳤더니마는 회남懷南이 그만 대경大驚해서 어떻게 그것을 아느냐고 밧싹 다잡기에 그때는 바로 한번 뻐개느라고 그저 아는 수가 있느니 라고 시침이를 떼고 웃은 일이 있는데 발을 보고서 이렇게 다 알 수 있다는 것은 물론勿論 과장誇張이지마는 대강 짐작나지 않는 것도 아니다. 가령 학생學生 치마에 양말洋襪 우에 보선 신고 고무신 신은 것은 여직공女職工 아니면 윤락淪落된 여급女給이고 마당발에 겹보선 신고 때무든 고무신 신은 것은 작부酌婦고, 채장긴 발에 뼈마디가 불눅불눅 튀여 나온 발은 북도여자北道女子고 보선 솔기가 폭 파무치게 솜을 도독이 노하서 솔기가 바르게 신은 것은 양반兩班집 부인婦人네고 다 같은 형젶이면서도 보선을 훨신 지레 신어서 보선 뒤꿈치가 약간 신 뒤축으로 꾀여저 올라오게 신은 것은 대개 노기老妓나 남의 소실小室이다.

그러나 가령 상반신을 아주 못 보게 하고 발만 둥탕 잘러다가 진열창陳列窓에 느려놓고 분류分類를 하라면 물론勿論 이러한 분류법分類法은 위험危險하기 짝이 없는 것이다. 그러므로 이러한 때에는 역시亦是 다른 참고參考 자료資料가 여간 필요必要하지 않은 것이다. 가령 신식여자新式女子의 발, 시골 여자와 서울 여자의 발, 이러한 대범大汎한 분류分類는 일목요연一目瞭然하지마는 기류妓流와 소실小室과 양반兩班집 부인婦人네의 발맵시는 다른 참고자료參考資料가 없이는 그렇게 간단簡單하게 구별區別되지 않는 것이다.

그러면 이러한 것을 구별區別할 때 참고자료參考資料는 무엇이냐 하면 다른 의상衣裳에서 보는 것이다. 의상衣裳에도 옛날에는 기류妓流나 소실小室은 반드시 치마를 옳은 쪽으로 돌려 입고 양반兩班집 부인婦人은 반드시 왼쪽으로 돌려 입은 때문에 치마 돌닌 것만 보면 알지마는 지금은 전부가 치마를 왼쪽으로 돌려 입으니까 이것으로 참고자료參考資料를 삼으려든 것은 말하자면 증거인멸證據湮滅이 된 셈이다. 그러면 저고리로 가서 남끗동에 자주 옷고름 단 것을 보면 대개는 양반집 부인婦人네로 바도 무방無妨하나 이것 역시亦是 요사이는 기류妓流나 소실小室들에게 유행流行을 하니까 전형典型이라고 까지 할 수는 없다. 그러나 이런 난해難解의 지경地境에서 석연釋然히 해결解決되는 한 개의 자료資料를 발견發見할 때가 있으니 그것은 다른 것이 아니라 저고리 옷고름에 가느다란 금시계 줄을 느리우고 동전만한 금시계를 저고리 압섭에 넣은 것은 영낙없이 노기老妓나 남의 소실小室이라고 단정斷定해도 좋다. 가령 어느 양반兩班집 부인婦人네가 그렇게 채렸다고 하드래도 그랬다면 그것은 실상 노기老妓나 소실小室의 취미 박게 안 되는 것이다.

속담俗談에 일신천금一身千金에 발이 사백四百 량兩쯤은 가도 그다지 헐하지는 않을 것이다.

『여성』 1939.01.

단선團扇

우수운 얘기를 하나 하겠습니다.

누가 몇 일 굶은 사람을 보고 네한테 만약 돈이 십만원十萬圓이 생긴다면 무엇을 하겠느냐 무르니 그 사람은 제자리에서 대답하기를 우선 설넝탕이나 한 그릇 사먹겠다고 하드라나요.

사람의 처지가 이지경이 된다면 십만十萬 원圓의 행운幸運이 그 사람을 차저가려도 싱거워서 못 차저 갈 것입니다. 이것은 무슨 애긴고 하면 대체로 우리네 생활生活이 얼마나 사치奢侈에 굼주린 것인가 하는 것을 생각할 때 나는 어느 실업슨 친구에게서 드른 이야기를 곰곰 생각하지 아니 할 수 없습니다. 외국外國 소설小說 같은 것을 읽어보면 비록 그것이 소설小說이라고 하드래도 그네들의 생활면生活面이 얼마나 눈이 부시게 사치奢侈스러운 것인가를 실로 놀나는 적이 만치 않습니까?

그러나 한번 우리 생활을 도라다 볼 때 고작해야 제철에 옷 가라 입고 제때에 끄니 끄치지 안는 것 뿐입니다. 그러기에 여름되면 잡지편집雜誌偏執하는 분들이 어떻게 해서 여러분에게 시원한 납량納凉 독물讀物을 드릴 수 있을가 하고 땀을 뻘뻘 흘려가면서 생각해낸 것이 「단선團扇」이란 제목題目이며 또 그 청請을 못내 물리치지 못해서 땀을 뻘뻘 흘려가면서 쓰는 것도 「단선團扇」이란 것입니다.

그러나 이러고 보니 제는 아주 무슨 명안名案[291]이나 있는 것 같습니다마

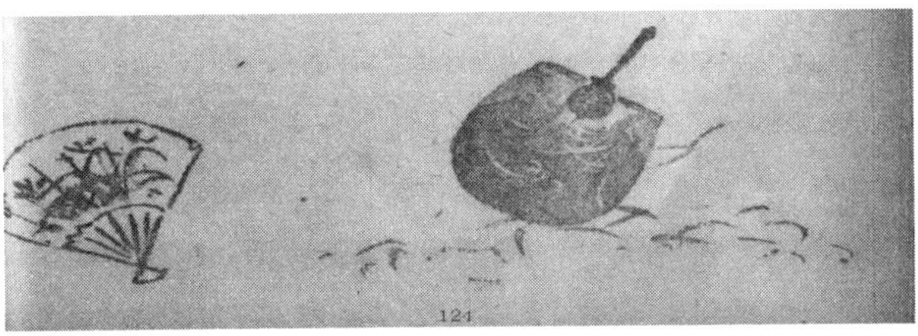

291) '명안(名案)'은 '토의하거나 연구하기에 좋은 사실이나 생각'이다.

는 실상인즉 이 제목題目을 내 신분도 아예 못쓸 제목이라면 내지 않었을 것이고 쓰는 사람도 아주 아모런 홍미興味도 없는 것이라면 뭐 하러 이것을 쓰고 앉었겠습니까. 그리고 또 가령 이 글을 읽는 분이 계시다면 역시 처음부터 보잘 것 없는 것이라면 왜 애써 읽겠습니까. 그러니 결국은 이 한 제목題目이 우리 세 사람에게 일종의 운명적運命的 홍미興味을 가진 것이며, 이러한 홍미興味란 우리네의 사치奢侈에 굼주린 생활生活의 전통傳統이 비저 낸 슬픈 사실事實이 아니겠습니까. 그도 그럴 것이 요지음 어느 가정에를 가보니 첫인사 끝에 빙수氷水 한 그릇 부채 한 자루 끼워 내 놓는 것은 우리네의 전아典雅한 예의禮儀의 한 대목이 되었지마는 명색이 미인화美人畵라는 것을 보면 대개는 부채를 들고 있습니다. 인물화人物畫 중中에 손이 그리기 어렵다고 하지마는 미인화美人畵에 부채를 들고 있는 단순單純히 구도構圖상으로 보아 손 둘 곳이 없다던지 아무 것도 안 들면 밍숭밍숭하게 보혀서 무엇이던지 들게 했다는 그러한 단순單純한 이유理由가 아니라 부채란 미인美人을 그리는데 떠날 수 없는 무슨 정취情趣를 가진 때문인 듯도 합니다.

연전年前에 무슨 일이 있어 동상전[292]에 가서 무러보니 요지음은 조선 부채가 미국米國에 까지 수출輸出이 된다는 말을 듣고 처음에는 놀랐는데 다시 생각해보니 미국米國가서 콩나물 장사를 해서 누만금累萬金을 모은 사람도 있다고 하니 부채가 양키－들의 호기심好奇心에 마즐 것은 그다지 의심할 것도 없으나 아마 생각건대 요지음 종로鐘路에서 종종 맛나는 어느 선교사宣敎師 부인婦人인지 몰라도 새하얀 머리에 파란 눈 하며 대체로 게다가 조선 옷을 입고 네 활개를 저으면서 도라다니는 꼴밖에는 안될 것을 생각하면 그도 우수운 일입니다.

그러니까 요지음 와서는 태극선太極扇 밖에도 무슨 을밀대乙密臺니 청류벽淸流壁이니 하는 그림을 그린 부채가 유행流行하는 모양입니다. 그러나 우리들의 전통傳統이나 풍습風習이 맛치지 않고 바른 모양으로 남에게 전파도 되고

292) '동상전(東床廛)'은 서울 종로 종각 뒤에 일용품 따위를 팔던 가게이다.

유행流行도 되는 것은 반가운 일이지마는 그보담도 더 중요重要한 것은 우리 전통傳統이나 풍습風習이 첫재 우리 손에서 아름답게 보존保存되어야 할 것은 두 말할 필요必要도 없는 것입니다.

그렇다면 단선團扇이라는 것은 이때까지 여성女性의 손에서 보전되어 온 것은 맛치 한글의 운명運命과도 같습니다. 우리의 한글을 우리 어머니나 할머니들이 살려 주었다는 의미意味에서 우리는 자애慈愛 이상以上 외外의 감사感謝와 경의敬意를 표表하는 바이지 육간대청이니 스란치마니[293] 하는 것을 지녀온 것도 그에 못지않은 공적功蹟이라고 친다면 이러한 풍습風習 가운데 결코 빠저서는 안 될 것이 부채입니다.

장 콕도[294]는 카-드노 미인美人을 그린 시詩에서 부채든 졂은 여자의 코케트리를[295] 나타내는 것만으로 생각했으나 우리네 집 부인네들의 가지는 부채의 이메-지는 결코 그러한 속俗된 것이 아니라 실로 전아典雅와 우아優雅 그것이였습니다. 아무리 더운 날이라도 옷끈을 끌르는 법이 업고 혼자 있을 때라도 발 빼기를 삼가는 아름다운 부덕婦德을 살려 오는 데 부채란 바람내는 실용물實用物이 아니라 실상 이 미덕美德을 살리는 한 개의 표징表徵이었습니다.

부채가 미국米國으로 수출輸出되는 것도 좋고 불란서佛蘭西의 사롱에서 유행流行하는 것도 좋은 일이지마는 원願컨대 이 부채가 앞으로 우리의 누이나 딸에게까지도 애용되면서 또한 이 부채가 표징表徵하는 아름다운 부덕婦德이 기리기리 깨여지지 마사이다. (-료了-)

『여성』 1940.08.

293) '스란치마'는 '스란단을 단 긴치마'이다. 스란치마를 입으면 발이 보이지 않을 만큼 폭이 넓고 길었으며, 조선시대에는 궁중에서 예복으로 입었다.

294) 콕토(Jean Cocteau)는 시인, 소설가, 영화감독, 극작가이다.

295) '코게트리(coquetterie)'는 '여성 특유의 요염함을 가리키는 말'이다.

현대여성現代女性의 번민煩悶

나는 이것을 무슨 시평으로 쓰는 것이 아니라 다만 몇 마듸 내 의견을 들어 가장 이해 깊은 여성에게 보낸다는 편지투로 써보겠습니다.

제목이 현대여성現代女性의 번민煩悶이라고 하고 보니 이런 제목은 누구나 다 한번 식은 건드려 봄즉도 합니다마는 그런 의미에 있어서 내가 이 제목을 말한다는 것은 대단이 부적당不適當한듯도 합니다. －라고 하는 것은 내가 여성女性을 안다면 나는 늙으신 우리 어머니와 젊은 내 안해 박게 없는 때문입니다. 가령 그 남어지에 몇 사람의 동무가 있다고 하드래도 하나도 투철하게 알지는 못 합니다. 더구나 현대여성現代女性의 번민煩悶이란 도무지 무엇인지 모른다고 해도 과언過言이 아닙니다. 본래 번민煩悶이란 것은 개인적個人的인 것이기도 하지마는.

그런데 현대여성現代女性의 번민煩悶! 이 제목을 다시 한 번 음미吟味해보기로 합시다. 그러면 이것은 현대여성은 무엇을 어떻게 번민煩悶하나 하는 말입니다. 그러나 여귀서 어감語感에 대한 약간의 이야기를 하고 해야 하겠습니다. 대체 한 가지 말은 반드시 거귀에 따른 특수特殊한 감정感情을 가지고 있으니까요. 가령 우리가 번민煩悶이란 말을 할 때는 반드시 그 말은 남모르는 숨은 근심이나 괴로움이란 것을 생각합니다. 그러나 여성女性하면 우리는 먼저 여성해방운동女性解放運動을 생각합니다.

가령 남녀평등男女平等이라던지 폐창운동廢娼運動이라던지 참정권운동參政權運動이라던지, 이러한 여성女性 전체全體의 역사적歷史的인 운명運命을 해결解決한다는 감정感情이 여성女性이란 말 속에는 가장 중심적인 것이 되어 있습니다.

그러나 우리는 무슨 때문인지 요지음 와서 이러한 말을 잘 듣지 못 했습니다. 그러니 현대여성의 번민煩悶이란 것은 「여성女性」의 문제問題가 아니고 「여자女子」의 문제라고 해야 옳을 듯도 합니다. 다시 말하면 여성女性 전체全

體의 문제問題가 아니고 각개인各個人의 현대여성現代女子들은 무엇을 번민煩悶하고 있는가고.

그러면 여귀에서 문득 생각나는 것이 가령 연애戀愛라던지 결혼結婚이라던지 생활生活가튼 것의 극히 프라이베－트한[296] 문제問題가 일반적으로 어떻게 생각혀지고 있나 하는 것을 생각해보면 되겠습니다.

연애戀愛

실상 현대여성現代女性이란 말은 신여성新女性이란 말의 조금 진화進化한 말인 동시同時에 구여성舊女性이란 말에 대립對立된 말입니다. 그러타면 현대여성現代女性이 신여성新女性으로서 제일 먼저 자각自覺한 것이 무엇이냐하면 그것은 첫째 연애戀愛이었습니다. 자유自由로히 연애戀愛를 할 수 있다는 것이었습니다.

그러니 자유스러운 연애戀愛라는 것이 처음에 있어서는 현대여성現代女性으로서 자각의 발족점發足點이였다면 이것은 결코 현대여성現代女性의 전적全的 이상理想은 아니었을 것입니다. 다만 자기의 감정感情을 자기 마음대로 처리할 수 있는 의미에서 옛날 도덕道德에 대한 반역反逆의 봉화烽火인 동시同時에 여권신장女權伸張의 한 아름다운 방편方便이었을 것입니다.

그러나 자유스러운 연애戀愛라는 것이 정말 한 개의 발족發足이고 방편方便이여서 그것을 가지고 옛날의 도덕률道德律을 타매打罵[297]도 했고 공격攻擊도 했다면 그 대상代償으로 무엇을 가저왔나 하는 것이 곧 절박切迫해오는 문제問題입니다. 본래 도덕률道德律이란 것은 사회적社會的인 것인 동시同時에 그것이 없이는 못 견듸는 것임으로 그것이 케케묵어서 못 쓰게 될 때는 누구나 마음대로 때려 부실 수는 있지마는 한번 부신 뒤에는 반드시 그 대신 새로운 도덕률道德律을 세우지 않어서는 안 되는 것입니다. 그러므로 한창 자유연애自

296) private.
297) '타매(打罵)'는 '때리고 욕한다'는 뜻이다.

由戀愛를 떠들 때는 남녀평등男女平等이니 여성해방女性解放이니 하는 소리도 가치 들려 왔습니다. 그리고 듣는 우리도 그렇게 되나부다 했습니다. 그러나 오늘날에 와서 여성女性은 과연 얼마나 해방解放되었습니까. 가령 다소간多少間 되었다고 하드래도 그 자유연애自由戀愛로 떠드는 그 도도한滔滔한 정열情熱에 비한다면 실로 보잘 것 없는 것이 아니겠습니까. 그리고 아즉도 자유연애自由戀愛의 풍습風習은 여전히 흐르고 있습니다. 그러나 자유연애自由戀愛를 기초로 한 새로운 도덕률道德律은 커녕 연애戀愛에 대한 결론結論도 똑똑히 얻지 못한 것 같습니다. 가령 연애戀愛를 하면 반드시 그 길이 결혼結婚으로 통通해야 옳흐냐 그렇지 안흐냐 남편男便이 있는 여자는 다른 남자男子와 연애戀愛를 해야 옳흐냐 그렇치 안흐냐 이 두 가지 문제問題를 두고 본다면 하나는 연애戀愛를 공리적公利的으로 생각하는 것이고 다른 하나는 비공리적非公利的으로 생각하는 것입니다. 그러니 공리적公利的인 것이 어떠한 경우든지 탈은 없는 것과 마찬가지로 연애戀愛를 하거든 반드시 결혼結婚을 하고 남편男便이 있는 여자女子는 다른 남자男子와 연애戀愛를 하지 않는 것이 물론 아무 탈이 없는 일임에도 틀림없습니다. 그러나 반드시 공리적公利的으로만 생각할 수 없는 것이 연애戀愛이고 더구나 자유剌楡연애이라면 연애戀愛와 결혼結婚을 분리分離해야 하고 또한 연애戀愛와 가정家庭도 분리分離해야 할 것입니다. 그러나 말로서만이 아니고 막상 그런 處地에 다다른다면 현대여성現代女性은 과연 아무 거리낌도 없이 가슴에 불길이 타는 대로 몸을 던질 수가 있을가. 만약萬若 그렇지 못 하다면 그것을 벌서 자유연애自由戀愛도 아니겠지마는 그렇지 못 하다는 것은 아무리 자유연애自由戀愛일찌라도 자기감정自己感情 이외以外의 다른 무엇의 승인承認을 받어야 한다는 것이니 다른 무엇이란 곧 道德律도덕률에 지나지 못 하는 것입니다. 그러고 보니 자유연애自由戀愛를 갖어서 옛날의 도덕률道德律를 깨어 부신 것은 좋았으나 그것을 철저徹底하게 실행實行해도 아무런 불편不便을 느끼지 않을 새로운 도덕률道德律을 세우지 못한 것은 현대여성現代女性 자신이 저야 할 책임責任인 동시同時에 이것은 한 가지의 자승자박自繩自縛이라고 해도 과언過言이 아니겠습니다.

말이 이까지 이르면 너머[298] 극단에 가까운 듯하니까 반드시 도덕률道德律에 까지 이끌고 가지 안는다고 하드래도 연애戀愛가 비공리적非公利的일 때 그것을 나뿌게 말하면 유희遊戱라고 합니다. 그러나 유희遊戱라든지 반드시 우리 생활生活에 불필요不必要하냐 하면 그런 것이 아니라 도리혀 절주節奏[299]있는 유희遊戱는 우리 생활을 훨씬 더 조화調和있고 아름답게 하는 것입니다. 그러타면 우리가 무슨 연애지상주의戀愛至上主義인냥 해서 연애戀愛란 유희遊戱도 우리 생활生活을 아름답게 하는 것이라고 극언極言할 필요까지는 없겠지마는 아무리 유희遊戱적인 연애戀愛일찌라도 전연 목적目的이 없는 아무런 대상代償도 필요치 않는 유희遊戱는 있을 수 없습니다. 그렇다면 결혼結婚으로 통通하지 않는 연애戀愛 가운데서 현대여성現代女性들은 무엇을 그 대상代償으로 차지려 하는가. 만약萬若 참으로 현대여성現代女性에게 연애의 번민煩悶이 있다면 바로 이 한 점點에 모든 괴로움이 집중集中되여 있을 것입니다.

가령 우리가 「지－드」의 「좁은 문」에 나오는 「아리사」라는 여자를 봅시다. 그 여자女子는 종교적宗敎的 신앙信仰과 연애戀愛 가운데서 지극히 심각深刻한 갈등葛藤으로 싸웠습니다. 그러나 마침내 「아리사」가 얻는 것은 정신精神의 강편强鞭한 힘이었습니다. 그럼으로 우리가 질거운 연애보담 괴로운 연애를 더 높게 치는 것은 그 괴로움을 통해서 우리 정신이 단련鍛錬되는 때문입니다. 그러니 현대여성現代女性의 철저徹底한 자유연애自由戀愛를 승인承認할만한 새로운 도덕률道德律이 없을 바에는 자기자신自己自身이 승인承認할 만한 연애의 대상代償이라도 발견發見하지 아니하면 안 될 것입니다.

결혼結婚

연애戀愛의 길이 결혼結婚으로 통通하는 것은 탈이 없다고 했지마는 연애戀

---

298) '너무'의 오식.

299) '절주(節奏)'는 '일정한 박자나 규칙에 따라서 음의 장단이나 세기 등이 반복될 때 그 규칙적인 음의 흐름'을 이른다.

愛를 해야만 결혼結婚을 하겠다는 것이 현대여성現代女性의 일반적一般的 감정感情인 듯합니다. 그러나 한번 돌려 생각해서 연애戀愛만하고 결혼結婚은 안 하겠다는 생각은 왜 못 갖으며 결혼結婚은 하지마는 연애戀愛는 안하겠다는 생각은 왜 못 갖겠습니까? 이 감정 가운데는 확실確實히 결혼結婚이란 것을 미화美化하려는 노력努力이 있는 듯합니다. 결혼結婚을 안 할 수는 없고 한다면 마음에 드는 남자男子를 골라서 연애戀愛도 좀하다가 어느 정도로 성숙成熟하거든 결혼結婚을 하자는 그런 안일安逸하고 우미優美한 감정感情을 결혼結婚이란 사실 가운데 붙이고 있는 듯합니다. 물론勿論 그렇게 되면 좋흔 일입니다. 그렇나 결혼結婚이란 것은 가정家庭을 갖인다는 것이며 가정家庭이란 것은 항상恒常 행복幸福이란 것을 그 목표目標로 삼는 것입니다. 그런데 대체로 행복幸福이 무엇이냐 하면 이것은 정말 한말로 다 못할 말이지마는 그저 쉽게 말한다면 어떠한 상태狀態에서든지 늘 만족하면서 거귀에 염증厭症이 생기지 안는다는 것입니다.

그렇다면 우리가 연애戀愛를 할 무상無上의 행복감幸福感에 지쳐서 인제는 가정생활家庭生活의 새로운 행복감幸福感을 맛보자는, 말하자면 행복감幸福感의 추구입니다. 그러나 연애戀愛는 악수握手인 때문에 싫으면 놓아버리지마는300) 결혼結婚은 약속約束인 때문에 싫어도 놓치는 못 하는 것입니다. 그러고 보니 약속約束을 지킨다는 것은 대개가 괴로운 사실이라면 결혼結婚을 한다는 것은 본래本來부터 괴로운 길로 드러선 것이지 결코 행복幸福의 길로 드러선 것은 아닌 모양입니다. 그럼으로 우리가 매양 남의 가정家庭을 볼 때마다 모두 행복幸福스러워 보히는 것은 하나도 제 가정은 행복幸福스럽지 않다는 것이며, 그렇타면 가정家庭이란 본래 행복幸福스러운 것이 아니라는 것이 증명證明되지 않엇습니까. 그러니 현대여성現代女性들이 연애戀愛를 해서 결혼結婚을 하면 행복幸福스러웁다고 생각하는 것은 확실確實히 오류誤謬의 하나입니다. 그럼으로 나는 언제나 말하기를 결혼結婚이란 사회적社會的으로는 한

300) 원문의 '놓버아리지마는'은 '놓아버리지마는'의 오식이므로 바로 잡는다.

개의 풍속風俗이고 개인적으로는 한 개의 운명이라고 합니다. 맛치 단오날에 한 집 아이가 머리에 궁궁이[301]를 드리면 동넷집 아이가 다 드려야 될 줄 아는 것을 결혼結婚이란 것도 남이 하니까 하는 것이지 실상 이 풍속風俗만 버서난 다면 안하고도 넉넉 배겨낼 수 있는 것입니다. 그러나 한번 한 뒤에는 서로 마음에 들거나 말거나 이것은 운명運命이다하고 지긋이 참어 지나는 수밖게 없는 것입니다. 왜 그러냐 하면 우리가 연애戀愛를 해서 그 사람이 꼭 마음에 들었다고 하드래도 그것은 서로 연애인戀愛人 때의 모습이 반드시 안해나 남편男便이나 어머니나 아버지로서에게 까지도 미치지는 안는 것입니다. 그래서 그것이 마음에 들지 안는다고 버리고 다시 연애戀愛를 해서 결혼結婚을 한다면 대개는 첫 번과 가튼 것이고 두세 번 만에 바로 맞는다고 하드래도 우리가 결혼을 양복점洋服店에서 옷 입어 보드시 할 수는 업는 것이니까요. 그럼으로 나더러 말하라면 연애戀愛의 대상代償은 신중愼重히 골라도 결혼結婚의 대상代償은 눈감고 잡는 것이 상책이라고 하겠으나 대개는 이 반대의 길을 것는 때문에 결혼結婚을 잘 하지도 못 하고 해도 마음대로 행복幸福되지 않어서 번민煩憫하는 것이 안닌가[302] 합니다.

그런데 요전에 어느 여급女給의 말을 드르니 결혼結婚을 하고 싶것은 생활生活을 유지維持해 나가기 위한 때문이라고 했습니다. 이말이 얼른 듯기에는 천박淺薄하고 비루卑陋한 듯해도 다시 생각해보면 실로 현대적 의의意義를 함북 담은 일면一面의 진리眞理가 있다고 생각합니다.

『여성』 1940.11.

---

301) '궁궁(芎窮)이'는 '천궁(川芎)'이다. 궁궁이를 단옷날에 머리에 꽂으면 머릿결이 고와지고 머리숱도 많아진다는 설이 있다.
302) 아닌가.

친절도親切道

우리 속담俗談에

「오는 것이 있어야 가는 것이 있다」는 말이 있습니다. 그러면 이 말을 다시 한 번 해석解釋할 때, 오는 것이 있을 때는 반드시 가는 것이 있어야 한다는 말도 되는 것이며, 다시 더 나아가면 오는 것이 없으면 가는 것이 없어도 좋다는 말도 되는 것입니다.

그러면 이 말은 어떠한 경우, 어떠한 조건條件에서 통용通用되는 것인가? 할 때 첫째 생각나는 것은 상품商品의 세계世界, 더 널리 말하면 경제계經濟界에서는 변할 수 없는 한 개의 원칙原則이라고 보겠습니다. 왜 그런고 하면 상품商品의 세계世界란 물물교환物物交換이던 화폐貨幣교환이던 그것은 교환交換의 세계世界이며 교환交換이란 것은 반드시 주고받는 것인 때문입니다.

그러나 아모리 상품商品의 세계世界이라고 하드래도 상대자相對者가 서로 질서秩序를 달리한때 – 다시 말하면 교환交換의 상대자相對者가 서로의 지위地位에 서 있지 아니한 때는 반드시 오고 가는 것이 정비례正比例하지는 않는 것입니다.

그러나 오고 가는 것이 가장 현저顯著하게 또는 정확正確하게 나타나는 것이 비록 상품商品의 세계世界라고 하드래도 실상 우에서 인용한 「오는 것이 있어야 가는 것이 있다」는 속담俗談이 일반으로 통용通容되는 용어례用語例로 보면 이 말은 상품商品의 세계世界에 적용되는 말이 아니라 도리혀 반드시 교환交換을 목적目的으로 하지 않는 인정人情의 세계世界에 적용寂用되는 말입니다.

그러므로 이 말과 유사類似하면서 더 단적端的으로 표현表現된 말에 「오는 말이 고워야 가는 말이 곱다」는 속담俗談이 또 있습니다. 다 같은 의미意味이건만도 이 말로써 미루어보면 인정人情의 세계世界에도 역시亦是 교환交換이 있다는 것을 알 수 있습니다. 물론 인정人情이란 것의 가장 숭고崇高한 형태形

態는 교환交換을 목적目的으로 하지 않는 다시 말하면 보수報酬를 예상하지 않는 것입니다. 그러므로 「은혜恩惠는 갚지 못할 자리에 베푼다」거나 「무상無償의 행위行爲」라고 해서 아무런 대상代償을 요구要求하지 않는 순정純情의 발로發露를 더 높이 평가平價하는 것입니다.

그러나 인정人情이란 따로 떨어진 한 사람에게는 있을 수 없는 것이고 사람과 사람 사이의 관계關係를 맺는 데서 생각는 것인즉 사람과 사람의 관계關係란 맨 먼저 말로서 맺어지는 것인데, 말이란 주고받는 것이어서 그것이 벌서 교환交換이며 또한 인정人情이란 주고받는 말 가운데서 생기는 것인 즉 인정人情도 또한 교환交換되지 아니할 수 없는 것입니다.

그러나 여기서 한 가지 주의注意할 것은 우에서 말한 바와 같이 교환交換이 가장 정확正確한 상품商品의 세계世界에서도 질서秩序를 달리하면 때로는 교환交換이 부정확不正確하다고 하였거니와 하물며 인정人情의 세계에 있어서는 더욱이 특수特殊한 예외例外가 있으니 가령 부자父子나 군신君臣간이란 것은 전연全然 교환交換을 초월超越한 절대적絶對的인 것이었습니다.

그러므로 어떠한 의미意味에서던지 오고 간다는 것은 평등平等의 입장立場에서 성립되는 것인 만큼 인정人情의 오고 간다는 것도 같은 사원社員이라거나 또는 같은 국민國民이라는 대관절 평등平等의 범주範疇에 속屬하는 것입니다.

그러면 인정人情의 발단은 무엇이며 인정人情의 귀결歸結은 무엇인가?

우에서 나는 인정人情이란 것은 말을 통通해 오고 가는 것이라고 했습니다. 우리가 가령 어떤 사람을 정답正答이라고 말할 때 물론勿論 그 사람의 얼골이라든지 몸집이라든지 행동行動이라든지 여러 가지 요소要素를 갖추어 한 인상印象을 얻는 것이지마는 그 중에 가장 큰 요소要素는 말입니다. 그러고 그 말이란 별로 어렵거나 그런 것이 아니라 다만 말 붙침새가 퉁명스러운가 상냥한가 하는 데서 그 사람이 정답거나 무뚝뚝한 것으로 갈러지는 것입니다.

그러니 말씨가 상냥스럽다거나 투명스럽다는 것이 그다지 대수러운 일도 아니고 더구나 정精다운 사람이 반드시 착한 것도 아니며 무뚝뚝한 사람이 반드시 음험陰險한303) 것도 아닙니다. 그러나 상냥하고 정답다는 것이 인정人情

의 발단發端임에 틀림없다고 여겨서 발단發端된 인정人情이 무엇을 귀결하느냐 할 때 인정人情은 사람과 사람사이의 신뢰信賴와 친화親和를 맺어주는 것입니다.

그러고 보니 말 한마디의 상냥하고 퉁명스러운 것이 그 자리에서 그다지 대수러운 것이 아니라도 막상 그것의 사회적 귀결歸結을 생각해보면 말이 능히 여러 사람을 친화親和하게도 할 수가 있고 소원疏遠하게도 할 수 있다는 중대重大한 결과結果를 깨달을 수 있습니다. 왜 그런고 하면 「오는 말이 고워야 가는 말이 곱다」고 상냥한 말씨에 퉁명한 대답이 있을 수 없다는 것이며 퉁명한 말씨에 상냥한 대답만 기다릴 수는 없습니다.

그래서 요지음 떠도는 친절親切이니 불친절不親切이니 하는 것이 적게 치면 불과不過 말씨의 상냥하고 퉁명스러운 구별區別밖에 안되는데 이것의 결과를 생각해보면 친절親切하고 불친절不親切한 것이 국민國民의 친화親和와 소원疏遠에 관계되니까 일반一般 식자識者의 관심關心꺼리가 안 될 수 없지마는 만약萬若 친절親切이란 것이 일시적一時的 편법便法이 아니고 적어도 인간근본문제人間根本問題의 하나인 인정人情의 발단發端이라면 언제나 소중히 여겨야 할 것인데 인제 새삼스러히 고취鼓吹하는 것이 갑자기 일반인一般人이 불친절不親切해졌거나 그렇지 않으면 이전에 친절한 것이 너무 과도過渡했거나 이 두 가지의 원인原因이 있을 것입니다. 그러나 이 원인原因을 캐기 전에 불친절不親切한 이 얘기가 나오면 의례히 최근最近의 상인商人을 가지고 말성삼는 것이 중구동성衆口同聲인 듯합니다.

그런데 지금도 혹 어떤 상점商店의 케케묵은 간판看板을 보면 「친절정녕親切丁寧」이란 문구가 신조信條인 듯 광고廣告인 듯 씨혀 있는 것이 눈에 뜨이지마는 사실 사오년전四五年前만 하드래도 「친절정녕親切丁寧」이란 말은 상인商人들의 금과옥조金科玉條인 동시同時에 고객을 끄으는 유일한 선전도구宣傳道具이기도 했습니다. 그러나 근래近來에 와서 물자난物資難이 되고 보니 「친

303) '음험(陰險)'은 '겉으로는 부드럽고 솔직한 체하나 속은 내숭스럽고 음흉하다'는 뜻이다.

절정녕親切丁寧」이란 말은 선전宣傳이나 신조信條로는커녕 도리혀 무용無用의 장물長物이 되엇습니다. 그래서 이 말은 언제 철회撤回한지도 모르게 되었는데 이만해도 좋으려만 더 나아가서 물건物件 하나 파는데 재빼듬하고 퉁명스럽고 하는 폼이 돈 주고 사는 사람에게 큰 덕색德色이나 보히는 것처럼 된 것은 사실로 큰 유감遺憾이 아닐 수 없습니다.

그리고 보니 물자物資가 귀할 땐 불친절不親切하고 물자物資가 흔할 때 친절親切했다는 것은 그 친절親切이 인정人情의 발단發端으로서의 그것이 아니라 다만 물건物件의 덤으로서 선량善良한 고객顧客을 유인誘引한데 밖에 지나지 못 하는 것이니까 차라리 오늘날 적나라赤裸裸한 불친절不親切보담 옛날의 위장僞裝한 친절親切이 도리혀 괴심하다고 아니할 수 없습니다.

그 다음으로는 교통기관交通機關의 불친절不親切이 근래近來에 상당히 물의物宜를 일으키는 모양입니다. 이것은 물론 차량車輛의 문제問題도 있겠지마는 자동차自動車 같은 특수特殊한 것은 별문제別問題로 하고라도 전차電車란 「시민市民의 발」이란 말과 같이 우리네들의 일상생활日常生活에 가장 많은 접촉接觸을 가지는 것인데 승객乘客이 일렬여행一列勵行을 안했다거나 승차권乘車券을 부정사용不正使用했다면 그 책임責任은 승객乘客에게 있는 것이니까 제재를 당해야 할 일이자믄 승강乘降을 민첩敏捷하게 하지 않었다거나 시골 노인老人이 내릴 정류장停留場을 지나왔다고 가진 모욕侮辱을 다하는 것은 방관자傍觀者로서 참기 어려운 경우가 많은 것입니다.

이밖에도 사무事務의 공극煩劇으로 말미아마 수요자需要者에게 부정당不正當한 짜증을 내거나 집회集會나 내왕來往의 복잡複雜한 데서 생기는 말성같은 것은 대개는 조고마한 양보나 어렵잖은 말 한마뒤로 생기는 것입니다.

그럼으로 대개 친절親切, 불친절不親切은 크게 수행修行이나 작위적作爲的인 것이 아니라 조고마한 일에 거의 무의식적無意識的으로 나타나는 것이건마는 불친절하다는 것은 실상은 타태惰怠[304]의 정신情神이 아니면 쓸데없는 우

304) '타태惰怠'는 '움직이거나 일하기 싫어하는 버릇이나 성미'를 말한다.

월감優越感에서 생기는 것입니다. 그러니 타태惰怠의 정신情神이나 우월성優越性이란 비록 좋은 결과結果를 가져오드래도 그것이 동기動機로서 벌서 좋지 못한 것이어던 하물며 그것이 쓸데없이 남의 감정感情을 상傷하게 하고 나아가서는 국민상호國民相互의 소원疎遠을 일으킨다는 것은 실로 심상尋常한 일이 아닌 것입니다.

그러고 보니 친절親切하자고 쓰는 이 글이 혹은 불친절不親切한 말씨로 엮어지지나 않았었나 하는 두려움도 없지 않으나 인정人情이란 오고 가는 것이라면 그 인정人情의 발단發端도 결코 어느 한 편의 편무偏務적인 것이 아니라 국민상호國民相互가 지켜야할 도덕의 한 항목項目이라고 아닐 할 수 없는 것입니다. 그렇다면 우리는 이 친절이란 것은 무슨 이해타산利害打算이나 정책으로서 이행履行할 것이 아니라 한 개의 아름다운 인간人間의 길로서 서로 지키고 행行하지 아니하면 안되겠습니다.

『여성』 1942.09.

관주灌酒[305]

제목題目을 이렇게 부처 놓고 보니 문득 생각나는 것은 저 유명有名한 연암燕岩의 『열하일기』 가운데 「차비음야此非飮也 관야灌也」[306]라는 말이다. 이것은 무슨 말인고 하면 연암燕岩이 북경 어느 주루酒樓에 올랐다가 그 독한 호주胡酒를 대완大椀으로 통음痛飮하는 것을 옆에 있던 그곳 사람들이 보고 경탄驚歎케 한 말이었다. 그러나 내가 술잔이나 먹는 다는 말이 실속 보담 헛소문이 더해서 이렇게 써놓으면 보는 사람이 옳지 또 술타령이로구나 할른지 몰라 실상은 그런 이야기가 아니라는 것을 미리 말해 두는 것이지만 속담俗談에 도적이 제발 제리다는 목은 될른지도 모르겠다.

집일음[307]을 자정희관紫丁希館이라고 해놓고 막상 정향丁香을 못 구求해 한恨스러웠더니 남천南天[308]이 작년昨年 겨울 고향故鄕을 다녀와서 그 유명有名한 위용威用 무유십이봉巫由十二峯의 자정향紫丁香[309] 두 포기를 손수 들고 온 것은 한 포기는 나를 주려 한 것이라고 한다. 은근慇懃히 반갑고 고마웠으나 먼 길에 들고 오느라고 큰 놈을 못 가저오고 저근 것을 가져 왓으니 꽃을 보자면 한참 기둘러야 하겠고 또 지금 총생叢生을 때여서 등분登盆하기는 어려우니 봄이나 되거든 옴기자고 해서 그렇게 하기로 했다. 그러나 말말끝에 실상 내한테 석암石庵한 분盆이 있어 날마다 낫이며 향양向陽한 남창南窓 앞에 내여 놓고 밤이면 머리마테 옮아다 놓아 정성스러히 물을 주어도 종시 싱싱하지가 못 하다고 걱정을 했더니마는 남천南天은 어디서 배운 지식知識인지 그러지 말고 밥이 기가 있는 숙늉을[310] 시켜서 물주는 대신에 줘보라는 것이엿다. 그도 그럴 법해서 며칠을 남천南天시키는대로 했으나 좋에 보니 그것도 별 효

---

305) 술을 따르다.
306) 이것은 마시는 것이 아니라 봇물 대는 것이다.
307) 집이름.
308) 김남천.
309) 물푸레나뭇과에 속한 작은 낙엽 활엽 관목. 라일락.
310) 숭늉을.

과效果가 엇는 듯해서 그만 치워버렷다. 그랫더니 보미 훨신[311] 지나서 앙상하게 말릿든 가지에서 새싹이 트고 그것이 「잎파리」로 피어나서 인제는 제법 으젓하게 화분花盆 모양이 되엇다.

그래서 속으로 총叢도 인력人力으로는 되는 것이 아니라 역시亦是 자연의 섭리攝理란 놀아운 것이라고 생각했다.

바로 일전日前이엿다. 대산袋山[312]과 죽산竹山[313]이 점심을 먹자 해서 어느 식관食館으로 불려갓더니 두 벗은 오기 전 한 거름 먼저 가서 그나마 무료無聊하게 응접실應接室에 앉엇는데, 방안에는 종려棕櫚랑[314] 무어시랑 일흠도 잘 모르는 화분花盆들이 여기저기 무성茂盛하게 놓여 있는데 속칭俗稱으로 고무나무라는 것도 한목 끼여 있엇다. 처음에야 이런 나무들이 안계眼界에 들어오지도 않엇지마는 조곰 있으니까 뽀이가 생맥주生麥酒족기를 들고 나와서 화분花盆마다 돌아다니면서 물 주듯이 맥주麥酒를 주는 것이엇다.

처음에는 이상도 하고 한 편 놀랍기도 해서 가마니 보자니 그도 나무마다 다 주는 것이 아니다. 그 잎사귀가 두틈두틈한 고무나무만 골라서 주는 것이엿다. 그로 보면 술이란 어떤 식물植物에나 다 배양료培養料가 되는 것이 아니라 고무나무라는 것이 사람으로 치면 주용酒容이드시 술을 즐기는 것인지도 모르겟다. 어디 고소苦笑를 자어 낼 일이다.

그러나 사실事實인지 아닌지는 꼭이 몰라도 전傳하는 말로 근대의 풍자객諷刺客 정수동鄭壽銅이[315] 일직이[316] 규제圭齊[317] 집을 찾어 갓더니 주인主

---

311) 봄이 훨씬.

312) '대산(袋山)'은 홍기문의 호이다. 홍기문은 벽초 홍명희의 아들이며, 조선일보 학예부장을 역임했다.

313) '죽산(竹山)'은 해방 후 초대 농림부 장관, 진보당을 창당한 조봉암의 호이다.

314) 종려나무.

315) 정수동[鄭壽銅, 1808~1858(순조 8~철종 9)]. 조선 후기 시인. 자는 경안(景顔), 호는 하원(夏園), 본명은 지윤(芝潤), 수동(壽銅)은 별호. 생업을 돌보지 않고 자유분방한 성격의 위항시인(委巷詩人)으로서 방랑생활을 즐겨 늘 가난하였다. 사회적 모순에 불만을 느껴 광인(狂人)처럼 행동하였고, 권력이나 금력에 대해 날카로운 풍자와 야유로 저항한 기발한 익살꾼으로 유명하였다.

316) 일찍이.

317) 규제(圭齊) 남병철(南秉哲).

人이 감홍로甘紅露 한 병을 주었겠다. 그리고 주인은 아랫방 안서에 비긴 채 혼혼昏昏하게 잠이 들었다가 어느 때나 되었는지 웃방에는 두선두선 말소리도 나고 훌쩍훌쩍 술 마시는 소리도 나기에 가마니 엿보자니 정수동鄭壽銅 하는 짓이 술 한 잔을 처서 마시고 또 한 잔을 부어서는 홍백만발紅白滿發한 매화분梅花盆을 향向해 뿌리면서 자네도 한 잔 마시게. 이렇게 해서는 감홍로甘紅露 한 병을 다 마시고 나서

> 청광견의근엄휴淸狂見矣謹嚴休
> 지합장명사주루只合藏名死酒樓
> 아생편곡군지부兒生便哭君知否
> 일락인간만종수一落人間萬種愁[318]

라는 글 한편을 읍조리고 초연愀然히 일어서 갔다는 이야기가 있다.

이 일이 자못 운치韻致있는 일이어서 마음으로 진중珍重하게 여겨왔더니 바로 식관食館 뽀이가 고무나무에 독주毒酒 주는 것을 보니 이전에 들었는 이야기가 생각이 나고 작년昨年 겨울에 석암石庵에 심은 숭늉 주던 내 일이 돌아보혀 또 한 번 고소苦笑을 참지 못 할 일이다.

그러나 술이란 것이 취醉하는 것이라고 고금古今 걸처 생긴 일을 아울러 생각해 본다면 정수동鄭壽銅이 매화梅花에 술 끼언진 것은 미인의 치마에 술잔을 쏟은 즉은 되여 매화梅花로서는 매우 민망한 일였겠지마는 이향탁근異香托根을[319] 하고도 근심조차 가질 줄 모르는 이 표정表情 없는 고무나무야 제 아모리 맥주麥酒를 먹은들 취醉할 줄이나 할 건가? 그럴 바엔 차라리 작년昨年 겨울에 내가 석암石庵에 숭늉을 주지 말고 약주藥酒잔이나 주었던들 올봄에

318) 정수동의 시에 첫 글자는 '소(疎)'자로 되어 있으나 이원조는 '淸'으로 쓰고 있다.
세상이 미쳤는데 근엄할 것도 없으니
이름도 감추고 술이나 퍼마시다 죽으려네.
아이가 태어날 때 우는 이유는
세상 근심 끝이 없어 그렇다네.

319) '이향(異香)'은 '진귀한 향기'이며 '탁근(托根)'은 '뿌리를 내린다, 몸을 의탁한다'는 뜻이다. 이 글에서 '이향탁근'은 '고무나무가 술에 몸을 맡긴다'는 뜻이다.

와서 그 박취薄醉에[320] 못 이기는 양 분홍빛 석암꽃이나 즐겨 구경하였을 것을. 자못 애석한 일이기도 하다.

『조선춘추』 1942.01.

320) 살짝 취하여.

백삼십년전百三十年前 여류학자女流學者

빙허각憑虛閣 이씨李氏의 저술著述과 환경環境[321)]

청규박물지淸閨博物誌의 저자著者인 빙허각憑虛閣 이씨李氏에게 대해서 무슨 이야기던지 아는 대로 쓰라 하나 나는 실상 이 일을 이미 신문新聞에 발표發表된 정도程度보담 조곰도 더 알지 못 합니다. 본래 무슨 이런 학문學問에 대해서 특히 관심關心이나 홍미興味를 가지지도 않엇었고 또 남의 전고典故나 세덕世德도 잘 모름으로 구지 못 쓰겠다고 했더니 어디가 어더듯고 라도 써오라기에 허는 수없이 청규박물지淸閨博物志를 잠간 어더보고 또 이 책의 저자著者인 이씨李氏의 시숙되는 풍석楓石 서유거徐有渠가 지은 이씨李氏 묘지명墓誌銘을 의거依據해서 이글을 쓰자니 내용이 오작하겠습니까? 보시는 분은 미리 이만침 짐작하시고 보서서. 별로 보잘꺼 없는 것이라고 넘우 꾸지람 마르시기를 바라는 바입니다.

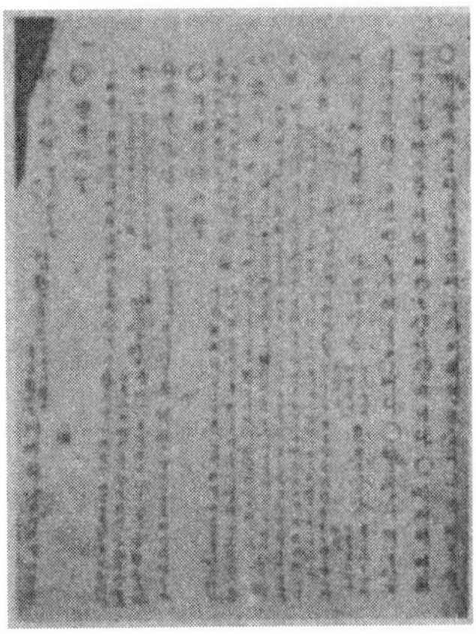

대체 조선朝鮮에 여류학자女流學者가 문인文人이 별로 없는 것은 다 아는 일입니다. 무어 당장에 손을 꼬부래도[322)] 신사임당申思姙堂이니 허난설헌許蘭雪軒이니 기류妓流로는 황진이(黃眞伊)이니 이렇게 박게 몃사람 되지 않는데 그중에 이 빙허각憑虛閣 이

---

321) 전주 이씨(全州李氏)이며 아버지는 평양감사(平壤監司) 이창수(李昌壽), 어머니는 문화 유씨(文化柳氏)로 자신의 생활지식과 실학서의 내용을 종합한 가정백과사전『규합총서(閨閤叢書)』를 저술하였다. 1822년(순조 22) 남편 서유본이 사망하자, 남편을 위해「절명사(絶命詞)」를 짓고는, 이후 모든 인사(人事)를 끊은 뒤, 머리를 빗지 않고 얼굴을 씻지 않은 채 자리에 누워 19개월 만인 1824년(순조 24) 66세의 나이로 세상을 떠났다.
저서로『빙허각전서(憑虛閣全書)』3부 11책이 전하는데, 제1부는『규합총서(閨閤叢書)』5책으로 1809년(순조 9)에 저술하였다. 제2부는『청규박물지(淸閨博物誌)』로 4책이며, 제3부는『빙허각고략(憑虛閣稿略)』인데, 현존하는 것은 제1부인『규합총서』뿐이고 나머지는 아직 나타나지 않고 있다.

322) 꼽으려 해도.

씨李氏는 이런 분과 같이 처도 또한 뚜렷한 특색特色이 몇 가지 있습니다.

그것은 무엇이냐 하면 나는 이 이 시詩의 생장生長한 가정家庭 관계關係와도 그 시대時代의 경향傾向을 통해온 이 분의 저작著作을 이야기하고저 합니다. 그런데 신문新聞에서 떠들기를 이분은 청규박물관지淸閨博物館誌의 저자著者로 유명有名하다고 했으나 실상 이분의 저술著述 중中에서 주저主著가 될 만한 것은 청규박물관지淸閨博物誌보담 규합총서閨閤叢書 5권입니다.323) 이두 책박게도 빙허각고憑虛閣考라는 주저主著되는 것은 규합총서閨閤叢書일 수박에 없는 것이 청규박물지淸閨博物誌의 권두卷頭에 실닌 그의 자서自序를 보면 「내 임의 규합총서閨閤叢書 오권五圈을 이루어」하는 말이 있어 연대年代로 보드래도 규합총서閨閤叢書가 먼저 되었거니와 내용內容으로 보드래도 이씨李氏의 외종매外從妹 되는 호고당好古堂 류씨柳氏(이분과 이 저자著者와는 관계關係는 미리 이야기 하겠습니다.)의 규합총서閨閤叢書 서문序文에 보면 규합총서閨閤叢書의 내용은 주식酒食, 봉임縫紝, 산업의産業醫 등等에 관한 것이라고 해서 모두 우리 실생활에 관계되어 풍속습관風俗習慣에 마진 항목項目들이나 규합총서閨閤叢書의 내용은 천문天問, 지리地理, 세시歲時, 초목草木, 금수禽獸, 충어蟲魚, 복식음식腹飾飮食 등等의 광범廣範한 범위範圍에 밋치기는 했어도 이것은 마치 사문류事文類 형식型式으로 되어 우리 실생활實生活과 그다지 밀접密接한 관계關係를 가진 것이라고 볼 수는 없습니다. 그러면 이 저서著者는 어떠한 시대時代에 어떠한 신분身分으로 태여나서 그 저작著作에 미친 이런 것은 영향影響은 무엇인가 하는 것을 살펴보기로 합시다. 이 분은 영조英祖 삼십오년三十五年 기묘己卯에 서울서 나서 순조純祖 이십사년二十四年 갑신甲申에 돌아갓으며 판돈녕判敦寧 문헌공文獻公 창수昌壽의 따님이며 좌소산

---

323) 주사의(酒食議): 장 담그기, 술 빚기, 밥 · 떡 · 과줄 · 반찬 만들기 등이 수록.
봉임칙(縫紝則): 옷 만드는 법, 염색법, 길쌈, 수놓기, 누에치기와 그릇 때우는 법, 불 켜는 방법.
산가락(山家樂): 농작과 원예, 가축 치는 법 등.
청낭결(靑囊訣): 태교 및 육아법과 구급방, 약물 금기 등.
술수략(術數略): 집을 진압하고 있는 곳을 정히 하는 법과 부적, 귀신 쫓는 일체의 속방.

인左蘇山人 서유본徐有本의 안해입니다.

대체로 이조 오백년五百年 동안 저 구라파仇羅婆의 루네쌍스에 비比할만한 문화적文化的 황금시대黃金時代가 어느 때이냐 하면 세종조世宗朝에서 성종조成宗朝까지 국운國運 대창大昌하던 때는 말할 것도 없고 다음에 네려 와서 영·정조英·正朝간은 당화黨禍가 국치國恥를 이루었으나 문화적文化的으로는 크게 볼 즉한 것이 잇었으니 요사이 우리가 말하는 실사구시實事求是 학풍學風이 그것이었습니다.(사진 충규박물지淸閨博物誌)

그러니 이 분이 나신 연대年代로 말하면 성호星湖, 반계磻溪, 담헌沈櫶, 다산茶山, 가트신 석학碩學들과 전후해서 이 실학풍失學風에 영향影響 바덧슬 것은 말할 것도 없고 이분 가정家庭 관계關係를 보면 친시親媤 양가兩家가 문벌文閥의 훤혁烜爀할뿐324) 아니라 학문적學問的 계통系統으로보아 어머니는 성문지誠文誌의 저著인 류희柳稀의 시모姑母이며 류희柳稀의 어머니는 또한 태감신기胎戡新記의 저자著者인 여학자女學者인 동시同時에 이 모자母子 두 분이 다 천문天文 수학數學의 석학碩學입니다. 모계母系도 이러한 전통이 잇슴으로 청규박물지淸閨博物誌의 서문을 슨 호고당好古堂 류씨柳氏(류희柳嬉의 자씨姉氏)의 글이 또한 이씨李氏에 못지않게 곡창방통曲暢旁通325) 합니다. 모계母系뿐아니라 시가媤家로 보면 시숙媤叔되는 서유거徐有渠는 임원경제지林園經濟誌의 저자로 유명하지마는 이 시의 남편되는 서유본徐有本이나 그 아버지 그 할아버지 삼대三代를 다라 천문天文 수학數學에 능통能通한 대학大學자들입니다. 그래서 서유본徐有本은 동몽교관童蒙敎官밖에 지나지 못 하였으나 학문學問으로는 당시 석학碩學들과 지우智遇가 많어 연암집燕巖集에 보면 좌소산인左蘇山人에게 지어보낸 시詩가 있기도 합니다.

이러한 시대와 이러한 가정家庭에 있었으니 비록 노둔魯鈍한 사람일지라도 듣고 보고 하는 것이 학문學問이라 무어 볼만한 것이 있을 것인데 하물며 절륜絶倫한 총명聰明을 가진 이분이라 그러한 환경環境에서 이러한 저작著作이 있

324) '훤혁烜爀'은 '혁혁(赫赫)하다'이니 '매우 두드러진다'는 뜻이다.
325) '곡창방통(曲暢旁通)'은 '말이나 글이 조리가 분명하고 널리 통함'을 뜻한다.

는 것 쯤은 오히려 당연當然한 일이라고 하겠습니다. 한 가지 적은 예例를 보드래도 어려서 육칠세六七歲 때 벌서 부모의 무르팍 우에서 드른 소학小學과 모시毛詩를 죽죽 외웠다고 하며, 한번은 자기自己는 니를 갈지 못한 것이 부끄럽다고 해서 망치를 가지고 손소 생니를 두두려 빼였다고 하니 어려서 부터라도 이만큼 영악스러운 승인勝人의 벽癖이 있었기 때문에 이러한 저작著作을 남긴 것이 아닌가 합니다.

우에서도 말한 바와 같이 이 분은 가정적假定的으로 사회적社會的으로나 당시 성왕盛旺한 실사구시實事求是 학파學派의 학풍學風을 힘입었음으로 그 저작著作이 무용無用한 시문詩文 나부랭이가 아니고 모두 이용후생利用厚生하는 실학實學이라는데 이 분과 아울러 이 저작의 역사적歷史的 특색特色이 있다고 하겠습니다.

끝으로 한마디 더할 것은 이씨李氏의 친가親家와 시가媤家가 본래 대대로 세의世誼가 두터웠슴으로 양가兩家가 서로 잘 아는 터인데 이씨李氏가 어렸슬 때 소학小學을 잘 읽는다는 말을 듯고 장차 기其 시조부媤祖父될 분이 한번은 이시 더러 「네가 소학小學을 잘 읽는다니 가언嘉言 선행善行 두 편編의 대의를 아느냐」고 무르니 그 대답對答이 「실행實行하기 보담 말을 먼저 할 수는 업습니다.」해서 더욱 눈에 들게 되어 맛침내 그 집으로 입문한 뒤로는 그 부군夫君과 금슬琴瑟 상조相調할 뿐 아니라 학문적學問的으로 평생지기平生知己로 상허相許하다 만년晩年에 그 부군夫君이 도라가심에 두 번이나 자결自決을 하려다 가인佳人의 만제挽制로 못 하고 마침내 절식絶食하기 십구삭十九朔만에 절명사絶命詞를 짓고 부군夫君의 뒤를 따라갔으니 학문學問으로뿐 아니라 또한 부도婦道의 의표儀表로서의 갸륵한 분이라고 아니 할 수 없습니다.

『여성』 1939.04.

느티나무 아래에서 - 김동리씨에게

정초正初에 혜한惠翰은[326] 반가이 읽엇읍니다. 「월하취적도月下吹笛圖」[327] 작자作者가 형兄의 친우親友이라는 것 나로 하여금 더욱 반갑게 했읍니다. 형兄을 만나는 것은 원原하지 아니하나 「여잉설餘剩說」가튼[328] 작품作品은 자조 대對했스면 합니다.

영백미슈白眉 선생先生께 전안傳安해주십시오. 평일平日에 의망倚望을[329] 만히 밧자웟스나 이제 루애泪埃로[330] 갑지 못 하니 스사로 슬픔니다.

『여성』 1939.05.

---

326) '혜한(惠翰)'은 편지를 받고 상대의 글을 높여 '혜한(惠翰)'이라 한 것이다.
327) 「월하취적도」는 최인욱(崔仁旭)이 쓴 단편 소설이다.
328) 「여잉설餘剩說」은 김동리의 소설이다. 여러 종교를 참조하여 새로운 형태의 대안적 군자상을 정립하려 하였다.
329) '의망倚望'은 '의지'이다.
330) 눈물로.

결혼結婚의 지표指標

본지本誌 사월호四月號에 「당신의 이상적理想的 배우자配偶者는 어떤 사람입니까」 하는 「앙케-트」가 있습니다. 부내府內 삼여자전문학교졸업생三女子專門學校卒業生 일백이십칠명一百二十七名에게 보낸 이 「앙케트」는 성격性格, 학력學力, 자산資産, 연령年齡의 차, 직업職業, 가족家族, 결혼방식結婚方式 등等 일곱 가지 항목項目을 배폴고 그 항목項目마다에는 첫째, 성격性格에는 행동적行動的, 사색적思索的, 명랑성明朗性, 안존한 성격性格이며, 학력學力에는 학력學力이냐 인격人格이냐 자산資産에는 유산자有産者와 유능력자有能力者를 나와서 유산자有産者에는 자산정도資産程度가 오만五萬환級, 십만원급十萬圓級 오십만원급五十萬圓級이고 유능력자有能力者에는 최저월수입액最低月收入額 팔십원급八十圓級, 백원급百圓級, 백오십원급百五十圓級, 이백원이상급二百圓以上級으로 되어있으며 연령年齡의 차差에는 三삼, 사세四歲, 오五, 육세六歲, 칠七, 팔세八歲, 십세十歲, 동갑同甲, 이렇게 논하있으며 직업職業에는 학자學者, 정치가政治家, 예술가藝術家, 변호사辯護士, 의사醫師, 기술가技術家, 기자記者, 회사원會社員, 관사官史, 교육가敎育家, 실업가實業家, 이렇게 놓은 다음에 따로 부부夫婦 함께 버는 것은 어떠냐하는 것이 있고 가족家族에는 부부중심가정夫婦中心家庭과 가족중심가정家族中心家庭(시부모등주거媤父母等周居)을 물었으며 결혼방식結婚方式은 자유결혼自由結婚과 중매결혼仲媒結婚, 그 다음에 신식결혼新式結婚과 구식결혼舊式結婚, 그리고 피로연披露宴은 하는 것이 좋으냐 안 하는 것이 좋으냐 하는 것을 물어서 전부全部의 답안答案을 낸 다음 세밀細密한 통계표統計表를 꾸미고 그 우에 편집자編輯者의 약간若干의 설명說明이 붙어있습니다. 안案으로도 매우 재미가 있고 답答들도 퍽 홍미興味있는 점點이 없지 않은데 다시 이 통계표統計表를 기초基礎로 헤가지고 현대여성現代女性의 결혼관結婚觀에 대한 감상感想을 쓰라는 것이 이 글을 쓰게 된 동기입니다.

그런데 통계統計가 어덴지 섭섭하다는 것은 개성個性이 나타나 있지 안타는 때문이지마는 또한 통계統計가 재미난다는 것은 그것을 그대로 한 개의 개성個

性으로 보아도 좋다는 때문입니다. 그러므로 이 통계표統計表의 통계統計를 다시 내여 본다면 거기에는 한 개의 개성個性이 드러날 수가 있으며 그 개성個性은 또한 한 개의 논리성論理性을 가질 수 있는 것입니다. 그래서 이러한 통계표統計表의 통계統計를 내려면 여러 가지 항목項目을 종縱으로 볼 것이 아니라 이 여러 가지 항목項目의 숫자數字를 횡橫으로 보는 것이 제일 적절適切하겠기에 이제 이 통계표統計表 중中에서 퍼-센트의 제일 높은 것을 골라보면 성격란性格欄에는 명랑성明朗性, 학력란學力欄에는 인물人物, 자산란資産欄에는 유능력자有能力者, 그 중에도 최근最低 월수입月收入 백원급百圓級, 연령란年齡欄에는 오五, 육세六歲, 직업란職業欄에는 실업가實業家(차위기술자次位技術者), 그 중에도 부부夫婦 함께 버는 것은 부否, 가족란家族欄에는 부부중심가정夫婦中心家庭, 결혼방식結婚方式은 중매결혼仲媒結婚, 결혼식結婚式은 신식新式, 피로연披露宴은 하는 것이 가可, 이렇게 됩니다.

그런데 이 점點은 편집編輯者의 설명說明에도 지적指摘된 바와 같이 직업職業의 실업가實業家와 자산資産의 유능력有能力에는 모순矛盾이 있습니다. 우리가 실업가實業家라고 하는 것은 적어도 백만대百萬臺의 자산가資産家로서 어떤 사업경영주事業經營主를 지칭指稱하는 것인데 자산가資産家가 아니고 월수입月收入 백원급百圓級인 실업가實業家란 상상想像할 수 없으나 차위次位가 기술자技術者인 점에서 실업가實業家란 것을 어떤 실업實業에 관계關係하는 기술적技術的 또는 사무적事務的 기술자技術者라고 해석解釋한 것이 아닌가 하고 이퍼-센테지에 보히는 현대여성現代女性의 이상적理想的 배우자配偶者란 어떤 조건條件을 구비具備해야하느냐 하면 첫째 명랑明朗한 성격性格의 소유자所有者로서 인물人物 좋고 자산가資産家보담은 그저 월수입月收入 한 백원百圓 받는 실업가實業家로서 연령年齡은 오五, 육세六歲 우이고 많은 가족家族 보담은 단 둘이 살되 정중한 중매仲媒 결혼結婚을 신식新式으로 해가지고 간략簡略한 피로연披露宴이나 하고 재미나게 살 수 있는 사람이란 결론結論에 도달到達하게 되는 것입니다.

그러니 이것은 희망希望인 때문에 희망希望의 밑에는 어떤 심리心理가 있는 것이고 그 심리心理는 또한 어떤 지표指標를 가지므로서 희망希望이 생기는 것입니다. 그러면 무슨 지표指標 밑에서 어떤 심리心理를 가졌기에 이런 희망希望이 성립成立되는가 이것이 정正히 우리가 알고 싶어 하는 바인데 흔히 우리가 말하기를 결혼結婚은 행복幸福을 추구追求하는 것이라고 합니다. 사실도 그렀습니다. 그러니 행복幸福된 결혼結婚의 조건條件으로서 이러한 희망希望을 가질 수 있는 것인데 이러한 희망希望을 가지게 되는 심리心理를 살펴보면 첫재 자유결혼自由結婚은 싫다면서 결혼식結婚式은 신식新式으로 하고 싶다거나 자산가資産家보담 유능력자有能力者를 취取하면서 팔십원급八十圓級이나 이백원二百圓 이상급以上級을 버리고 백원급百圓級이 최다수最多數이란거나 직업란職業欄에서 기자記者는 아주 제로이고 부부夫婦가 함께 버는 것은 싫다는 점으로 보아 될 수 있는 대로 극단적極端的인 것 자극적刺戟的인 것을 피하고 절충적折衷的인 것 소규모적小規模的인 것을 통通해서 어떠한 현대적現代的인 새로운 질서秩序를 지향志向하되 그 기초基礎에는 「안일安逸」이란 것이 가로 놓여 있는 것을 역력歷歷히 볼 수 있는 것입니다.

그러니 이 답안答案에서 결혼結婚 보담은 중매결혼仲媒結婚을, 부부夫婦함께 버는 것 보담은 혼자 버는 것을 취取했다는 것은 결혼結婚이나 가정家庭의 새로운 질서秩序를 찾으려는 의도意圖란 의미意味에서 반가운 현상現象이고 직업職業에 있어 변호사辯護士나 의사醫師보담 기술자技術者가 절대다수絶對多數란 것은 시대時代의 동향動向을 이해理解했다는 의미意味에서 미소微笑를 자아내는 일이기도 하나 행복幸福을 추구追求하는데 안일安逸을 전제前提로 한 심리心理, 이것은 자못 검토檢討의 여지餘地가 있을 줄 압니다.

흔히는 행복幸福이란 안정安靜한 상태狀態에서 느껴지는 것입니다. 더구나 가정家庭의 행복이란 안정安靜한 생활生活이 필요한 것은 두 말할 것도 없습니다.

그런 의미意味에서 이제 이 통계표統計表에 나타난 최고最高 퍼-센트를 가진 여러 가지 조건條件이 구비具備하다면 안정安靜된 생활生活을 할 수도 있으며 따라서 행복된 가정家庭도 이룰 수 있겠지요. 그러나 이제 이 통계표統計表

중中에서 제일 적은 퍼-센트를 가진 조건條件을 드러보면 안존한 성격性格으로 학력學力도 있고 자산資産은 오십만원五十萬圓이나 되며 나이는 십년차이十年差異거나 또는 동갑同甲으로 기자記者 노릇을 하며 부부夫婦 함께 벌고 시부모媤父母와 동거同居하며 자유결혼自由結婚을 한다는 것인데 그러면 이런 조건條件의 결혼結婚은 반드시 불행하겠느냐 하면 누구나 꼭 그러리라고는 말할 수 없을 줄 압니다. 그렇다면 아까 보아 온 최고最高 퍼-센트의 조건條件도 반드시 행복幸福되리라고 말할 수 없는 동시同時에 실상 가정家庭이 행복幸福하느냐 불행不幸하느냐 하는 것은 이러한 통계표統計表로는 짐작 할 수 없이 꼭 정확하게 알 수 있는 것은 이 통계표統計表에서 보히는 바와 같이 현대여성現代女性이 안일安逸을 구求한다는 심리心理 그것뿐입니다.

그러나 이 통계표統計表는 그 항목項目의 설정設定이 기입자記入者의 임의任意로 된 것이 아니고 편집자編輯者의 손으로 된 것인 만큼 같은 값이면 다홍치마 격格으로 적어 넣고 보니 이런 결과結果가 된 것을 가지고 이제 와서 현대여성現代女性이 안일安逸을 구求하니 좋으니 낫부니 할 것이 아니라 이것은 이대로 한 개의 사실事實로 보고 다른 측면側面에서 결혼結婚이란 것을 한 번 생각해 보기로 합시다. -라고 하는 것은 결혼結婚이란 혼자서 되는 것이 아니고 두 사람의 결합結合이라면 이 통계표統計表를 앞에 놓고 볼 때 나는 이런 생각을 해 보았습니다. 만약 현대現代 결혼적령結婚適齡의 남성男性들에게 이와 같은 질문質問을 했으면 어떤 결과結果가 나올까? 다시 말하면 이 출제出題된 항목項目에다가 자기自己의 현상적現象的 배우자配偶者의 조건條件을 적어 넣는 현대여성現代女性들은 자기로서는 어떠한 조건條件을 구비具備하고 있는가? 역시亦是 이와 유사類似하게 성격性格은 높고…… 이러한 조건條件이 있을 줄 압니다. 여성女性의 이러한 조건條件과 남성男性의 이러한 조건條件이 서로 결합結合되면 반드시 행복될 수 있을까할 때 그것도 역시 보증保證하기 어려운 것입니다. 그러면 대체로 행복이란 무엇이냐? 그렸습니다. 우리는 지금 차라리 행복幸福이 무엇인가를 알어보는 것이 이 문제를 해결解決하는데 더 필요할 듯합니다. 그렇다면 행복이란 대체로 아모런 덩치도 보이지 안는 말하자면 구체적具體的인 것이 아닌 한 개의 심리적心理的 상태狀態인 것입니다. 다시 말하면 행복幸福하다고 느껴지는 느낌, 그것이 바로 행복인 것입니다.

그러니까 행복이란 본래 숫자數字나 통계표統計表로서는 아러 마칠 수 없는 것이기도 합니다. 그러므로 우리가 행복을 추구追求하려면 생활生活에서가 아니라 마음에서 그 단서端緖를 잡어야 할 것 같습니다.

그런데 옛날에는 결혼結婚이란 것이 단순히 민족적民族的 의미意味만을 가저서 결혼結婚에 관한關한 모든 도덕률道德律이 이 민족제도民族制度를 중심中心으로 제정制定되었고 또한 이 도덕률道德律에 억매여 절대絶對의 종순從順 내지乃室 희생犧牲이 아모런 불합리不合理한 결혼結婚일지라도 그것을 합리화合理化시키는 한 개의 기반羈絆이 되었던 것입니다. 그러나 결혼結婚이 민족民族的 의미意味에서 사회적社會的 의미意味로 옮아오면서 이러한 도덕률道德律의 굴레는 다 버서지고 새로 등장登場한 것은 개성個性이었습니다. 그러므로 옛날 「칠거지악七去之惡」이란 것은 하나도 통용通用이 안 될 뿐 아니라 아무리 첩妾을 많이 두어도 질투嫉妬만하면 쪼기여 가든 것이 인제는 도리혀 남자가 무절제無節制한 결혼結婚을 하면 이쪽에서 이혼離婚을 할 권리權利까지 부여賦與되었습니다. 그래서 이러한 개성신장個性伸長의 경향傾向은 한동안 자유연애自由戀愛와 자유결혼自由結婚이란 풍조風潮를 만드러 그렇게 성盛하게 유행流行하지 않었습니까?

그러나 개성個性이란 것은 생각하면 할사록 남과 맞지 안는 것 다시 말하면 배타적排他的인 것입니다. 그리고 결혼結婚이란 것은 남과 맞지 안는 두 개의 개성個性이 서로 결합結合해서 탈 없이 지나가자면 제일 간단한 方法으로서는 어느 한 개성個性이 무조건無條件으로 종순從順하고 희생하는 것입니다. 그러나 이것이 인류사적人類史的 모순矛盾이라고 해서 남녀男女의 개성個性을 꼭 같은 권리權利를 부여賦與했을 때 이혼율離婚率은 훨신 더 느렀다고 합니다. 그러니 이러한 경우에는 남녀男女의 개성個性이 서로 대치對峙해서 바라만 보고 있을 일이지 한 가정에서 서로 억매이는[331] 결혼結婚은 할 수 없다는 결론結論에 이릅니다.

그러나 결혼結婚과 개성個性의 두 가지 문제問題를 앞에 놓고 볼 때 어느 의미意味로 보나 개성個性보담 결혼結婚을 더 중시重視해야하겠으므로 방향으로 처리處理의 조상俎上에 오르는 것은 개성個性일 수밖에 없는 것은 남성男性이나 여성女性이나 꼭 같은 처지處地인데 이 개성個性의 처리處理의 방법方法으로 남성男性과 여성女性 사이에 한 개의 「취인取引」332)이 있지 안는가 합니다. 이것은 무슨 말인고 하면 누구나 다 아는 바와 같이 현대여성現代女性들이 결혼담結婚談이 나을 때 제일 먼저 들리는 조건條件은 생활안정生活安定이란 것입니다. 그리고 이 생활안정生活安定의 조건條件에는 개성個性을 포기抛棄하겠다는 의미意味가 언외言外에 포함包含된 것이니 사실 삼십세대三十歲臺의 현대가정부인現代家庭婦人이란 거개는 생활안정生活安定과 개성個性과를333) 교환交換해 가지고 행복된 가정을 이룬 것이 아닌가 합니다. 이것은 좀 심한 말 갔지마는 이전에는 소위所謂 유한有閑마담이란 것이 기류妓流나 소실배小室輩에게서만 보든 것이 요지음은 당당堂々한 가정부인家庭婦人들에게서도 생긴다는 것은 이 사실事實의 증좌證左이라고도 할 수 있습니다.

그러니 이러한 생활生活을 하면서 행복할 수 있다면 우에서도 말한 바와 같이 행복幸福이란 본래 심리적心理的인 느낌이라고 했으니 그 당자를 위해서는 다 행복한 일일는지도 모르겠으나 인류사人類史는 일부러 오늘날까지 진전進展해서 남녀男女의 개성個性이 같은 권리權利를 얻었다가 여성女性이 그 획득獲得한 개성個性의 권리權利를 스사로 포기抛棄한다면 이것은 역사적歷史的으로나 사회적社會的으로나 실로 경역輕易하게 생각할 문제問題가 아닌 것입니다 그리고 이 개성個性의 포기抛棄가 생활生活 안정安定과 교환交換된 것이 사실事實이고 또 이 통계표統計表에 나타난 현대여성現代女性의 결혼結婚 심리心理가 안일安逸을 추구追求한 흔적이 보인다는 것이 또한 사실事實이라면 현대여성現代女性의 결혼관結婚觀이란 역사적歷史的으로 볼 때 완전完全한 후

331) '얽매이는'의 오식.

332) '취인(取引)'은 '거래'이다.

333) 개성을.

퇴後退이거나 그러치 않으면 일시一時의 잠정적暫定的 방편方便에 지나지 못한다고 볼 수밖에 없습니다.

그러나 우에서 나는 현대여성現代女性이 이 출제표出題表에 기입記入하면서 자기자신自己自身의 조건條件은 무엇이라고 생각했는가 그것을 다시 생각해 보았다는 것은 다른 말이 아니라 이러한 조건條件을 써 넣으면서의 현대여성現代女性의 결혼結婚에 대對한 마음의 준비準備는 무엇인가 이것이 알고 싶다는 것이다. 물론勿論 부부夫婦 함께 버는 것은 싫다고 했다고 해서 현대여성現代女性에게는 호조互助의 정신精神이 없다고 속단速斷하는 것은 아니나 이러한 조건條件의 배우자配偶者를 만나서 두 개의 개성個性 문제問題를 어떻게 해결解決하려하는가 이것이 알고 싶다는 것이었습니다. 종순從順이냐, 포기抛棄냐, 또는 융합融合이냐? 이러한 문제問題를 더 많이 통通할 가능성可能性이 있습니다. 왜 그런고 하면 개성個性의 융합融合은 호조互助의 정신精神은 안일安逸보담 고난苦難 가운데서 생기는 것인가.

그러나 이것이 칠분七分의 오해誤解가 겻드려졌다고 하드래도 남녀동등男女同等은 경제적經濟的 생산生産에 달렸다고 갈파喝破하던 왕년往年의 여성女性들의 기백氣魄에 비比한다면 현대여성現代女性이 얼마나 영리怜悧해졌는가는 넉々히 짐작할 수 있기도 합니다.

－끝－

『조광』 1941.05.－1941.06.

담헌연행록湛軒燕行錄[334)]

이십칠일 평양서 묵다.1

평양은 녜 긔자(箕子) 도읍이라 은(殷)나라이 망한 후의 귀자(箕子) 쥬(周)나라의 신복이 되디아니시니 무왕(武王)이 그뜨잘 굽히디 아니하서 동으로 됴선(朝鮮)의 봉하시니 귀재 녯백셩 이천여인을 다리시고 녜악문물(禮樂文物)을 가초아 평양의 도읍(都邑)하샤 2여덟가라치(八敎)믈 배프시니 풍쇽이 크게 변하고 제되(制度) 빈빈하야 실로 우리 동방풍교의 근본이 되신디라 이런고 이곳이 다만 강산의 장녀할과 풍악의 번셩할분 아니라 긔이(奇異)한 고젹이 국듕의 웃음이 되니 가히 아니 보디못할 거시로대 년하야 극한을 무릅쓰고 마샹(馬上)의 구치(驅馳)하야 몸이 편티 못 한디라 문을 닷고 잠잠이 누엇더니 사행(使行)이 년광뎡(練光亭)의 감사(監事)와 도사(都事)를 모화 사대(査對)를 파한후의 녜부터 풍악을 베푸난디라 오후의 샹새(上使)살마을 보내여 한가지로 놀리랄 청하거날 강잉하야 말을 타고 가다가 길가의 애련당(愛蓮堂)을 차자 몬져 드러가니 물가운데 뎡자와 널노 노흔다리 녜어던 모양이 변치 아니하엿더라. 문밧귀서 말을 나려 다니랄 건너 뎡자의 안즈니 못믈 어름의 젹설(積雪)을 닙펴 년광뎡본색이 업사나 뎡자랄 육면으로 디어 가온대 방을 드리고 방밧귀 도라가며 마로랄노코 마르밧귀 분합과 난간을 정쇄(精소)히 만나라 단청(丹靑)이 녕농(玲瓏)하고 뉵면풍경(六面風景)을 다라 바람이 니라매 소래 쟁쟁하여 소로 응하니 쳐디난 비록 셩시(城市)가온대이시나 뇨뇨(窈窕)한 풍치한 소쇄(蕭洒)한 귀샹이 3환궤의 분요(紛擾)한 의사랄 니잘곳이

334) 홍대용(洪大容)이 연행사절단의 일원으로 북경에 체류하는 동안 중국인 학자, 서양인 신부 등과 만나 천주교 교리를 비롯한 다양한 주제에 관하여 필담으로 대화를 나누었는데, 이를 토대로 『담헌연(행)록(潭軒燕(行)錄)』을 저술하였다. 한글본인 『을병연행록』이 날짜별로 편집된 문학적 일기라고 한다면 한문본인 『담헌연행록(湛軒燕行錄)』은 주제별로 편집된 학문적 보고서라 할 수 있다. 당시 천주교를 배척하는 견해에서 천주교를 다루고 있는 한계에도 불구하고 초기 천주교 교류 관계를 밝혀주는 중요한 자료이다. 『조광』에 수록된 「담헌연행록」은 조선일보 출판부의 기획에서 의해 고전을 재음미하는 차원에서 다시 쓴 것이다.

러라.

이때 바람이 심히 차 오래 머므리디 못 하야 즉시 문을 나 년광댱으로 향하니 사대랄 아직 파티 못 하엿난디라 뒷문으로 드러 대청(大廳) 뒤희 한 누(樓)희을 올라안즈니 누일홈은 운영누(雲影樓)라 하엿더라. 누 아래 우희 남녜(男女)갑난하야 요란하기 견대디 못할 듯 누셔편 난간 가의 자리랄 어더 이슥이 안자더니 사대랄파하고 감사는 4듕복(重服)이 이시므로 몬져 5영(營)으로 돌아라가고 샹새 내오말(옴을)듯고 사람을 보내야 드러오라 하거늘 즉시 드러가 좌의 안즈니 마로삼면의 발을 디오고 6뚬을 돌너시니 비록 엄동이나 취위랄 니잘너라 좌우의 오뉴식십 7분대(粉黛)랄 버려 비단 의샹(衣裳)이 눈을 바애고 풍뉴긔계난 책색이 션명하야 다란대 보디 못 하던 거시니 감사의 새로 곳치고 더 녀흔거시라 8삼현(三絃)하난 공인(工人)은 다 관대랍닙고 머리의 그림 그린 9복두(幞頭)랄서시니 이난 서울 악공(樂工)을 모방하미라. 그 화한 귀구와 샤려(奢麗)한 거동이 일국의 유명하며 괴이티 아니더라. 날이 져물매 픔뉴랄 채 보딋 못 하야 10하처로 도라오니라. 십이일 풍한이 심히 어려오대 내일은 길흘 젼진할거시오. 도라올 적일을 예탁(豫度)디 못 할디라. 드대여 아참밥을 재촉하야 먹고 11황진사(黃眞士)념조난적을 외성(外城)서 사난 사람이라 이곳 고적을 니기안난고로 한가지로 떠나 동북편으로 댱경문(長慶門)으로 나가니 이문은 년광 뎡북편으로 수백보난 거라

만밧긔 벼로길이 겨우 두어보(步) 너븨요 길동편은 강이요 셔편은 백쳑창벽이 강을 님하여 사오리(四五里)랄 깍근다시 두르고 셩(城)이 그우희 디형(地形)을 인하야 12티쳡(雉堞)이 웅장하니 이벽 일흠을 청뉴벽(淸流壁)이라 하엿더라. 벽을 의지하여 사오리랄 행하야 부벽누(浮碧樓)의 니라니 평양셩 북면의 모란봉(牧丹峯)이라하난 놉흔 봉이이서 오래매 셩듕을 구버보난디라 이러므로 북편의 별로 셩을 싸 모란봉 우흐로부터 강가를 들너 본산의 년하고 명명사(永明寺)라 하난 졀을 그가 온대두고 13통셥(統攝)으로 하여금 14승군(僧軍)을 거나려 딕히게 하미러라. 부벽누난 그셩 동편의 강을 부림(附臨)하야 지은 집이니 제도는 심히 초솔하고 안희 변장을 까라실 분이로대 안쎄(眼

界)의 광활(廣闊)하믄 년광뎡과 다라미 업고 압프로 능나되(綾羅島)라 하난 셤이 물가온대 빗겨시니 수목이 줄로 버럿고 약간 인개(人家)이셔 이난 년광뎡의 업산 경치오 도 셩지를 먼니하고 지경이 심벽(心僻)하니 쳥탈(淸脫)한 긔샹과 토연(超然)한 의사난 년광명의 미찰배 아니러라. 누 북편에 죠고마한 뎡재이시니 일홈은 함벽뎡(涵劈亭)이라 하얏고 졀 압흐로 큰 누히이시니 일홈은 득월뉘(得月樓)라 하엿더라. 셔남편으로 셩구비예 한 놉고 방정(方正)한 곳이 이시니 일홈을 을밀대(乙密臺)라 하니 울연한 솔수플 사이의 표연히 반공의 쌔혀나니 보매 귀이 하더라. 졀 뒤해 돌노 짠 우물이시니 이난 일홈이 긔린굴(麒麟窟)이라 뎐하야 닐오대 고구려(高句麗) 때의 동명왕(東明王)이란 님군이 병난(兵亂)을 만나 피할 곳이 업사매 뇽마(龍馬)랄타고 이굴로 드러가 난을 면하다 하니 그말이 극히 허황하고 됴고만 우물의 깁흔 구멍을 보디 못하니 후래예 메이여 막힌 가시브더라. 셔녁문(西門)을 나니 만산의 솔이 텬일을 라리오고 눈이 길흘 덥허 말을 타지 못할디라 이에 말을 나려 간신히 향하야 긔쟈묘(箕子墓)의 니라니 분형(墳形)이 네모나고 사면의 나잔분쟝(粉牆)을 두루고 압해 석인(石人)과 셕양(石羊)을 각 한 쌍을 세우고 당듕하야 쟈근비랄 세워시니 긔쟈묘라 하엿난디라 조각을 합하고 박철로 뭇것더라. 15졔절(階節) 안흐로 대랄무어 길이나 되고 대아래 정자각을 짓고 그 안해 16상탁(床卓)을 감초아시대 문이 잠기어 드러가보디 못 할너라. 말을 타고 셔남편으로 나려 칠셩문(七星門)으로 드니 이문은 17니여숑(李如松)이 공을 세운 곳이라 감영(監營) 셔편 담밧그로 행하야 장대(將臺)의 오라니 장대라 하난거산 난시(亂時)랄 당하야 셩을 딕히매 대장이 올나안자 긔고(旗鼓)로 사면슈셩(守城)하난 군사랄 호령하난 고디니 셩듕의 가장 놉흔 곳을 갈희여 대랄 무고 그 우해 집을 디어시니 오라면 사방을 18압님(壓臨)하고 번성한 녀념(閭閻)이 아닌 뵈난 곳이 업고 대동강 북편의 너르들과 점점한 뫼히 다 년광뎡경치를 가져시니 또한 보암직한 곳일너라. 셔편으로 나려 슝녕뎐(崇靈殿)의 이라니 이난 단군(檀君)과 동명왕(東明王) 19위판(位版)을 봉안(奉安)하온 곳이라 화샹(畫像) 세벌을 거러시니 의관(衣冠)이 다란대 보디 못한 제도니 필연 은나라의 관인가 시브더라. 셔문안 무렬사(武列祠)의 이라니 이난 명병부샹셔(明兵部尙書) 셕셩(石星)의 위판을 봉안 하고 졔독(提督) 니여숑(李如松) 양원(楊元) 니여백(李如栢) 쟝셰작(張世爵) 등 모든 장슈랄, 배향(配享)한 곳이라 셕샹셔와 니여백은 화상이잇더라 두 번 절하고 나오니라 셔문을 나가 일이니(一二里)랄 행하야 듕무사(忠武祠)의 니라니 이난 고구려 장슈 을지문덕(乙支文德)의 사당이라 슈양뎨(隋煬帝) 때예 텬하병녁을 다하야 슈백만 군사로 친히 고구려랄 치니 을지문덕은 이때 고구려 졍승이라 슈쳔군을 거나려 20살슈(薩水) 물가의 맛잘라 두 번 싸호매 슈나라 군사를 크게 파하야 겨우 쳔여인이 도라가니 일노써 고구례 망티 아닌더라. 평양이 그 도읍하였던 따히라 이러므로 한 사람이 생각하여 사당을 셰우미러라. 이곳을 디나 인현서원(仁賢書院)의 니라니 이난 일읍(一邑) 사람이 셔원을 디어 긔자위판을 봉안하고 션배달모화 글닑난 곳이러라. 21사우(祠宇) 문을 열고 배하니 또한 화상이 계시더라. 나와 22강의 안자니 현판(懸板)의 홍범당(洪範堂)이라 하엿더라 셔원 하인이 효종대왕 슈필이라고 하고 반의 책 한 권을 밧드러 내야다가 뵈거날 공경하야 여러보니 뎡츅년의 심양(瀋陽) 드러가 오실 적 셔원 쳠배하오시고 심원녹(尋源錄)의 23치부하오신거시라 24봉님대군(鳳林大君) 네자랄 써겨오시더라 남으로 외외을 향할새 즁셩(中城)을 나니 넷셩긔지(基址)만 남아더라 이밧근 길히 넙고 좁으미 다법되(法度) 잇난듯하고 바르기 즐노친 듯 하고 거리마다 돌홀 셰워 표하고 큰 길 사이예 져근길노 가로베혀 죠곰도 빗근 고디업고 네길 사이예 방형상이 졍졍방방(正正方方)하야 콘들의 다 한가지 졔양(制樣)이니 이난 긔자의 25뎡젼법(井田法) 베프신 곳이라 비록 해쉬오래나 오히려 뎡대한 제되이려 하니 셩인의 졍새(政事) 엇디 이샹치아니 하리오. 길가의 한 죠그만한 단(壇)이 이시니 이난 긔자 겨오시던 대궐(大闕)터히러라. 단우해 져근 비발 세워시니 구쥬단 세자랄 씻더라. 이압흐로 남으로 행행 매 한우물이 이시니 이난 귀자정(箕子井)이라 하니 갑기 팔구쟝(八九丈)이요 우해 젼셕(甎石)으로 둥근 금글두러 덥헛더라 말을 둘너 셩듕의 드러 일영디(日影池)라 하난고 살펴보니 사방이 여라몬거름(十餘步)이 되고 가온대 죠고마한 셤이 잇고 셤우회

죠고만 정자랄 셰워시니 이난 긔재 해그림재랄 살피시던 곳이라 뎐하더라. 못 북편의 한 셰재이셔 글닉난 소래이시되 날이 져무러 드러가보디 못 하고 남문으로 드러가보디 못 하고 남문으로 드러 하쳐도 도라오니라. 십삼일 평양서 니발하여 이십일 위쥐(義州)이라라.

식후의 셔문을 나 보통문(普通門)의 니라니 문은 넷 외셩문이라 셩은 형긔(形基)만 남아시되 문이 홀로 울연히 셔시니 당초의 단단이 지은 줄 알너라. 슌안(順安) 슉소(宿所)의 니라니 차담(茶담)과 밥상을 다 서울음식으로 경결히 하야시니 개위(開胃)하야 만히 먹을말 깨치디 못 하너라. 십사일 안쥐(安州) 슉소의 니라니 셩 제되 웅장하고 시사(市肆)의 변화하여 26평양버금이요 객사문이 두층이니 이난 다란대업난제되러라. 십오일 안쥐셔 묵난디라. 식후의 연툐뎡(　　)의335) 오라니 이뎡은 본관동헌(本官東軒) 남편의 잇난디라. 대개 27셩쥬희 이삼니난뫼니 극히 져그나 쳐디 가장 놉하 산셩(山城)이나 다라디 아니하고 이 뎡자난 셩가온데 놉흔 곳의 잇난디라 사방으로 도라보니 젹셜이 뫼와 들흘 덥혓고 셩밧 남편의 남당이라하난 녀염이 셩안히에서 배히 더 번셩하야 다무릅 아래 잇는닷 하니 이윽이 배회(徘徊)하매 사람으로 하야곰 심목(心目)이 상연(爽然)하더라. 인하야 말을 타고 병영(兵營) 문 안흐로 드러가 만경누(萬景樓)의 오라니 이 누난 셩 동남편 뎨일 놉흔 곳이라 삼면이 통할(通豁)하야 은연히 몸이 공즁의 안잔듯하고 셩밧긔 땅흘덥흔 녀염과 셩안해 여러 곳 누각이 한 곳 숨은대 업사니 가히 년광뎡 경치와 사로 힐항(拮抗)할디라 안계의 광할하믄 혹 져만 못 하니 긔셰의 웅장하믄 뎌의 밋디 못 하미러라 셩밧동편 수 백 보의 한 놉흔 봉이 이시니 이누 아래로 별노 셩을 싸 쳔여보랄 둘러 동문의 연하고 그안희 듕민사(忠愍祠)라 하난 사당이 이시니 이 안녜 28뎡묘호란(丁卯胡亂)의 이 셩듀의셔 샤절(死節)한 사람들을 위한 곳이라 날이 치워 오래 머무디 못 하야 나려 백승뎡(百勝亭)의 니라니 이 누난 셩셔북모퉁이에 잇난디라 압흐로 큰물흘 님하고 쳥쳔강(淸川江)이 셩밧귀 둘너시니

---

335) 연토정은 순안에 있는 정자이다. 원문에 한자를 비워 두었다.

도한 일흠이 이실 3곳일너라. 누제도난 삼십여간이요 누밋히 두어길 긔(旗)랄 세울더라 규뫼(規模) 극히 웅장하고 동북으로 큰들이 백셜을 덥혀 사오십니랄 열니고 뫼모양이 29삭긔(朔氣)랄 씌여 변방(邊方) 긔운이 이시니 대하매 마음이 용동(龍動)하야 평양강산과 형연(逈然)이 오라신다 하거날 남편 난간의 의지하여 바라보니 긔치(旗幟)와 츄죵(追從)이 수백보의 버치고 30늉각(六角)소래 셩듕을 올히니 이곳 긔구의 장하믈 볼러라 십뉵일 가산(嘉山)슉소하고 십칠일 뎡쥐(定州) 슉소하고 십팔일 션천(宣川)니라니 이곳의 의검정(倚劍亭)이라 하난집이 또한 일흠잇난 누각이라 말을 나리 샹새 몬져 니라러 풍악으로 베프고 바야흐로 노더라 이집은 오뉵십간이 남고 새로 슈보(修補)하야 단청이 찬난하고 서편은 관덕당(觀德堂)이라 하난집이니 활쏘난곳이라 두 집 사이에 길게 누랄 디어 서로 연하야 시니 일흠은 보허누(步虛樓)라 하엿더라 십구일 냥책(良策) 슉소하고 이십일 의쥐(義州)니라니 연하야 행차 뒤흘 따로기로 말을 급히 몰고 몬쥐로 눈을 뜨지 못 하난디라 이 날은 뒤희 떠러져 천천히 행하니 져기 평안하더라. 살문녕의 오라니 오랑케 띠히 십여 리랄 격하야 금셕산(金石山)이라 하난 뫼히 완연히 압희잇고 봉황산(鳳凰山) 두어 봉이 그 뒤흐로 표묘(縹緲)히 쌔혀나니 자연 마음이 비동(悲動)하야 녯사람의 31변새(邊塞)의 나가난의 사랄 샹샹할너라. 구남문을 드니 이난 녯성문이라 형긔만 남앗더라. 문밧긔 32감관(監官)이 안자 드러가난 물화(物貨)랄 수험하난 곳이라33 듀영의 하쳐랄 뎡하나니라.

주1. 前回에 보면 「초구일평양니라다」 했고 다음 回에는 「십만일 평양니발라이」 고 했으니 이 십칠일란 것은 本典의 誤書인듯하다.

주2. 여덟가지 가라침이란 것은 世稱 箕子의 八條敎를 이름이니 이 八條敎란 것이 歷史的으로 信濾할만한 文獻에 나타난 것이 없고 施行되었던가도 의심스러우니 그 內容이 무엇인가는 더구나 알 수 없는 것이다.

주3. 환궤는 빈闠이니 역시 城市란 말과 같은 것이다.

주4. 중복은 重服이니 무거운 服이란 말로서 大功以上의 服을 이름이다.

주5. 영은 營은 兵營 監營 等의 官衙을 이름이다.

주6. 뚬은 갈이나 왕골로 도랭이듯이 떠서 防水, 防寒用으로 쓰는 것이다.

주7. 분대는 粉黛이니 粉은 낯에 바르는 것이오 黛는 눈썹을 그리는 것으로서 뒤에 美人을 분대라고 하니 白樂天詩에 (六宮粉黛無顔色)이란 것이 이것이다.

주8. 삼현은 三鉉六角의 三鉉이나 三鉉은 夫祥코 六角은 피리 둘 젓대하나 奚琴하나 북 하나, 장구하나를 이름이다.

주9. 복두는 幞頭이니 幞巾이다.

주10. 하처는 본래 「下處」란 말의 訛音으로 사처라도 하는데 寢所를 이름이다.

주11. 황진사 염조는 黃進士 念祖로서는 念祖는 黃進士의 字 같으니 未詳이다.

주12. 치첩은 「雉城」이니 城우에 쌓은 담 女墻을 이름이다.

주13. 통섭 統攝으로서 僧軍의 統率者이다.

주14. 승군은 僧軍이니 高麗때부터 僧侶를 軍隊와 같이 編隊해서 國家有事之秋에 動員하였으나 특히 壬辰 때 惟政 以后 이 僧軍은 有名하여졌다.

주15. 제절은 묘에 축과 같이 쌓놓은 것이다.

주16. 상탁은 床卓이 제사지낼 때 쓰는 祭床과 香卓을 이름이다.

주17. 니여송은 李如松이니 宣祖 壬辰에 東援軍 提督으로 왔었던 사람이다.

주18. 압님은 壓臨이니 네려다보고 눌러 임했단 말이다.

주19. 위판은 「位版이니 「郊祀天地祖宗, 設版, 書神位, 內以金飾 本爲之」라고 했으니 나무판 쓴 神位이다.」

주20. 살수는 薩水대첩이니 高句麗의 相臣 乙支文德이 隋軍을 大破한 곳으로서 여긔서는 安州淸川江으로 대인 것이다.

주21. 사우는 祠宇이니 祠堂이란 말이다.

주22. 강은 講堂의 당字가 落書된것 같은데 書院에서 朔望으로 儒生들의 講을 받는 곳이다.

주23. 치부는 記錄한단 말이다.

주24. 봉님대군은 鳳林大君이니 孝宗大王 潛龍時의 君號이다.

주25. 정전법은 井田法이니 周制授田之法으로서 한 地方을 구분로 논하서 중간의 一區는 公田으로 하고 가의 八區는 私田으로 해서 私田부치는 사람들이 公田에 作農만하고 私田에 賦稅하지 않는 것는 것으로 平壤에도 公田法이 實施되었다고 하나 箕子東來說과 함께 未詳한 일이다.

주26. 버금은 다음간단 말이다.

주27. 성주의 城周圍에란 말이다.

주28. 정묘호란은 丁卯胡亂이니 仁祖丁卯八月에 姜弘立이 三萬大兵을 거나리고

入寇해서 平山서 屯陣함에 主上이 江華로 播遷해서 三月三日에 講利하고 四日에 還都한 것이다.

주29. 삭기는 朔氣이니 北方을 明方이라 해서 北方기운이란 말이다.

주30. 六각은 六角이니 우예 三絃條를 보라.

주31. 변새는 邊遼이니 邊方要塞란 말이다.

주32. 감관은 監官이니 稅關와 같은 것이다.

주33. 중여은 中營이니 內術를 말함이다.

『조광』 1941.06.-1941.09.

나의 자화상自畵像

一. 내 성격性格, 내 얼골

; 제 성격性格을 함부로 남에게 말하는 것이 안입니다. 내 얼골은 남이 더 잘 알겠지마는 간혹間或 면面경을 들고보면 그다지 험상스럽지 않은 것이 일행一幸입니다.[336)]

二. 나의 연애戀愛 로-맨스(이성異性과의 로-맨스, 만일萬一 불행不幸히 업스시다면 선생先生의 연애관戀愛觀 우又는[337)] 이성異性에 대한對한 감회感懷 등等)

; 로-맨스라고 할 만한 것이 별로 없읍니다. 이성異性에 대對한 감회感懷라기보담도 주문注文하고 싶은 것은 얼골을 화장化粧하는 것과 같은 노력努力으로 지성知性도 단련鍛鍊하는것이 좋지 안을까요?

三. 문학에 드러 선 동기動機와 소년시대少年時代 또는 근일近日 애독愛讀하는 문예전적文藝典籍.

; 다른데 야므자게 쓸 데 없는 자질資質이라는것을 소년시대少年時代부터 간파看破한 까닭입니다.

근일近日에 창강滄江[338)] 시집詩集과 필리프의[339)] 단편집短篇集을 재독再讀합니다.

四. 향수鄕愁(고향故鄕에 대對한 애수哀愁 또는 부모父母 처자妻子나 세상명리世上名利를 다 버리고 멀니 방랑放浪하고 십지 안으신가)

; 두 가지 다 없읍니다.

---

336) 한 가지 다행입니다.

337) 또는.

338) 창강(滄江) 김택영(金澤榮). 891년(고종 28)에 42세로 진사가 되고, 1894년(고종 31) 편사국주사(編史局主事), 1895년(고종 32) 중추원서기관(中樞院書記官)을 지내고 통정대부가 되었다. 1905년(광무 9) 학부 편집위원이 되었으나, 이 해 겨울에 사직했다. 을사조약으로 국가의 장래를 통탄하다가 1905년(광무 9) 중국으로 망명하였다.

339) Charles Louis Philippe(1874-199). 대표작 「페르드르 영감」, 「젊은 날의 편지」, 「어머니와 아들」, 「뷔뷔드 모피크 나스」.

五. 증유曾遊의 반도산하半島山河 속에 마음의 드는 승지勝地

; 경주석굴암慶州石窟庵

六. 나의 과거過去 반생초半生抄

; 십세十歲 전후前後의 소년시대少年時代 집에서 글 읽었고

이십세二十歲 전후前後의 청년시대青年時代 동경東京서 학교學校에 단였고

삼십세三十歲 전후前後의 장년시대壯年時代 신문기자新聞記者

사십세四十歲 전후前後의 성년시대盛年時代

「조선작가단편자서전朝鮮作家短篇自叙傳」,

『삼천리문학』 제1집, 1938.01.01.

문인풍경文人風景

씽가포에서 온 차를 따르며 스모__킹에 맘을 달낸다.

머리속엔 흩어진 자개돌이 싯그럽다. 쌍거풀진 눈이 소복히 연심戀心을 끄르나 찬 이슬에 냉각冷却된 동상銅像처럼 애수哀愁와 침묵沈默으로 베일을 쓴다. 대리석 층계를 오래 거러 나려오는 동안 한 번도 마음과 친히 우서 안 본다.

「조선작가단편자서전朝鮮作家短篇自叙傳」,

『삼천리문학』 제1집, 1938.01.01.

관용寬容의 정신精神이란

모든 사악邪惡한 것을 포용包容할 수 잇다는 것은 관화寬火한 미덕美德이 아니라 실상인즉 제 편에 약점弱点이 잇다는 것박게 아모것도 아니다.

그럼으로 정말 위대偉大하다는 것은 이러한 사악邪惡에 대對해서 포용包容한다는 것보담 늘 복수復讐의 생각에 불타고 잇는지도 모르겠다.

『사해공론』 41호, 1938.09.01.

민예소묘民芸素描

이원조李源朝 문文. 정현웅鄭玄雄 화畵

1. 걸궁패

풍년豊年만 지면 잘 산다든 옛날. 우리 생활生活의 모든 주권主權은 오직 저-창천蒼天에 맥겨저 잇섯다. 우순雨順코 풍조風調하면 일년一年이라 열두 달에 강구연월康衢煙月340)이 아닌 때가 언제이랴? 들에는 모니파리341)가 바늘끗가티 뽑혀 오르고 산에는 속새풀, 떡갈닙 그늘이 지럴 때, 마을과 마을에는 평화平和와 행복幸福과 환희歡喜와 희망希望이 지튼 아지랑이와 가티 자우룩하게 서리여 잇다. 그러면 소박素朴한 가슴에 노래가 떠오르고 정한精悍한342) 팔 때에 춤가락이 퍼덕인다.

집집마다 한 사람식 나와도 당장에 쭉 째여지는 『걸궁패』. 오색 활옷에 벙치는 뒤으로 벌떡 재처쓰고 매구 북이 장구, 소고, 손마저 치고 나올 때 동네는 뒤집힐 듯 기쁨에 들뗫다고 한다.

『조선일보』 1938.05.03.

2. 봉산鳳山탈춤

오월五月의 분풍雰風이 푸른 닙새의 기름진 향기香氣를 실어오면 우리의 향토鄕土는 한결 더 윤택해 지고 우리의 가슴은 달밤의 견금堅金과 가티 멜로듸

---

340) '강구연월(康衢煙月)'은 '태평스러운 시대'이다.
341) (벼)의 모 잎이.
342) '정한(精悍)'은 '날쌔고 용감하다'는 뜻이다.

를 자어낸다.

이른 저녁을 불불이 맛치고 경장輕裝을 나붓기면서 모혀드는 관중觀衆들은 「탈판」의 둘레에 둘러 안젓슬 때 저－ 로－마의 원형극장圓形劇場인들 이에게 더 굉장宏壯하랴?

타오르는 화틔ㅅ 불에 금사주철金砂朱漆[343]의 사위射偉한 탈을 번적이면서 힘끗 마음끗 뛰놀 때 한 업시 긴 무수舞袖[344]는 예교藝覺와[345] 가티 창공蒼空에 나붓기고 유쾌遊快한 쌍각雙脚은 지심地心에 울니도록 뛴다.

백모단안白毛丹顔의 사자獅子가 무대에 나타나 긴 갈기를 눈 날니듯 번쩍이면서 사람과 함께 춤을 출 때 왼 우주宇宙는 오로지 춤의 세상인 듯 도취陶醉의 경지境地 속에서 춘소春宵의[346] 기퍼가는 것도 다 이저버린다고 한다.

『조선일보』 1938.05.04.

3. 산대도감山臺都監

손님을 반기고 그를 질겁게 하는 것－이는 우리 조상祖上의 아름다운 덕德이엿나니 지나간 그날 이 백성百姓은 원래遠來의 사절使節－귀한 손님을 질겁게 하기 위하야 산대山臺를 모으고 춤을 추엇다.

버릇은 길드릴 바를 일코 날거젓스며 산대山臺는 어느 마을에 모앗는지 자취조차 업건만 아직도 양주楊州땅에는 감각感激한 우로雨露에 자라난 춤만이 남어 잇다. 그 옷과 탈과 그 움직임이 하직해버린 옛날에 비길 수 업다더라도

343) '금사주철(金砂朱漆)'은 '금실과 붉은 옻칠'이다.
344) '무수(舞袖)'는 '춤추는 사람의 옷소매'이다.
345) 예각(藝覺). 원문에 '재주 예(藝)자'는 약자를 쓰고 있는데 이는 일본식 약자이다. '교(覺)자'는 '각'으로 읽을 수도 있으나 여기서는 조사를 고려해 '교'로 읽는다.
346) '춘소(春宵)'는 '봄밤'이다.

행여 일허지질 마소서 손님을 반기는 버릇과 덕德을!

이는 우리 조상祖上이 남겨 준 미덕美德이엿고 이 춤은 계승繼承해도 조흘 거룩한 유산遺産이란다.

『조선일보』 1938.05.05.

4. 꼭두각시

언제부터 이러한 간드러진 작난을 우리도 해 볼 줄 알엇섯든가. 고려高麗 때서부터 시작이라고-이제 만인萬人이 한결가티 우러러 보게 되는 이 이쁜 재조를 중국中國에서 배워 온 것이라고 구태여 돌려주고 십지는 안타.

즐겁고 홍겹고 맘만 느러진 녯날의 농한기農閑期에 그것은 제절로 이루어진 운동運動이 아닐러냐.

이러섯다 돌앗다 재첫다 넘엇다 가진 아양과 진짜 무희舞姬로구나. 저것보아 어른들이 다 아이들처럼 너털우슴을 터트리는데-눈에 곱고 마음에 사랑스러운 너 꼭두각시여. 참말 영원永遠히 살기를 연인戀人처럼 정성精誠드린다.

『조선일보』 1938.05.06.

4부

일제 강점기 비평

영랑시집永郎詩集

일전에 박용철 사백詞伯[347]으로부터 한권의 가벼운 시집을 바덧다. 제목題目에 『영랑시집永郎詩集』이라고 하엿스나 목차目次도 서序도 업슬 뿐만 아니라 작자作者의 본명本名까지도 업슴으로 엇더한 시집詩集인지 몰나서 뒤적뒤적하다가 겨우 끗헤 가서 김윤식金允植 영랑시집永郎詩集이라는 것이 잇기에 이 저자著者가 김윤식金允植 씨氏인줄을 알엇스나 그대도[348] 나는 이 시인詩人이 누구인지를 아직도 모른다.

그러나 어느 개복開腹한 날 오후午後 나는 우연偶然히 이 시집詩集을 폐여드럿다가[349] 오십삼五十三 편篇이 한 권으로 된 이 책冊을 그냥 한숨에 내처 읽을 수가 잇섯다. 대개 한 권 책자冊子를 한숨에 내처 읽을 수 잇다는 것은 그 책冊이 아모리 소단小單일지라도 결決코 용이容易한 일이 아니다. 물론勿論 그 책冊이 악서惡書일 때는 한 두 줄만 읽어서 곳덥허 버리고 십흔 생각이 나지마는 또 그것은 독서讀書란 책冊이 가지는 장력靜力과 독자讀者의 정력靜力이 마치 씨름을 하는 것과 맛찬가지임으로 독자의 감각신경感覺神經이나 호흡呼吸이나 맥박脈搏 등等의 모든 생리적生理的 조건條件이 그 책冊을 익일만치 강强하지 아니하면 도저到底히 한숨에 내처 읽지 못 하는 것이다.

그러면 독서讀書에 뿐만 아니라 모든 방면方面에 잇서서 나가티 나약懦弱한 체질體質로서 엇지서 이 한권 책자冊子를 다 읽을 수 잇섯슬까를 생각해 볼 때 첫째 이 시집詩集이 읽기 쉽다는 것은 처음부터 끗까지 작자作者의 야심野心이 터럭끗만치도 나타나 잇지 안는 때문이라고 할 수 잇다. 다시 말하면 이 오십삼편五十三篇 중中에는 아모런 변조變調도 업고 흥분興奮도 업고 억탕抑揚도 업시 한갈가티 보드러운 면양緬羊의 터럭과 갓다.

그럼으로 나는 이 시집詩集을 읽고 나서 어느 시詩가 낫부다는 것을 간택揀

347) '사백(詞伯)'은 '시문에 뛰어난 사람을 높여 부르는 말'이다.
348) '그래도'의 오식.
349) 빼어 들었다가.

擇하는 괴로움보담도 이 시집을 떠나서 시인의 육령와 마음을 상상하는 형상을 한참동안 누릴 수가 잇섯다.

사실事實 우리가 한 두 개의 보석寶石을 볼 때는 눈도 담박潭迫해지고, 물욕物慾도 생기지마는 한 소반의 진주眞珠를 아페 노흐면 「우리의 귀는 조개껍질과 가티 바다의 물결치는 소리가 그리워」질 것과 가티 이 시집詩集을 대對하면 무슨 매혹적魅惑的인 황홀감恍惚感이나 침을 흘릴만한 식욕食慾을 자어내는 것이 아니라 다만 이 작자作者의 보드러운 호흡呼吸과 어엽분 손까락을 상상想像하는 깃붐을 맛 볼 수 잇는 것이다.

이만하여도 이 시집詩集을 아직 읽지 못한 독자讀者까지 이 시집詩集을 어느 정도程度까지 방매放賣할는지 모르겠지마는 이 시인詩人은 어느 의미意味에서 매우 비의욕적非意慾的이다. 세계가 금방 뒤집혀도 이 시인詩人은 관계關係할 바가 업시 그저 자기自己의 애련한 감정感情을 될 수 잇는 대로 순진純眞하게 노래하면 그뿐이다. 그럼으로 만약 이 시인詩人이 이대로 나간다면 나종에는 『뮤-즈』의 질투嫉妬까지 바들는지도 모를 만치 자기自己의 세계世界에 침잠沈潛하고 잇다. 그러나 이 자기의 세계가 엇지나 어질고 고화서 그것이 우리에게 교만驕慢하다고 생각혀지지 안코 도리혀 우리로 하여금 친근親近하게 하는 것이다. 그러나 우리가 이 시詩와 친근하다고 해서 이 시詩가 홀지忽地에350) 우리에게 『코케이트라』를 보여주지도 안흘 것이고 우리가 공격攻擊한다고 해서 또한 이 시詩가 추종追從하지도 안흘 것이니 본래本來부터 이 시집詩集은 칭찬할 것도 아니고 훼방毁謗할 것도 아니다. 다만 아무 말 업시 그대로 읽고 간직어 두는 것이 이 시인詩人에게 대對한 가장 투터운 찬사讚辭일 것이나 만약萬若 내가 이 시집詩集을 읽고 난 깃븜을 알지 못 하는 동호자同好者와 서로 논호는 기회機會를 지을 수 잇다면 다행多幸하겟스므로 약천若千의 소감愬感을 적는 것이다.

『조선일보』 1936.05.14. 석간 25면

---

350) 뜻하지 않게 갑작스럽게

문화옹호 작가회의 재음미文化擁護 作家會議 再吟味[351)]

-그 역사적歷史的 의의意義와 엄정嚴正한 중립성中立性

편집자編輯者의 청탁淸濁은 제2회第二會 문화옹호文化擁護 국제작가회의國際作家會議에 대한 나의 제안提案을 쓰라고 한 것이다. 작년昨年 일년간一年間의 세계적世界的 문화적文化的 동태動態로 보아서 가장 특기特記할 것의 하나요 누구나 다 아는 바와 같이 작년昨年 유월六月 이십일일二十一日부터 오일간五日間 파리巴里에서 개최開催된 문화옹호국제작가회의文化擁護國際作家會議일 것이다. 이 회會는 그 회록會錄을 보면 연차적年次的으로 열 것과 또는 회무會務를 장리掌理하는 상식기관常識機關으로서의 국제國際「뷰로-」를 둔다고 하였으니 금년今年에도 그 제이차第二次 회의會議가 열닐 것은 짐작할 수 있으나 아직도 그것에 대한 확실確實한 「뉴-쓰」를 접하지 못한 나로서는 언제 어듸서 이 제2차第二次 회의會議가 열니는지 알지 못 하고 있다. 그러나 필요한 문제問題는 이 회의會議의 재개再開되는 시일時日이나 장소場所에 달닌 것이 아니고 실상은 이 회의會議가 가지는 역사적歷史的 의의意義를 재음미再吟味하는데 있다고 할 것이다. 그림으로 나는 이 회의會議가 열닌지 만 일주년一週年되는 지금에 맛침 이러한 부탁을 받었음으로 이 회의會議의 가진 역사적歷史的 의의意義를 검토檢討 재음미再吟味 할 흥미興味를 느끼(기)는 하나 그러타고 해서 편집자編輯者의 지시대로 무슨 「제안提案」은 할 수 없는 것이다.

왜 그러냐 하면 한 단체團體에 대해서 「무엇을 해다오」 「어떠케 하지 아니하면 안 된다」하는 제안提案은 대개가 그 단체團體에 대한 정책적政策的 간섭

---

351) 독일, 이탈리아, 일본 등의 반 근대적이자 문화파괴주의적인 파시즘의 세계사적 규모의 등장은 사회주의는 물론 이른바 자유지식인으로 말해지는 근대주의자들에게 큰 충격을 주었다. 이런 분위기 속에서 당대의 양심적이고 행동적인 지식인이라고 일컬어지는 사람들이 1935년 6월 22일부터 26일까지 파리에 모여 국제작가회의를 개최하였다. 여기 참석자들은 인간성의 해방, 문화의 옹호, 표현의 자유를 주장했으며, 이를 통해 파시즘에 대항하는 휴머니즘 문학을 제창하였다.

干涉이 되지 아니할 수 없는 것이며, 심甚하면 그 단체團體가 가지는 「이데올로기-」의 한계성限界性에 대한 침범侵犯이 되기 쉬운 것임으로 구라파적歐羅巴的 현실現實과 지금 우리가 처해 있는 현실現實과는 세계사적世界史的으로 보아서 기분幾分의 공통성共通性이 있다고 하드라도 오히려 정치경제政治經濟 같은 일반一般 문화적文化的 특수상特殊相을 달니하고 있는 만큼 더구나 참신한 「뉴-쓰」하나도 받지 못 하고 있는 나로서 그러한 단체團體의 정책적政策的 운용運用에 대한對한 제안提案이라는 것은 정말 격화소양隔靴搔痒352)에 지나지 못할 것이며, 또한 이 회의會議의 가지는 「이데올로기-」의 한계성限界性에 대해서도 하등何等 객관적客觀的 필연성必然性에 대한 고려考慮도 없이 그저 내 마음대로 이렇게 해라 저렇게 해라 한다면 말하기는 쉽지마는 결국結局은 한 개의 탁상공론卓上空論에 지나지 못 하겠음으로 나는 될 수 있는 대로 이러한 것을 피避하고서 다만 이 회의會議가 가지는 바 역사적歷史的 의의가 우리네의 현실現實에 비추어 보아서 얼마만한 공통성共通性을 갖었으며 또한 그러한 공통성共通性에서 우리는 어떠한 시사示唆와 교조敎調를 받어야 할 것인가 하는 것을 약간 기술記述하려고 하는 것이다.

작년昨年 이 회의會議에 참가參加한 각국各國 대표代表들을 보면 소련蘇聯 대표代表를 빼놓고는 전부全部가 다 우리네의 용어用語대로 말하면 소小부르조아 인텔리들이다.

그럼으로 이네들에게는 심연深淵한 교양敎養이 있고, 그 교양敎養에서 생긴 지식知識이라는 것은 곳 이네들의 생활도구生活道具가 되는 동시同時에 다른 한편으로는 이 사회社會의 모든 사상思想에 대한 진실眞實과 처위處僞 정의正義와 부정不正같은 것을 판단判斷하는 표준標準이 되어 있는 것이다.

그럼으로 이네들은 직접直接 사회社會를 운용運用해 나가는 정치가政治家나 자본가資本家나 행정가行政客 같은 짓을 하지 않고 다만 학문學問의 진리眞理만을 탐구探求해나가면 그만인 것이다.

352) 신을 신고 발바닥을 긁는다는 뜻으로, 일이 성에 차지 않는 것, 또는 일이 철저하지 못한 것을 가리킨다.

그러나 진리眞理라는 것은 거짓말이 아닌 것임으로 진리眞理를 탐구探求하는 사람은 거짓말을 하지 못 하는 것이다. 이렇게 거짓말이 아닌 진리眞理를 탐구探求해 나가면서 보니까 몇 해 전만해도 그렇지 않은 것이 요사이 수數삼년三年 래來에 와서 이러나는 모든 정치적政治的 사실事實은 진실로眞實로 놀나울만한 혼란混亂과 불안不安을 자어내었다. 그럼으로 「지-드」는 그 일기日記(一九三三年) 속에서 벌서 문학文學에만 침잠沈潛하고 있지 못 하게 하였다」고 하는 의미意味의 말을 하게 하였으니 대체로 「지-드」같이 외계外界의 동향動向에 대해서는 전연 무관심無關心하다고만 자아탐구自我探求에만 열중熱中하는 사람에게 이처럼 놀나운 형격衡擊을 준 정치적政治的 사실事實이라는 것은 무엇을 이름이냐?

이것을 설명說明하기 위해서 잠간暫間 어느 책册에 씨여 있는 유명有名한 말을 빌녀온다면 구라파「歐羅巴를 횡행橫行하는 괴물怪物」인 「파-시즘」의 발처跋處가 곳 그것이다.

본래 시민사회市民社會가 역사적歷史的 무대舞臺에 등장登場할 때 자기자신自己自身을 선언宣言하고 인민人民에게 약속約束한 것은 오늘날의 파-시즘이 아니고 자유自由와 평등平等이였다. 시민사회市民社會의 표식標識도 하는 자유自由와 평등平等은 정치경제政治經濟라는 그 기본기구基本機構에만 국한局限된 것이 아니라 보담도 학문學問의 자유自由 사상思想의 자유自由라는 개념적槪念的 문화적文化的 자유自由의 확보권確保權을 더한층 존숭尊崇하였든 것이다. 그럼으로 시민사회市民社會가 최초最初에 선언宣言하고 약속約束한 자유自由의 확보確保에 대한 배임적背任的 행동行動이 어제 오늘에 시작한 것도 아니고 또한 이 자유自由의 확보確保에 대한 배임적背任的 행동行動에 대해서 한 개의 항쟁적抗爭的인 신흥세력新興勢力이 나타나지 않은 것도 아니였다. 그러나 이러한 갈등葛藤된 두 세력勢力이 대립代立되여 있을 때 오늘날 문화옹호국제회의文化擁護國際會議에 참가한 대부분의 작년昨年들은 그 항쟁적抗爭的 신흥新興세력을 가르처 과격過激한 사상思想이라고 하거나 문학文學과는 무관無關한 정치적政治的 행동行動이라고 해서 스사로 온건중립穩楗中立의 문학적文學的 상아탑象牙塔 속에 탄식歎息하고 있섰든 것이다.

이러한 문학적文學的 태도態度를 「주리앙, 방다」353)는 설명說明하기를 서구西歐의 예술적藝術的 관념觀念이라고 하였는데 이 서구西歐의 예술적藝術的 관념觀念이라는 것은 지적知的 활동活動과 경제적經濟的 활동活動은 전연全然 무관無關한 자율성自律性을 가졌을 뿐만 아니라 지적知的 활동活動을 항상 경제적經濟的 활동活動보다 우위성優位性을 가진 것이라고 생각해온 때문에 이런 특수特殊한 관념觀念은 필연적必然的으로 특수特殊한 문학文學을 낳게 되었으니 그 문학文學은 주제主題와 조자調子와 그리고 그 문학文學의 영향影響하는 독자毒刺가 모다 비민중적非民衆的이고 비현실적非現實的이라는 것을 지적指摘하였지마는 이것은 실상 말하면 지역적地域的 구별久別로서의 서구적西歐的 특수한特殊한 관념觀念이 아니라 계급적階級的으로 보아서 중간층적中間層的 특수特殊한 관념觀念인 것이다. 그럼으로 「방다」 자신自身부터 자기自己)의 태도態度를 표명表明하는데 「나는 한 개의 문화文化의 옹호자擁護者도 아니고 파괴자破壞者도 아니며 다만 그 명시자明示者로서 이야기하고 싶다」고 하였다.

그러나 지금 우리는 여기서 넘우 조급躁急하게 「방다」의 이러한 태도態度를 체－ㅅ죽질하거나 불만不滿을 말해서는 안 된다. 아니 그 보담도 「방다」의 이 말이 오히려 우리에게는 더 흥미興味 있고 더 필요한 관심을 가져야 할 말이다.

다시 이야기는 뒤으로 좀 올라가지마는 자유自由! 이 자유自由라는 것이 없으면 「방다」와 같은 일련一聯의 작가作家는 그 존립存立할 기반基盤을 전부全部 잃어버리는 것이다. 사고思考의 자유自由, 비판批判의 자유自由, 표현表現의 자유自由, 이러한 자유自由의 세계世界는 그네들에게 있어서 진실眞實로 한 개의 문학적文學的 묘상苗床인 동시同時에 또한 순조順調로운 기후氣候인 것이다.

353) Julien Benda. 프랑스 비평계의 반낭만주의 운동을 이끈 지도자였고, 앙리 베르그송의 철학적 직관주의에 반대해 이성과 지성을 고집스럽게 옹호했다. 방다는 그의 가장 중요한 저서인 『지식인의 반역』(1927)에서 인종과 정치적 이해관계 때문에 진리와 정의를 등진 사람들은 도덕적 반역자라고 비난했다.

그러나 지금도 우리가 역력歷歷히 헤아릴 수 있는 바와 같이 나치스의 비독일적非獨逸的 문헌文憲의 금서禁書를 비롯하여 진보적進步的 문인文人 학자學者의 국외추방國外追放 등등의 온갖 횡포橫暴는 이네들의 자유自由의 상아탑象牙塔을 진요震搖식히는 동시同時에 그 문학적文學的 묘상苗床을 여지없이 유린蹂躪한 세계世界의 폭풍우暴風雨이였다. 그럼으로 이 폭풍우暴風雨가 이러나지 않었드면 이 회의會議는 볼 수 없었을 것이니 이 회會의 참가參加한 각국各國의 대표代表들을 보면 그 문학적文學的 태도態度나 「이데올로기-」적的 색채色彩를 다 각각各各 달니하고 있는 것은 사실事實이다. 그럼에도 불구不拘하고 이만큼 원만圓滿하고 강력적强力的인 국제적國際的 단체團體를 결성結成하게 된 그 공통共通된 축대築臺는 무엇이냐 하면 첫재 그네들의 존립存立하는 공통적共通的 기반基盤이며 시민사회市民社會가 일직이 선언宣言하고 약속約束한 자유自由를 최대한最大限으로 요구要求하는 동시同時에 이러한 자유自由를 유린蹂躪하고 위협威脅한는 「파시즘」에 대해서 문화文化의 자유自由를 옹호擁護하는 공통공통共通된 이해理解를 가진 것이니 이것은 결코 우리 어느 논자論者가 소개紹介한 바와 같이 인간적人間的이고 일시적一時的인 무조건無條件한 대동단결大同團結의 협조協調가 아니라 실상인즉 역사歷史의 진전進展하는 과정過程에서 필연적必然的으로 이러한 한 개의 역사적歷史的 운동運動인 것이다. 그럼으로 회의會議의 결의決意 제第 팔조八條를 보면 이러한 말이 있다.

> 여러 가지 철학적哲學的 문학적文學的 정치적政治的 경향傾向을 달니한 작가作家로서된 「뷰-로-」는 문화文化의 영역領域에 있어서 일반一般 공통共通된 의미意味로서의 반反 「파-시즘」에 대해서 문명개화文明開化에 협위脅威를 주는 일절一切의 위협威脅에 대해서 항쟁抗爭하기로 한다.

이 결의문決議文만을 보드래도 이 회의會議가 공동共同의 적敵으로 생각하는 것은 다른 것이 아니라 그 현하現下 서구西歐에 미만彌漫되여 있는 「파-시즘」인 것이며, 또한 「파-시즘」을 공동共同의 적敵으로 삼고 당연當然히 항쟁

抗爭을 선언宣言하는 이유理由는 비록 부피수형不疲手形에 갓가웠으나마 시민사회市民社會가 선언宣言하고 약속約束한 사상思想의 자유표현自由表現과 자유自由라는 것이 최후最後의 일편一片까지 유린蹂躪하는 것이 곳「파－시즘」이라는 데서 유래由來한 것이다.

그럼으로 이 회의會議가 결성結成되기까지에 사실로 중심적中心的 역할役割을 한「지－드」라든지「말로－」「에렘부륵」「브로크」같은 사람들이 이 사상적思想的으로나 행동적行動的으로나「쏘레－트」의 사회체제社會體制에 대해서 무한無限한 관심關心과 내지乃至는 동정적同情的인 접근接近의 태도態度를 취한다고 하드래도 이 사실事實은 오히려 이 회의會議와는 간접적間接的으로 고찰考察되어야 할 문제問題이지 직접적直接的 관계關係는 가지지 아니한 것이다－라고 하는 것은 물론勿論 이네들이 소小부르조아 인테리로서의 역사적歷史的 세계관世界觀이라든지 사회적社會的 일정一定한 제약制約을 극복克復하고서 완전完全히 의식적意識的으로 좌익적左翼的 진영陣營에 참가參加한다면 그때 이네들의 존재存在에 대한 의미내용意味內容은 스사로 이 회의會議의 의미내용意味內容과는 구별區別되지 아니할 수 없을 것인 때문이다.

그럼으로 이 회의會議를 말할 때 누구나 반드시 지－드의 연설演說을 인용引用하는 것은 한 개 예例가 되다 싶이 되었으나 그것은 사상가思想家로서의 지－드를 이해理解하는 데는 일조一助가 될지언정 이 회의會議의「이데올로기」的 한계限界라든지 또한 거기서 규정規定되는 이 회의會議의 역사적歷史的 의의意義를 구명究明하는데 있어서는 지－드의 연설演說보담 앞에서도 인용引用한 바와 같이「주리앙, 방다」의 자기自己 태도態度에 대한 설명說明－나는 한 개의 문화文化의 파괴자破壞者도 아니고 옹호자擁護者도 아니며 다만 한 개의 명시자明示者로서 이야기하고 싶다－는 말이 가지는 철저한 중간성中間性, 이것이 더 긴요緊要하고 또한 우리네의 흥미興味를 끄으는 것이다.

이 회의會議에 참가參加한 여러 대표代表들이 다 각각 변명辨明한 바와 같이 이 회의會議는 결코 공산주의자共産主義者의 회합會合이 아니였다. 다만 양심良心 있는 소 부르조아, 인텔리들로서 자기네가 담당擔當해 있는 문화文化

그것은 사상思想과 표현表現의 자유自由 우에서만 개화開花할 수 있는 문화文化를 투쟁鬪爭의 위기危機와 「파-시즘」의 폭위暴威 앞에서 방위防衛하자는 것이다. 그러나 자유自由의 억압抑壓이라든지 자유自由의 보장保障이라는 것은 항상 정치적政治的 세력勢力 밑에서 실현實現되는 것인 만큼 이러한 자유自由의 보장운동保障運動이 필연적必然的으로 「파-씨즘」과는 대립代立되여 있는 공산주의共産主義에로 진전進展하고 접근接近할는지는 모르겠으나 이 회會에 기대期待하는 것은 오히려 비공산주의자非共産主義者로서의 엄정嚴正한 중간적中立的 태도態度인 것이다. 물론 역사歷史의 전환轉換이 최후最後의 결정적決定的 모-멘트에 이르면 사실事實에 있어서의 엄정嚴正한 중립中立이란 존재存在할 수도 없는 것이며, 행동行動의 세계世界보담도 이론理論의 세계世界의 부유浮游하는 인테리로서는 항상恒常 신흥新興하는 진영陣營에 가담加擔하는 것 보담은 기존旣存한 세력勢力에 아부阿附하는 것이 많은 것은 이미 역사적歷史的 사실事實로서 증명證明된 바이니 불란서佛蘭西에서 그 예例를 찾는다면 대전大戰 당시當時에 클로델의 종용慫慂에 의하여 기다幾多의 진보적進步的 작가作家들이 홍수洪水와 같이 카토리시즘으로 개종改宗한 것이라든지 독일獨逸에 있어서의 사회민주주의당社會民主主義黨 의회議會에서 개전開戰을 승인承認한 것 같은 것으로 보드래도 무연憮然한 것이다.

그러나 우에서도 말한 바와 같이 인테리의 존재存在 이유理由는 거짓인 진리眞理를 탐구探求하는 데 있는 것이며, 이러한 진리眞理는 항상恒常 기존旣存한 질서秩序에 반역反逆하는 편에 있다는 것이 진리眞理인 이상 역사의 결정적決定的 전환기轉換期에 이르러서 새로운 질서秩序를 창조創造하려는 편에 감加擔하지 않고 묵은 세력勢力에 아부阿附하는 것은 「작크-리비엘」의 명언名言과 가치 한 개의 「타태惰怠의 정신情神」일 뿐만 아니라 인테리로서의 자해自害인 것이다. 그러타고 해서 흙에 빠졌든 발을 씻드래도 일석일조一朝一夕에 신흥계급新興階級의 투사鬪士로서 전위前衛에 나서지도 못 하는 것이 소위所謂 인테리라는 계급적階級的 중간층中間層의 고민苦悶이고 비애悲哀이지마는 이러한 고민苦悶과 비애悲哀를 단순單純히 그것으로만 그치지 않고 중간층中

間層으로서 자기自己의 위치位置와 성루城壘을 최후最後까지 사수死守한다는 것은 그만해도 한 개의 위대한 역사적 歷史的 임무任務를 수행遂行한 것이라고 하지 아니할 수 없을 것이다. 말이 쉬어서[354] 문학文學과 정치政治의 통일統一이고 이론理論과 실천實踐의 병행竝行이지 마치 「모－던 걸」과 「모－던 뽀이」들의 첨단적尖端的 의상衣裳에 대한 기호嗜好의 유행流行과도 같이 좌우左右로 이행移行하고 변환變換하기를 마치 부평浮萍같이 하는 무절조한無節操漢보담은 오히려 역사적歷史的인 제 위치位置와 한계限界를 분명分明히 인식認識하고서 거기에 신흥新興된 임무任務만이라도 충실充實히 다하는 것이요 대신 더 필요한 것이 사실事實에 있어서 이러한 엄정嚴正한 중간적中立的 태도態度를 버리지 안는 것이 지금에 있어서는 결決코 용이容易한 일도 아닌 것이다.

여기에는 첫째 편견偏見 없는 정신精神과 탐구探求의 태도態度가 없이는 되지 안는 것이다. 사실 우리네가 얼마라도 목도目睹하는 바와 같이 소위 우리네의 지식군知識群이 명색名色은 진리眞理를 탐구探求한다면서 사실事實인즉 편견偏見의 포로捕虜가 되어서 저도 뜻하지 아니한 반동적反動的 역할役割을 하는 것이 대부분이 아닌가?

그럼으로 우리는 이 작년회昨年會를 결코 공산주의자共産主義者의 회會합으로 보지도 아니하며 또한 그러케 되기를 역망力望하는 것도 아니다.

오히려 이네들이 진격進擊한 태도態度와 편견偏見없는 정신精神으로서 인간문화人間文化를 위해 자기네의 소홍所興된 임무任務 엄정嚴正한 중립中立을 다하기를 바라는 바이며, 또한 이것만으로도 우리는 막대한 교조敎調과 시사示唆을 받은 것이 아닌가 한다.

이 글을 초草하는 동안 불란서佛蘭西의 정정政情은 매우 변變하였다. 과반過般 총선거總選擧에 절대적絶對的 승리勝利를 얻은 인민전선人民戰線은 마침내 「레옹 불룸」을 수반首班으로 한 불국佛國 최초最初의 인민전선人民戰線 내각內閣을 조직組織하였으며 일편一片으로는 공전空前과 대파업大罷業이 전全

354) 쉬워서.

산업産業 면面에 이러났다. 이러한 정치적政治的 사회적社會的 정세情勢의 격변激變을 따라 이 회의會議는 어떻게 열닐 것인가? 자못 흥미興味있는 일이나 아직 아모 통신通信도 접하지 못한 채 있다.

『사해공론』 1936.08.

풍자문학諷刺文學

풍자문학諷刺文學의 대망론待望論이 나타난지는 벌서 오래이다. 왈曰 의공법議功法으로서, 왈曰 자기분해自己分解의 풍자諷刺로서. 그러나 대망론待望論의 간절한데 비比해서 작품作品으로서는 하나도 수응酬應되지[355] 안헛다. 맛치 가물에 기우제祈雨祭를 아모리 지내도 날세는 의연依然히 청천靑天 백일白日이드시.

그러면 이러한 현상은 엇더캐 해결解決할 것인가?

첫째 풍자문학諷刺文學이란 것을 단순한 한 개의 수법상手法上 문제問題로 볼때에도 이것은 독특獨特한 수법手法을 요要하는 일조일석一朝一夕에 조흔 작품이 나타나리라고 생각할 수는 업다.

더구나 풍자諷刺라는 것은 작자作者가 작품作品의 대상對象으로서 현실現實을 대對할 때 그것은 단순이 소재素材로서 감수感受하는 것이 아니고, 다시 말하면 현실現實의 잇는 그대롤 독자讀者에게 전달傳達하거나 제시提示하는 것이 아니고 먼저 작자作者의 이성理性을 여과濾過한다는 창작과정創作過程의 특수特殊한 단계段階를 통과通過하지 아니하면 안 된다는 것이다. 그야 엇더한 창작과정創作過程이든지 현실現實이 작자作者의 이성理性을 여과濾過해서 재구성再構成되지 안는 것이 업지마는 풍자문학諷刺文學이란 이 과정課程이 더욱 현저顯著하지 안흐면 안 되는 것이니 다른 레아리즘 문학文學에 비比하면 풍자문학諷刺文學이란 작품作品의 소재素材로서의 현실現實이 작품作品으로 나타나기 전에 먼저 작자作者의 비판적批判的 대상對象으로 낫타나며 또한 이러한 비판批判을 것치지 안코는 풍자문학諷刺文學이란 성립成立되지 안는 것이다. 요사이 유모어 소설小說이니 넌센스 소설小說이니 하는 것이 유행流行하는 모양이나 이런 것을 가지고서 풍자문학諷刺文學이라고 하는 이가 업는 것은 결국結局 그러한 작품作品이란 그 저류低流에 준엄峻嚴한 비판批判의 정신情

355) '수응酬應'은 '남의 요구(要求)에 응(應)한다'는 뜻이다.

神이 업는 때문이 아닐까?

『조선일보』 1937.07.22.

비평기술론批評技術論 (1)[356)]

비평批評의 정신情神이라는 것은 어떠한 의미意味에서든지 한 개의 시대적時代的 영도력領導力을 가져야 한다는 것이다. 그럼으로 이러한 비평의 정신이 왕성旺盛하게 활동活動하자면 무엇보담도 모든 사상事象에 대對해서 비판批判할 자유自由와 능력能力이 업서서는 안 되는 것이다. 그러나 비평批評에 잇서서 이러한 비판批判의 자유自由와 능력能力이 상실喪失되면 사람들은 비평批評의 정신情神에서 의심疑心을 하는 대신에 비평의 기술技術에 대해서 관심關心을 더 만히 가지게 되는 것이다.

가령 예를 들면 신흥문학新興文學이 처음으로 이 땅에 드러올 때 그 선배先輩를 잡은 것이 비평批評이었다. 그리고 그 문학이 십년十年 간間을 성장成長하는 동안에 역시 분분忿憤 비평批評의 정신情神이 모든 사상事象에 대해서 비판批判을 한다는 것 보담도 엇던 때는 일도만단一刀萬斷의 재결裁決을 해왓든 것이다. 그럼으로 그 당시當時에 잇서서는 비평批評의 기술技術이라는 것은 거의 일一의 가치價値도 업는 것으로 아러왔다. 다시 말하면 그 비평批評이 유물변증법적唯物辨證法的이엇스면 그만이지 그 유물변증법唯物辨證法이 비평가의 측면側面으로서 볼 때 얼마나 진실眞實한 사고思考의 계략系略을 통通해서 엇더케 옹호擁護되여 엇더한 문체文體로 構成되어잇나 하는 기술적技術的인 측면側面은 전연全然 무시無視되엿든 것이다. 그때는 그 과도過度한 비평批評의 정신情神 때문에 그러한 기술적技術的 측면側面을 무시無視하고라도 오히려 그 강렬强烈한 자극刺戟을 못 이겻스니 그것만으로도 넉넉하엿든 것이다.

그러나 오늘날에 와서는 그러한 비평批評의 정신情神의 전연全然 상실喪失되엿슴으로 근래近來 비평批評이라는 것이 대개는 영도적領導的 지위地位으로

356) 「비평기술론」(1)·(2), 「문학과 사상」, 「스포츠와 논쟁」은 백목아(柏木兒)라는 필명으로 되어 있어 그동안 정리되지 못하고 있었다. 하지만 그의 논조나 비평적 권위를 가지고 기술하는 태도 등으로 보아 이원조의 글로 판단한다.

까지 민화敏化되엿스나 아직도 비평批評에 잇서서 이러한 본질적本質的인 기술적技術的 혜택惠澤은 밧지 못한 것이 만타. 그럼으로 어떠한 비평批評에 대對한 반격反擊은 실상 따지고 보면 그 비평批評의 정신情神에 대한 반격反擊이 아니고 대개는 그 비평批評의 기술技術의 저하低下에 대對한 반발인 것이다. 물론 오늘날에 잇서서는 고결高潔한 비평批評의 정신情神을 탈변奪邊하는[357] 것도 긴급緊急한 일이지마는 비평이 우선 비난의 대상對象이 되지 않기 위해서는 비평批評의 기술技術을 훨신 더 수련修練하는 것도 필요必要한 일이다.

『조선일보』 1937.10.06.

357) '탈변(奪邊)'은 '변두리를 빼앗다'는 뜻이지만 이 글에서는 비평정신의 '획득'과 동의어로 쓰고 있다.

비평기술론批評技術論 (2)

비평이 엇더한 의미意味에서든지 「반성」의 대상이 된다는 것은 그것이 엇더한 의미意味에서든지 선도 영도적領導的인 역할役割을 하려는 듸서 생기는 것이다. 그럼으로 批評의 만약 「반성」의 대상對象이 되기를 그을린다면 무엇보담도 제 스사로 지도적指導的 역할役割을 추종追蹤하는 수박게 업는데 批評이 지도적 모법模範을 버려야 하느냐 안 하느냐는 우선 뒤으로 미루고라도 만약萬若 우리의 비평문학사批評文學史를 쓴다면 가장 그 초기적初期的인 개화기開花期인 것도 비평문예批評文藝의 드러온 뒤부터이고 또한 가장 말썽을 만히 이르킨 것도 新興文學신흥문학의 비평批評이엿다.

왜 그러냐하면 批評이 영도적領導的 정신情神을 떠나서는 제 성격性格을 나타내지 못하므로 더 신흥문학新興文學의 비평批評은 용두사미로龍頭蛇尾로 事物에 대한 領導的이엿든 때문에 그많은 物議와 말썽을 일으킨 것이었스나 영도적領導的이라는 것은 그것이 올튼 그르든 한 개의 프린시플358)을 가지지 않으면 안 되는데 비해서 「말성」이라는 것은 제 자신自身이 한 개의 프린시플을 가지지 못한 표현방법表現方法이다. 그러므로 신흥문예비평新興文藝批評이 영도적領導的이엿든 데 대對한 말성이라 진실로 한 개의 프린시플을 가진 이론적理論的 한계限界는 아니엿섯다. 그러므로 이러한 말성은 신흥문예비평新興文藝批評의 어느 측側에 대한 말성이엿느냐 하면 대개는 비평 권위權威에 대對해서 이었다. 다시 말하면 신흥문예비평新興文藝批評이 이제 입장立場으로 하고 잇는 그 원칙적原則的인 이론에 대한 반성이 아니엿고 다만 그 원칙적 이론의 적용방법 내지는 응용방법應用方法에 대한 반성反省이엿다. 그래서 우리는 아직도 비평은 남의 글을 백기거나 모작模作하는 것으로 비평批評하는 사람들을 흔히 보게 되는데 이것은 비평의 무원칙적無原則的 이론理論에 대한 반성이 아니고 정正히 비평의 기술技術에 대對한 반성이엿다. 그리고 비평에 잇서서

---

358) '프린시플(principle)'은 '원리'를 의미한다.

그 점 신흥문예비평이론新興文藝批評理論은 그 평이平易한 기술적技術的 기준基準에 준거準據하여서 비평批評 기술적技術的이란 말은 거의 전연 무관無關하엿든 것이 사실事實이엿다. 그러나 그때는 기술적技術的으로 보아 평이平易한 비평批評이엿스나마 그래도 그 속에 영도적領導的 정신情神이 존재存在하고 잇섯스므로 그것이 취取할 점點이엇지마는 지금의 시류時流에 잇서서도 그때 영도적領導的 정신情神의 입장立場이엿스며 모범적이模範的엿든 그 프린시플이 업서지고 보니 알턴 이가 빠저다라난 현대이론現代理論에 잇서서 가장 적당한 얼잡으로 보히는 것은 비평기준批評基準의 적당適當한 것 박게 업다. 그래서 비평가의 기준이나 관점觀點은 중등생中等生의 작문作文만도 못 하다는 불명예의 쌍륜사교雙輪邪敎는[359] 오늘날의 현상現狀이다. 그러면 대체로 우리 비평 批評 논단論壇은 지금의 급선회急旋回가 무엇일까 일허한 지도적指導的 정신情神을 다시 획득獲得하지 못한다면 비평정신批評情神이라도 이때에 옹호擁護해야 할 것 아닌가?

필명 백목아柏木兒, 『조선일보』 1938.01.22.

359) '쌍륜사교(雙輪邪敎)'는 '두 개의 바퀴를 가진 잘못된 가르침'이다.

문학文學과 사상思想

한 개의 정태情態가 가지는 개념槪念 내용內容의 근거遵據에 따라서 그 어휘語彙의 어감語感이 달라지는 것은 사실事實이다. 그 중中에서 가장 단적端的인 예例를 든다면 「사상思想」이란 말이다. 이 말은 본래 숭고崇高하고 추앙推仰할 것이엿건마는 사회주의社會主義란 것이 드러오면서 사상思想이란 것은 숭고崇高라든지 추앙推仰의 표적이 아니라 도리혀 불온不穩하고 위험危險한 것이란 어감語感을 가지게 되엿다. 이것은 이때까지의 사상思想이란 다분多分의 순간적瞬間的이엿고 내지乃至는 종교적宗敎的이엿든 것에 정치적政治的 요소要素가 플러스된 때문이다. 그래서 종래從來의 사상思想이란 말은 일종一種의 골동품骨董品과 가티 되면서 도리혀 반동反動 사상思想이란 명칭名稱을 듯게 되고 사상思想이라면 의례히 정치적政治的 요소要素를 가진 「위험危險하고」 「불온不穩한」 것이 사상이라는 일흠으로 적용適用된 적이 잇다.

이것까지는 사상思想이라는 말의 어감語感과 또 그 유래由來를 이야기한 것이니까 이야기들이 서론序論에서만 그치면 다른 문제問題가 업겟지마는 한 거름 더 나아가서 문제問題가 문학文學과 사상思想의 관계關係에 이르면 이때까지 아모런 갈등葛藤도 업시 조화調和되여오든 것이 갑자기 불화不和하고 갈등葛藤되여 몃 세기世紀 동안 매저오든 인연因緣을 근코 말하자면 동거생활同居生活을 거절拒絶하게 되엿다. 그런데 이 거절拒絶의 이유理由가 무엇이냐 하면 문학文學은 문학文學의 독자성獨自性이 잇는 것이지 결決코 정치적政治的 도구道具가 될 수는 업다는 것인데 문학文學이 물론勿論 정치적政治的 도구道具가가 되기를 거절拒絶한 것은 당연當然한 일이나 이 정치政治라는 말은 실상 문학文學에 잇서서의 사상성思想性을 거부拒否한 것이엿다. 그리고 사실事實에 잇서서 이러한 사상성思想性이라는 것은 재래在來의 사상思想 그것이 아니고 다분多分의 정치성政治性을 띤 말하자면 불온不穩한 사상思想 또는 위험危險한 사상思想을 지칭指稱한 것임으로 사상성思想性 즉 정치성政治性이라고 한다면 문학文學이 이러한 사상성思想性을 거부拒否한 것도 오히려 당연當然하다고 하자! 그러나 한번 다시 그러나 문학文學이란 어떠한 의미意味에서든지 사상思想이란 것과 떠나서 독립獨立된 자주성自主性이 잇는가? 물론 문학文學이 다른 예술藝術과 가티 예술藝術로서의 「독자적獨自的 요소要素」는 가젓다고 하드래도 이것이 사상성思想性을 떠나서 이 독자적獨自的 요소要素만으로 문학이 될 수 잇느냐 말이다. 그럼으로 우리는 하필何必 현대문학現代文學에서 정치적政治的 사상思想을 요구要求하는 것은 아니다. 골동품骨董品이엿든 반동적反動的이든 철학적哲學的 사상思想이든 종교적宗教的이든 무엇이든지 조흐니 현대문학現代文學이 단순單純한 언어言語의 유희遊戲 일시적一時的 감상문感想文에서 떠나서 좀 더 일반적一般的이오 좀 더 심각深刻한 작가의 정신적精神的 노력努力이 그 작품에 반영反映되기를 바랄 뿐이다. 그럼으로 우리는 사상思想이라고 해서 숭고崇高하다거나 추앙推仰할 것이라거나 또는 정치적政治的 정열情熱이라거나 그런 것이 아니라도 다만 작가作家의 일반적이오 심각深刻한 정신精神的 노력努力만이라도 조흐니 그것이라도 우리들 작품에서 차저 낼 수 잇다면 우리는 그 작가에게 절을 해도 조흘 것이다.

필명 백목아柏木兒, 『조선일보』 1938.01.29.

스포－츠와 논쟁論爭

사람을 때려서 피가 나고 멍이 들고 혼도昏倒를 시키거나 심하면 죽게까지 해야 이긴 것으로 치는 권투拳鬪를 경기競技라고 해서 장려奬勵하는 이 세상에 아무리 사자士子의 일이라고 해도 논쟁論爭도 싸움인 이상 논적論敵의 인신공격人身攻擊쯤 하는 것이 그러케 허물될 것은 업슬 것이다. 그러나 권투拳鬪에도 스포－츠 정신情神이란 것이 따로 잇다고 하니 논쟁論爭에 비평批評의 정신情神은 스포－츠 정신情神보담은 좀 더 고상高尙해도 될 것이 아닌가?

스포츠 정신情神이란 상대자相對者를 음모간계陰謀諫計로 넘어트리지 안는 것일 뿐이지 관중觀衆에게는 흥미興味만 잇게 하면 그뿐이다. 그러나 비평批評의 정신情神이란 감정感情이 격월激越햇슬 때 상대자相對者를 공격攻擊하는 것은 허물될 것이 업드래도 그 공격攻擊에서 나오는 논리論理의 진전進展은 상대자相對者를 계몽啓蒙시키는 것보담 객관적客觀的으로 제삼자第三者에게 무엇을 기여寄與하는 바가 잇는데 비로서 논쟁論爭의 존재이유存在理由가 잇는 것이다.

그러나 근일近日 모씨某氏가 쓰는 서신체書信體의 논문論文을 보면 첫째 논쟁論爭의 대상對象이 분명分明치 안타. 그 내정內情을 아는 사람으로서 본다면 누구에게 하는 말이라는 것이 짐작되기는 하나 평범平凡하게 보면 작가作家에게 보내는 편지라고 햇스나 그 작가作家라는 것이 누구라고 박아잇지 안흐니까 작가作家들로서 본다면 모두 내한테 하는 말이 아닌가 하게스리 불쾌감不快感을 자아낼 일종의 위협적威脅的 문자文字이다. 게다가 중간中間에다가 「이것은 군君이 알는지 모를 설명說明이지마는 칸트라는 철학자가… 운운云云」 하엿스니 아무리 무식無識한 작가作家기로서니 칸트가 철학자哲學者인 줄 몰라서 인제 칸트라는 철학자哲學者가 하는 말에 계몽啓蒙되지는 안흘 것이다. 더구나 이 논문論文의 필자筆者가 철학자哲學科 출신出身이라는데 이 어구語句 뉴안스는360) 더 한 층 농도濃度를 가지는 것이니 만약 이 논문論文의 반격反

擊을 쓰는 작가作家가 『쉑스피어」라는 문학자文學者가』 운운云云한다면 그 광경光景을 보는 독자讀者는 분반噴飯할 것인가 빈축嚬蹙할 것인가?

필명 백목아柏木兒, 『**조선일보**』 1937.08.08.

360) 뉘앙스는.

근래시단近來詩壇의 경향傾向1
-특히 낭만파浪漫派와 감각파感覺派에 대對하야

우리가 흔히 문단文壇이니 하는 말을 거의 무반성無反省한 습관習慣으로 쓰는데 실상 이말을 깁히 생각한다면 거귀에는 다시 우리로 하여금 정밀精密한 고찰高察을 요하는 바가 잇스니 가령 『시단詩壇』이라는말을 시詩를 직업으로 하는 사람들의 한 개의 그냥 써-클이라고 말할 것인가? 또는 그 직업職業으로하는 시의 본질적 차이로써 『시단詩壇』이란말의 경계境界를 논해야 할 것인가? 물론 우리네가 단순히 무관無關한 제삼자第三者로서의 한 좌담적座談적的 용어用語로서는 전자前者만으로도 가능可能할는지 모르겟스나 우리가 어느 측면側面으로서든지 소위所謂 『시단詩壇』이란 것과 관계를 맷게 될 때 비備하면 시인詩人으로서 처세處世할 때 또는 시단詩壇에 대한 논평論評을 시론試論할 때에는 전자와 가튼 광대廣大한 용어用語를 그대로 적용適用하기는 의식적意識的으로나 감정적感情的으로나 불가능한 것이니 이 『시단詩壇』의 한계를 결정決定해야 할 것이며 더구나 근자近者 시단詩壇의 경향傾向을 말하려하면 그 경향傾向의 발효醱酵되는 주체 그것을 먼저 상정想定하지 않으면 안 되기 때문이다.

그럼으로 먼저 이 시단詩壇의 한계限界를 결정決定해야만 필자筆子로서의 평론評論의 각도角度가 정당正當한 위치位置에 노혀질수 있는 것이니 내가 소원所願한 또는 관심關心가지는 시단詩壇과 그러치 아니한 그것에 대한 평론評論의 각도角度 또한 태도態度는 필연적으로 달너지는 때문이니 내가 직접으로 소원所願하지 안코 또는 내가 관심關心을 가지지 아니한 시단詩壇에 대해서 만약萬若 나더러 작품作品을 일일一一이 비평批評하라든지 조흔 작품作品을 배상排賞하라던지 혹或은 훌륭한 시인詩人을 말하라 한다면 그는 근래近來에 와서 조선朝鮮의 신시新詩운동이 계급적階級的 분화分化에따라 자연自然이 두 분야로 갈러진 뒤 허다許多한 잡종적雜種的 색소色素를 혼화混和한 조선朝

鮮의 쑤르조아 시단詩壇에잇서서 가장 현저한 경향傾向이 두 개가 잇스니 그 하나는 수월數月 전前에 본지에 발표發表한 졸고拙稿 『시詩에나타난로맨틔시슴에 대對하야』라는 소론小論에서 말한 바가티 김해경金海剛 이규원李揆元 이대용李大容 조벽암趙碧巖 유적현柳赤駒 등 제씨를 대표한 『용광등鎔鑛燈』 『태양열太陽熱의 폭탄爆彈』 등의 어語로서 자기自己도취陶醉의 향락享樂에 열중하는 로맨틔시슴적 경향傾向이고 다른 하나는 지금 말하려는 정지용鄭芝鎔 김기림金起林, 편석촌片石村 씨 등을 대표한 감각적感覺的 경향傾向이 그것인 것이다. 대체로 시를 말할 째 어느 시가 낫부니 조흐니하는 것은 벌서 시詩에 대한 근본개념이 어느 정도 까지 동일한 범주範疇에 속한 것을 예상豫想하고서만 가능한 것이니 지금과 가티 역사적歷史的으로 갈너진 전연 다른 두 개의 시학詩學이 존재하는 데서는 시詩의 교졸巧拙이 문제되는 것 보담 먼저 그 시詩의 근본적根本的 본질本質을 구명究明하고 딸하서 그 시의 사회적 의존성依存性을 문제問題삼을 수밧게 업는 것이니 비평批評은 가치價値의 발견發見인 이상以上 시詩의 교졸巧拙은 비평批評의 대상對象이 가치價値의 전제全提이며 가치價値그것은 향수자享受者의 주관적主觀的 호악好惡에서 결정決定되는바아니고 항상恒常객관적客觀的 기본적基本的 기준基準에서 결정決定되는 것임으로 만약 우리네가 金起林 씨氏의 시詩와 가튼데서 우리네의 가지는 시詩의 가치價値 기준基準에서 비겨 어써한 가치價値를 예견豫見하려면 그것은 단순한 헛수고에 지나지 못할 것이다. 그러나 오히려 내가 金起林 씨氏의 시詩를 그냥 간과看過하지 못하는 것은 결코 뒬렛단트의 괴벽怪癖이 아니고 다른 측면으로서 다소의 의미意味를 가지는 것이니 이분의 시풍詩風(나는 시풍詩風이라고만 하고 십다)이 다른 시인과 다른 독이獨異한 일색一色을 가젓스며 쏘한 그것이 시인의 독자적獨自的 천분天分에서만 울어난 것 아니고 어느 필연적必然的인 사회적社會的 근거根據에 의존依存하는 것임으로 그것이 비록 객관적客觀的 조건條件의 제약制約에 억매여 잇다고 하드래도 이것이 벌서 사회적社會的근거根據를 가진 이상 그것은 단순한 개인적個人的 현상現像이라는 것보담 한 경향傾向으로 볼 수 잇는 것임으로 내가 이것을 감각파적感覺派的 경향

傾向이라 불으는 것이니 내가 金起林 씨氏를 감각파적感覺派的 경향傾向의 시인詩人이라고 말하엿다는 것은 나로서 그말을 해명解明할 의무義務가 잇고 또한 홍미興味가 잇는 것이다.

『조선일보』 1933.4.26.

근래시단近來詩壇의 경향傾向2
-특特히 랑만파浪漫派와 감각파感覺派에 대對하야

엇더라한 문학적文學的 경향傾向이든지 그것이 항상恒常 그 사회社會의 개관적概觀的 조건條件에 제약制約을 밧는 것은 우에도 말하엿거니와 이것은 이데올로기–일반一般의 피제약성皮制約性의 한 파생적派生的 현상現像인 것이다. 그럼으로 감각感覺派的 경향傾向이란 아직 조선朝鮮에서든 귀 구주歐洲는 말할 것도 업시 일본日本만하여도 근년近年에와서 부르죠아 문단文壇에의 한 엄연儼然한 세력을 일우고 잇스니 이것이 곳 자본주의資本主義 발전發展단계의 고저高低에서 일어나는 차이로서 조선朝鮮의 부르조아 계급적階級的 편제扁提는 아직도 일은바 감각感覺派的 문학文學의 애호층愛好層이 성립成立되지 못 하엿다는 것이다. 이러한 의미에서 생각한다면 김기림金起林 씨氏갓흔 분은 그야말로 인긍隣矜할361) 선구자적先驅者的(?) 비장悲壯한 맛도 업지 안으나 또한 감각파적感覺派的 경향傾向의 시인詩人인 씨氏로서도 맛침내 이 객관적客觀的 제약制約을 초월超越하지 못하는 경지가 가까이 보일 때 감각파적感覺派的 경향傾向 그것을 위한 동정同情의 미소微笑도 금치 못하는 것은 사실이다.

아놀로지의 방법方法이 반드시 정당正當하다고는 할 수 업스나 어이튼 우리는 이러한 사실事實을 볼 수가 잇는 것이다. 년전年前에 일본日本에 신흥新興감각파感覺派라는 경향傾向이 발흥勃興하엿슬 때 계차繼次해서 하촌천추下村千秋가 주창한 룸펜 문학운동文學運動이 대두擡頭한적이잇섯든 것이다. 이것은 자본주의국가資本主義國家인 일본日本의 계급적階級的 분화分化가 부르조아문학의 방계적傍系的 현상으로서 소부르조아 인테리 층層을 대표하는 신흥新興감각파感覺派의 존재存在할 기반基盤이 성립成立되는 동시同時에 푸로레

---

361) 원문에 '인긍(隣矜)'으로 적고 있으나 '僯'은 '부끄러워할 린'이므로 뜻이 통하지 않는다. '이웃 린'을 써서 '隣矜'으로 하면 '이웃이 모두 인정하는'의 뜻이 된다.

타리아 문학의 방계적傍系的 현상으로서의 생산生產 면面을 탈락脫落한 룸펜층을 대표代表하는 룸펜문학文學이란 것의 기반基盤이 형성形成될 수 잇는 멜리카—한 관계關係를 젓든 것이다. 그러나 이것은 일본日本과 갓치 자본주의資本主義의 난열기瓓熱期에[362] 잇은 근본적 조건條件과 푸로레타리아 문학文學의 발전發展형태의 특수特殊한 사정事情밋헤서 좌우된 것이지마는 아직 조선朝鮮에잇서 룸펜문학文學이 싸로 운위云謂되지 안는다는 것은 그 대비적對比的 현상現像인 감각파적感覺派的 경향傾向의 운명運命을 시정是定하는 홍미興味잇는 증좌적證左的 사실事實로도 볼수 잇는 것이 안일가 한다.

역사적歷史的 종막終幕을 고하는 부르조아 문학의 단말마적斷末魔的 탄식歎息이 에로 '그로' 넌센스불의 연명제延命劑로 지속持續하는 데 싸라 그 일반一般의 문학文學은 벌서 엇더한 천재天才난고하드래도 일정한 사회적社會的 가치價値를 가진 본질적本質的인 문학작품文學作品을 산출産出하기는 단념斷念하지 아니치 못하게 되엿으니 봉건주의封建主義 초기初期 문학文學과 갓흔 권선징악적勸善懲惡的인 파—시슴 문학文學의 대두擡頭 전前의 부르조아 文學의 갈 곳은 그네들의 소비적消費的인 신경神經을 자극刺戟(!)하는 감각적感覺的 현상現像이외에는 아무데도 용납할 곳이 없섯든 것이다. 그것은 부르조아지—의 가장 근본적根本的인 철학적 방법方法이 현실現實을 이해하기 전연全然 무력無力하게 되엿음으로 이네들의 생활면生活面에 감촉感觸되는 현실現實이 하나도 연관聯關 잇는 전체全體로서 인식認識되지 못하고 다만 단순單純한 감각적感覺的 현상懸象으로서만 인지認知될 싸름이니 여긔에 신비주의神秘主義의 전당殿堂이 잇고 쏘한 엑소틔슴의 요청要請이 생기는 것이다. 이것은 그네들 부르조아문학자인 안드레 · 벨—주가튼 사람도 양심적良心的으로 말한 바이니 현대문학現代文學부르조아문학—괄홍내이括弧內李—의 특징인 엑소틔슴과 핏토레스크는 외적外的 현실現實의 추구에서 이러나는 현상現像이라고 하였다. 그럼으로 이 감각파적感覺派的 문학文學경향傾向은 부르조아 문학文

362) '난열기瓓熱期'는 '옥처럼 빛나고 뜨겁던 시기'이다.

學의 한 방계적傍系的 현상現像으로서나 부르조아 인테리층을 대표代表하는 것이니 그네들의 세세細細한 감각感覺 그리고 그 감각感覺에서 이러나는 텔리카－한 신비감神祕感 그러고 그 신비감神祕感의 추구에 대한 부절不絶한 갈망渴望 이것들이 곳 감각파감각感覺派의 전면적全面的 특색特色인 동시同時에 이 특색特色을 우리는 김기림金起林씨氏의 몟 편의 시詩에서도 역력歷歷히 볼 수 잇는 것이다. 그러면 우리는 다시 씨氏의 시詩『황혼』－제일선第一線 십이월十二月호號－를 보자.

검은다리(橋)는 엇재서 물도업는 개천에서 찬바람결에허리를 씻기우면서 쌔쌔마른 다리(脚)를 휠신거두고만 서잇슬가요

『포플라』들은지금 개천가에서 새하얀 허리를 들추워내노코 발발썰고 잇습니다.

그의억개에서 포근한 푸른 외투(外套)를 벗긴 것은 구의 잔인한손입니다 참배[363]들은 인제는그의옷자락미테 기여드러서 수업는그날의이애기를 재절거리려오지안켓요

해가써러젓슴으로 집업는바람이 쏘다리(橋)미테 업디여서 앙앙느겨웁니다 집들은 회색의 大氣미트로 소라와가치 몸을 움크리고 기여듭니다 그러고는 크다른 굴둑을 걱구로물고서 퍽－퍽담배를 피우지요

엇지면 그럭케도 건방진굴둑일가요 너무나 엄청나게 큰숨이 마음에 써러지면 아니된다고해서 감은山들이 총총이거러와서는 마치『코삭크』의 步哨兵치름 表情이업시 웃둑이서서 마음을 구버봅니다 그러면 작은등불들이 감작이 집집의 창문에 매달려박글내다보지요 아마도 나러댕기는 별들과이애기하려는게지요 －편석촌片石村

『조선일보』 1933.04.27. 조간 6면

---

363) '참새'의 오식.

근래시단近來詩壇의 경향傾向3
-특特히 랑만파浪漫派와 감각파感覺派에 대對하야

이 시에 우리는 무엇을 볼 수 잇을가? 포풀라의 새하얀 허리에서 푸른 외투外套를 벗긴 것이 누구의 잔인한 손이냐고 이 시인은 의심하고 참새들의 수업는 그날의 이 애기와 집 업는 바람의 다리 밋헤서 앙앙 느겨우는 소리를 드르려하엿다. 그리고 또 무수無數한 감각적感覺的 현상現象이 나열되여 잇다. 『건방진 굴뚝』『소라와 갓흔집』들이 그래서 마지막에 작은 등불들이 나러다니는 별들과 이야기하려고 갑자기 집집의 창문에 매달려 박글 내다 본다고 하엿다. 이 시가 우에 내가 변증辨證한 감각파적感覺派的 시詩의 전형적典型的이란 것을 누구가 의심할 것인가? 법으로서는 이에 나는 방법方法이 전무하다고 단언할 수 잇다. 이 시를 통해 시인은 아모 것도 말한 것이 업스며 또한 말할 것도 단념하엿다. -우리는 실상 시詩를 비평批評할새 추상적抽象的이남아무엇을 말하려한 것 그것을 제일 중요시하는 것이다. -

이 시詩에서 보이는 바다와 가티 시인詩人의 작시적作詩的적 전全의도意圖는 이것이 이 시인詩人의 최근에 발표發表한 자기의 시론詩論의 일부인 주지적主知的 태도인지 모르것스나 작은 등불들이 날어단기는 별들과 이 애기하려는지 갑자기 집집의 창문에 매여 달린다는 의식적 착각錯覺을 일으키려한 이외以外에 아모 것도 간취할 수업는 것이니 이것은 그네들의 필연적인 귀결로서 그네들의 감각에 촉지觸指되는 현상을 평판적한 현상 그대로 묘사描寫하지안코 어느 방법方法으로서든지 문학적文學的인 평판적인 것의 반대로서 표현을 하려할 때 필연적으로 의식적意識的 착각錯覺이 이러나며 또한 그 착각錯覺에서 일종의 말초신경末梢神經적 향락享樂을 향락享樂하기 위해서 가장 평범한 소박한 사상事象을 얼마나 기괴奇怪한 형용사形容詞로 분포하엿는가는 내가 일일一一히 열거列擧하기에 장황長皇스러우리만치 무수한 것을 독자讀者는 보아알364) 것이다. 가령 『포풀라』의 새하얀 허리라든지 『건방진굴둑』이라든지 하는 말들이 모다 우에 말한 착각錯覺의 재료材料로서 유용한 것이나 실상實像은 언어言語의 요술妖術밧게는아모것도아닌 것이다 다시 우리는 이 시인詩人의 『새날이 밝는다』－신동아新東亞 신년호新年號－를 보자. 이 시詩도 전편全篇이 거의 다 이 시인詩人고유의 시풍詩風으로서『골작이 새벽을 음험陰險하고』『병아리와 갓흔 전차電車들이 쒸여 나오는』 새날에 이 시인으로서는 좀처럼 보지 못 할 호창呼唱으로 씃연聯을 막엇다.

> 상략上略
> 오－오전조선시민제군全朝鮮市民諸君－
> 『고무공』과가티 부푸러오는
> 탄력성彈力性의 대지大地의 가슴위로 쒸여나오렴 그러고
> 이러케 훌륭하고 큰 아츰을 춤추지 안으려는가

하엿다 그런데 시란 언제든지 선동적煽動的 성질性質을 가지는 문학형식임으로 시인詩人이 냉정冷情한 제삼자적第三者的 입장立場을 취하는 것보다는 직접으로 시詩를 통通해서 독자讀者를 부르는 째가 더 효과적일 째가 잇는 것이다. 그러나 이러한 째에는 그 시詩의 내용이라든지 하다못해 기분氣分만이라도 더 생생生生하고 더 현실적現實的인 배치排置가 잇은 뒤라야 그 효과가 자연스럽게 효과적으로 나타나는 것이지 이 시와 갓치 배경적 하치荷置가 잇은 뒤라야 그 효과가 자연스럽게 효과적으로 나타나는 것이지 이 시와 갓치 배경적 하치荷置가[365] 상징적象徵的이고 감각이『전조선시민제군 全朝鮮市民諸君』을 불으면 그 시민들은 선동煽動되기는 새로히 질質과 양量의 불균제不均齊에서 이러나는 일종의 당연瞠然한 경악驚愕밧게는 늣기지 안을 것이다. 그리고 이『시민市民』이란 말을 이 시인은 무슨 의미意味(가령 시민市民이란 말의 가지는 일정한 의미意味로서)인지 쏘는 단순單純한 말의 운율적韻律的 관계로서 썻는지는 모르겟스나 이 말을 언어학적言語學的 직역直譯을 하면『부

---

364) '보았을'의 오식.
365) '하치(荷置)'는 '위치를 잡아 둔다'는 뜻이다.

르죠아』라는 말인데 이 시인市人이 전조선全朝鮮의 부르죠아 제군諸君을 불럿다는 것은 괴상怪狀할 것이 업스나 아모리 조선朝鮮의 부르죠아라고 하드래도 일즉 불러노코 『고무공』과 가티 부푸러 오르는 탄력성彈力性의 대지大地의 가슴위로 뛰여나오렴 그러고 이러케 훌륭하고 큰 아츰을 춤추지 안으려는가? 한다면 춤출 생각은커녕 무슨 말인지도 잘 모를 것이다. 조선朝鮮의 쑤르조아는 탄력성彈力性의 대지大地가 아무리 『고무공』가티 부푸러 오르는 훌륭한 아츰이라고 하드래도 이 시인詩人과 가치 훌륭한 아츰을 춤출 줄 아는 취미趣味나 교양敎養도 업슬 것이고 또한 여한餘閑도 업슬 것이다. 그러나 이러한 것은 나의게는 무관無關한 남의 집일임으로 넘우 장황張皇히 할 필요나 흥미興味도 업스나 다만 사실적 논란論難은 이에서 긋치고 이 시인의 더 본질적本質的인 듯한 『바다ㅅ가의 아츰』-동지同紙 동월同月 호號-를 보기로 하자.

『조선일보』 1933.04.28.

근래시단近來詩壇의 경향傾向4
-특特히 랑만파浪漫派와 감각파感覺派에 대對하야

자근 魚族의 무리들은 고요한 바다 밋헤서 日曜日 아츰의 처녀들처럼 소리를 내어저으면서 도라단김니다.

고요한 물결들이 조약돌사이를 기여단기는 발자취소리가 자못 요란합니다.

갑자기 던곳에서 淫奔하 별들의 오족에 저즌 鐵橋우를 색가만 機關車가 샛샛 울면서 씌여감니다.

그러면 나는 문득 툭닥거리는 가슴을 붓잡습니다. 나의 바구니에는 人魚의 머리칼 갓혼 푸르고 기름진멱(昆布)이 절반도 안찬까닭이외다 이윽고 해쌧을 들러쓰고 그의 배는 물새와 갓치 두놀을 펴고 물결의 비단폭우를 밋그러저올터인데--

먼 섬의 저편으로부터 오는 안개여 너의 양羊털의 「납긴」을 가지고 밋그러웁게 바다의거울을닥거라 그의 노래를 저해하는 파도들을 잠재워다고. -방점傍點 이李

이 우여곡원紆餘曲遠한 이 시에 독자讀者는 무슨 싼 사실事實을 발견한 것이 잇을가? 이러한 시상詩想은 한시漢詩 잔편殘篇갓혼데서 얼마라도 볼 수 잇는 가장 평범한 시상詩想이다. 그러나 이러한 시상詩想이 우리의 요술사妖術士(존경尊敬하는 의미意味로서)에게 맷겨질 쌔 이러한 비문자非文者가 되는 것이 우에 방접傍點한 시행詩行에서 이 시인詩人의 감각感覺이 얼마나 섬세纖細한가를 우리는 볼 수 잇는 것이며 쏘한 이 시인詩人의 각고覺苦와 유희遊戱가 이 시행詩行에서 얼마나 성공成功하엿는가도 볼 수 잇는 것이다. 그러나 우에도 말한 바와 갓치 벌서 이 시인詩人과 우리네와 사이에는 시에 대한 근본개념根本槪念이 다른 이상以上 만약萬若 극단적極端的으로 말한다면 어느 째는 이 시인詩人에것너는 득의작得意作이며 명구名句이라도 그것이 도리혀 우리의게는 반질적反質的으로 설명될 쌔가 잇는 것이니 우선 이상에 인예引例한 시가 그러하나 다만 우리는 이 시인의 독수고감獨守孤憾하는 詩的 態度가 다만 한 個人的 特殊現象이 아니고 그것이 어는 사회적社會的 근거根據에 의존依存

해[366] 잇다는 것을 개명開明하는 동시同時에 이것의 모든 객관적客觀的 조건條件을 이해함으로써 또한 우리의 당면當面한 시작방법詩作方法의 문제問題를 해결解決해 가는데 일조一助가 되면 다행多幸인 것이다.

끗흐로 부기付記할 것은 이 시인詩人과 갓흔 傾向으로서 정지용鄭芝溶씨를 열거列擧하엿스나 氏의 시詩는 근작近作이 발표發表된 것이 업는듯하며 묵은 잡지雜紙에서 인용引用할 자료資料는 잇스나 넘우 오래된 것이라 그것을 취급取扱할 수 업서서 그냥 일홈만 썻는데 씨의 近來의 시작試作 태도態度가 엇더케 변하엿는지는 모르겟스나 지금 나의게 잇는 資料로서는 김씨金氏와 갓흔 傾向의 詩人이라고 볼 수 밧게 업스되 시인으로 출세한 연대순年代順적 관계로 본다면 정씨鄭氏가 김씨金氏보다 더 선배先輩이며 다갓흔 감각파적感覺派的 경향傾向이라고 하드래도 조선朝鮮의 객관적客觀的 정세政勢가 도시都市와 농촌農村을 극연劇然히 구분하기 어려운만치 이 역시 또렷이 구별區別하기는 어려우나 어이튼 정씨鄭氏가 더 전원적田園的인데 비해서 김씨金氏가 더 도시적都市的인 차이는 잇슬듯하니 이것 역시 그네들의 출세出世한 연대年代의 차이에서 조응照應한다면 다소多少의 점두點頭할 사실事實이 안일가 한다. 그리고 이 경향傾向이 압흐로 엇더케 발전發展될는지는 예상豫想을 허하지 안는 것이나 어이튼 이 경향傾向이 소부르조아 인테리 층을 대표代表하는 것임으로 이것이 아직 조선朝鮮에 잇서의 객관적客觀的 정세政勢에 비겨본다면 아직 한 문화적文化的 지반地盤을 이루기는 일직은 혐嫌이[367] 있는 동시에 어느 의미意味에서 잇서서는 불우不遇의 시기일는지도 모르겟스나 그네들 자신도 아직 외국外國의 감각파感覺派와 갓흔 경지境地에 이르지 못한 것도 사실事實이다.

-4.19. 어於 낙산駱山 여사旅舍[368]

『조선일보』 1933.04.29.

366) 원문에는 '桀存'으로 표기하고 있으나 문맥상 '依存'의 오식으로 보인다.

367) 싫어하는 것이.

368) '낙산(駱山)'은 서울 종로구와 성북구의 경계를 이루고 있는 산이다. 산모양이 낙타의 등과 같다고 해서 낙타산(駱駝山), 타락산(駝駱山) 또는 낙산이라 불리게 되었다. 조선시대 한양 성곽이 낙산 능선을 따라 만들어졌다.

애기들에게 읽힐만한 책
-세계 걸작동화집을 읽고 나서 1

어느 날 일이었습니다. 하로는 리은상(로산鷺山 리은상李殷相)선생이 잠간 보자기에 갓더니마는 하늘 말이

『앱분책을 한 권 드릴테니 청을 하나 드러주겟소』

하고 물었습니다. 책을 준다는 바람에 청이라는 것이 무엇인지도 들어보지 않고

「그러지요」

하고 대답하엿습니다. 그적새는 책 상설함을 열더니마는 정말 앱분책을 한 권 끄내엇습니다. 펏득 보아도 장점 그림은 안석주(석영夕影 안석주安碩柱)선생의 솜씨인 것을 알 수 잇섯습니다. 그림은 앵두가티 어여쁜 두 애기가 연을 띄우러 가는 것이엿습니다. 그 여페 푸른 글짜로 세계 걸작동화집(世界傑作童話集)이라고 씨여 잇섯습니다. 나는 이 책을 바다들고 정말 기뻣습니다. 하도 기뻐하니까 리선생은 말슴하기를

「나도 한번 읽어보앗는데 하로ㅅ밤은 새울만 합듸다」

하엿습니다. 그적새는 나도

「대체 청이라는 것은 무슨 청입니까」

하고 무럿더니마는

「다른 게 아니라 이 책을 읽고서 그 감상을 하나 써주시오」

하는 것이엿습니다. 이 청은 정말 어려운 청이엿스나 기왕 승낙을 하고 책까지 바덧스니 인제와서 이러니 저러니 할 수도 업슬 뿐만 아니라 그 보담도 책모양이 하도 마음에 드러서 이러한 책을 읽으면 무슨 말이라도 쓸 수 잇스려니 하는 꿍심만 대고 그 자리를 떠나왓습니다.

분주한 책상머리에서 정신드려 읽을 수는 업스나 우선 페여보고 덥허도 보고 드러도 보고 노하도봅니다. 목녹(目錄)은 세계 열 다섯 나라를 골라서 한

나라마다 두 편식을 추려 만드럿스니 도합 삼 십 편이 실린 것입니다. 그중에 번역은 멧분만 빼여노코는 모다 그 나라말에 정통하신 분을 골라 맥긴 모양이니 첫재 이 책을 만드는 데 잇서서 얼마나 주밀한 용의로써 완전한 체재를 만드려고 애 썻는가를 짐작할 수가 잇습니다.

이때까지 나온 책들 중에서 동화집이니 동요집이니 하는 것이 결코 적지는 안흘 것입니다. 그러나 긔왕에 나온 그러한 책들에 비해서 이 책이 훨씬 빼여낫드냐 떠러젓느냐 하는 것은 다시 내용을 보아야 할 일이지마는 첫재 안 읽고도 눈에 뜨이는 이 책의 특색이며 또한 이채(異彩)라고 할 것은 아모 질서나 의도가 업시 되는대로 주어 모흔 것이 아니고 세계 열 다섯 나라에서 가장 대표적이라고 할 만한 것을 두편식 뽑아서 이 책 한 권만을 가지면 세계 어느 나라 이야기던지 다 드를 수 잇게 만드럿다는 것입니다. 말하자면 이 책을 가지면 동화의 세계일주를 할 수가 잇습니다. 영국이야기를 듯고 시프면 영국 편을 뒤저보고 로서아 이야기가 듯고 시프면 로서아 편을 여러보면 되게스리 되어 잇습니다.

『조선일보』 1936.11.27. 석간 2, 4면

애기들에게 읽힐만한 책
-세계 걸작동화집을 읽고 나서 2

사실 이 한 권의 책을 가지면 세계 어느 나라든지 그 나라의 이야기를 마음대로 읽을 수 잇다는 것이 가장 편리하고 특색 잇는 점이겟습니다.

그러나 이러한 편리는 오히려 거트로 보히는 편리이지마는 다시 이 책을 페여들고 읽어가는 중에서 좀 더 기피 맛을 본다면 이야기가 모다 비슷 비슷한 듯 하면서도 실상인즉 나라에 따라서 다각각 다른 재미와 다른 맛이 잇는 것을 느낄 수 잇는 것입니다. 이러한 것은 이 책을 읽는 사람에 따라서 다를넌지 모르지마는 내가 이 책을 읽으면서 늣긴 중에 가장 큰 흥미라고 하고 싶은 것은 실로 이 책이 실린 이야기들이 모다 제각각 그 나라의 인정과 풍토와 습속에 따라서 가튼 듯하면서도 다른 데가 잇는 것을 발견한 것이엿습니다. 그럼으로 이 책을 다 읽고 나서 생각하기를 만약 이 책을 실용적으로 쓰자면 어떠케 하엿스면 조흘가? 하고 생각해보앗습니다. 그래서 나는 다시 생각하기를 이 책을 읽을 사람은 대게 보통학교 상급생에서 중학교 하급생에 미칠 것이니 이네들이 학교에서 배우는 지리나 역사의 과외 참고서가튼 것으로서 읽는다면 한편으로는 학교에서 배우는 과목을 훨신 더 자세하게 또는 참되게 리해할 수가 잇는 동시에 이 책으로 말미아마 산 역사와 산 지리를 배울 수 잇을 것이며 다른 한편으로는 우리네가 항상 일허버리기 쉬운 동심의 세계를 훨신 더 아람답고 깨끗하게 할수 잇스려니 한 것입니다.

우에서 나는 열 다섯 나라의 동화가 자세히 읽어보면 다 각각 다른 점이 잇다고 하엿스니 말이지 그중에서 가장 뚜렷한 례의 하나로는 영국편이나 불란서 편을 읽고 나서 한번 로서아 편을 읽어보시오. 전자는 한업시 화려하고 애틋한 통상적인데 비해서 후자는 그대로 소박한 순진한 현실적입니다. 이러한 다른 점으로서도 우리는 긔후와 풍토가 다르고 언어와 습숙이 다르면 거귀에서 비저나오는 이야기도서로 다르다는 것을 깨다를 수가 잇습니다.

그러나 이것은 내가 이 책을 읽는 동안에 이러한 것도 발견하엿소 하는 것이 지나지 못하는 것이니까 여러분도 이 책을 읽는 중에서 이러한 것을 발견한다든지 또는 그런 것을 연구해보는 것도 재미 잇는 일인 듯 하기에 간단히 말하는데 지나지 못하지마는 이것보담도 좀 우수운 이야기가트나 이 책을 읽는 동안에 내가 격근 한 가지 이야기만하고 끄틀 막겟습니다.

저녁을 먹고 나서 처음에는 책상머리에서 안저 읽다가 피곤하기에 그 다음에는 누어서 읽었습니다. 방이 외풍이 세여서 발끗치 시려오고 다리가 선선해서 이불을 덥헛스면 쭉 조켓스나 참아 읽는 책을 덥지못하고 누가 이불을 펴여주었면 하는 중에 우연히도 발끄테 싸허노앗든 이불이 툭 떠러지면서 선선하든 다리와 발끄틀 덥허 주었습니다. 그때에 나는 이 책의 어떠한 구절을 읽고 잇섯느냐하면 서반아편 『조고마한새』라는 이야기주 중에 『발토로』라는 소년이 신귀한 새한마리를 어더서 그 새에게 무슨 말이든지 일으기만 하면 그 당장에 나타난다는 이야기엿습니다. 나는 『발토로』와가티 그러한 새를 가지지 못한 때문에 맛난 음식이나 진주나 보배는 엇지 못하엿서도 그 이야기만 읽어도 치울때에 저절로 이불이 네려 덥허진 것이엿습니다.

여러분 중에서도 무엇이든지 원하는 바가 잇거든 이 책을 한번 읽어보십시오. 반드시 그 원하는 바를 어드리다. 그러나 이 원하는 바를 내가 미리아노니 만약 『아람다운 마음』을 어드려거든.

(定價 一圓 朝鮮日報社 出版部 出版 京城 五八七八)

『조선일보』 1936.11.28. 석간 2, 6면

산문散文정신情神과 레알리즘

대담: 이원조李源朝－유진오兪鎭午

이원조李源朝　산문정신散文情神이라는 말은 작년昨年 동경문단東京文壇에서 문제問題가 되어서 아모런 해결解決을 짓지 못 하엿다고 생각하나 우리는 여기서 이야기를 편리하게 하기 위해서 먼저 산문散文정신情神의 어휘語彙부터 해석解釋하는 것이 어떨까요.

유진오兪鎭午　종래從來는 일반一般으로 산문散文이라면 운문韻文에 대립代立된 것으로 생각해왓는데 그런 형식적形式的 구별區別을 떠나서 그냥 문학정신文學精神이라는 의미意味로 해결解決하는 것이 어떨까요

이李　물론 그러한 문학개론적文學槪論的인 형식적形式的인 구별區別은 불필요不必要합니다. 그러나 시정신詩精神이란 간단하게 말하면 직감直感이라는 비교적 간단한 형식形式을 통하지마는 산문散文이라는 것은 직감直感보담도 이해라든지 사색思索이라든지 비판批判이라든지 이러한 말하자면 고도高度의 사고형식思考形式을 통하지 안습니까? 그러한 의미에서 현대現代인의 생활生活이란 넘우 복잡複雜해서 직감直感적인 시詩로서는 도저히 수습收拾하지도 못할 정도程度에 이르럿습니다. 그럼으로 산문散文이 현대現代에 와서 문학文學의 왕좌王座를 시詩에서 빼서온 것이라고 생각하는데 이러한 의미意味에서 산문정신散文情神을 시정신詩精神과 구별區別할수잇지 아니할까요

유兪　그러한 의미에서 시정신詩精神과 구별區別하는 것은 조습니다. 그런데 현대문학現代文學이 인간성人間性이라든지 이성理性이 작구만 상실喪失이되여가니 그런 것을 다시 차저서 문학정신文學精神을 삼는 동시同時에 그것을 산문정신散文情神이라고 해야할것입니다.

이李　그러타면 산문정신散文情神이라는 것이 현대現代에와서 특히 운위云

謂되는 현대적現代的 근거根據는 무엇일까요?

유兪 물론 발생發生역사歷史로보면 고대古代에도 산문散文이 업섯든 것은 아니지마는 시詩를 문학文學의 왕좌王座에서 축출逐出하고 산문이 거기에 대위代位햇다는 데는 여러 가지 사회적社會的 이유理由가 잇슬겝니다. 가령 봉건시대封建時代의 불합리주의不合理主義 Irrationalism에 대해서 인간人間의 자연自然을 차저 오는 것으로 문학정신文學精神을 삼는데서 생긴 것일겝니다. 그러나 현대現代에 와서는 그러한 정신情神이 점점 상실喪失되어갑니다. 그것은 무엇을 의미意味하느냐하면 산문정신散文情神이 성취成就한 효과는 레알리즘이라고 볼 수 있는데 그것이 상실喪失되어가지 안습니까 가령 십구 세기一九世紀의 자연주의自然主義만 하드래도 그들은 철저徹底히 레알리즘에 충실忠實하려고 하엿지마는 플로벨이나 졸라만 하드래도 발작크나 스탕달에 비比하면 그저 현실現實의 듸텔이나 일상성日常性에 빠지고 산문정신散文情神이 자연적自然的으로 요구要求하는 모랄이 업섯습니다. 그래서 혹은 도리혀 레알리즘에서 유행流行해가지고 신비주의神秘主義나 상징주의象徵主義로 흘러갓는데 현대現代에 잇서서는 이러한 경향傾向이 더한층 농후濃厚해가니까 그런 의미意味에서 문학정신이 현대에 와서 다시 절액絶眲되는 것이겟지요.

이李 그러면 산문散文이란 결국結局시민사회市民社會의 문학文學이라는 말인데 산문散文이 시詩에서 문학文學의 왕좌王座를 빼아섯다는 것은 산문散文이 사회社會라는 큰 문학적文學的 영역領域을 발견發見한 때문이 아니겟습니까. 그와 동시同時에 문학文學이라는 것은 현실現實을 구성構成하는 것이라고 말할 수 잇는데 산문정신散文情神이 현실現實구성構成과는 어떠한 관계關係를 가집니까.

유兪 그 점點에서 시詩와 산문散文을 구별區別해보는 것이 편리便利하겟습니다. 인제 말슴에 詩는 社會와 유리流離한 것이라고 말슴햇는데 어느 의미意味에 잇서서는 그러키도 하지마는 한편으로 안 그러키도 합니다. 가령 시詩라도 고대古代에 올라가서 영웅시英雄詩나 서사시敍事詩 가튼 것을 반드시 직감直感만으로 쓰여진 것은 아니지마는 영웅시英雄詩나 서사시敍事詩가 주제主題로 삼는 영웅담英雄譚이나 산문散文의 주제主題로 삼는 민중적民衆的인 현실現實의 탐구探求라는 것을 대비해보면 그 차이差異는 당연瞠然할겝니다.

이李 그런데 다 가튼 산문散文중에서도 체격體格이 다 각각各各 다릅니다. 가령 발작크나 플로벨의 산문散文과 프로스트나 지-드의 산문散文은 다 가튼 산문散文이면서도 전자前者는 구성적構成的이고 후자後者는 비구성적非構成的인 말하자면 유락적流落的이라고 할까요. 하여간何如間 판이判異하게 다른데 그러한 차이差異는 어듸서 오는 것이며 또한 어느 편이 정말 본격적本格的인 산문散文일까요.

유兪 그것은 아마 현실現實에 대하는 태도態度의 상위相違에서 오는 것일겝니다. 말하자면 전자前者는 적극적積極的이고 소극적消極的이라는…
그러나 본격적本格的 산문散文이라면 아모래도 전자前者이지요.

이李 태도態度라는 것은 문학文學 이전以前의 이야기인데 문학文學을 이야기하자면 전자前者에 나오는 것은 수법手法이 아니겠습니까? 그러니까 이때까지 우리가 가지고 온 수법手法중에서 산문정신散文情神을 성취成就하기에 가장 적당適當한 문학적文學的 수법手法은 어느 것일까요.

유兪 물론 레알리즘이지요. 그러나 조건부條件附로 말하면 잇는 것을 그대로 그리라는 것이 통용通用되는데 그런 것은 아닙니다. 문학文學이란 현실現實을 구성構成하는 것이니까 거기에는 반드시 작가作家의 주관主觀이 통通하지 안코는 안됩니다.

이李 그러면 레알리스트로서 스탕달 발작크에서 시작해서 자연주의自然主義 제작가諸作家까지 한목치는 레알리즘이잇서 이것을 외면적 레알리즘이라고 한다면 또 한 가지는 내면적內面的 레알리즘이라고 할까요 프로이드나 베륵송의 사상思想에 입각立脚한 작가作家들도 예例하면 프루스트나 월프도 레알리스트라고 하는데 그다음에는 소시알리스틱 레알리즘이라는 것이 잇습니다. 그러면 이 세 가지 레알리즘 중中에서 가장 적당한 것은 어느 것일까요.

유兪 내면적內面的 레알리즘이라는 것도 물론勿論 논리적論理的으로 가능합니다. 인간의 자연自然이라면 정신情神 현상現像도 뺄 수는 업는 것이니까 그것도 레알이라고 부를 수 잇겟지요. 그러나 사람이란 구체적具體的 존재存在는 항상恒常 사회적社會的 존재存在입니다. 그런데 사람을 구체적具體的 사회적社會的 존재存在로 보지 않고 내면內面만보는 것은 비구체적非具體的인 동시同時에 비현실적非現實的이겟지요. 다만 내면적內面的 레알리즘이란 그 이전以前의 외면적外面的 레알리즘에 대비對比되는 문학적文學的 의미意味에서 단정斷定은 할 수 잇으나 그것만을 추구追求하면 그것은 사람의 사회성社會性을 그리지 못한 때문에 비구체적非具體的이며 비현실적非現實的이니까 결국은 반레알리즘이지요. 그와 가튼 의미意味로 일부一部의 소시알리스틱 레알리즘을 주창主唱하는 작가作家가 이러한 내면적內面的 레알리즘을 반대하기에 넘우 소급遡及하느라고 인간人間의 내면적內面的 성찰省察을 무시한 것은 대단히 불찰不察입니다.

이李 인제하신 말슴을 추려서 말슴하면 외면적外面的 레알리즘은 주관主觀을 무시했고 내면적內面的 레알리즘은 객관客觀을 무시無視했다고 하는데 이러한 의미意味에서 쏘시알리스틱 레알리즘이 이와 반대로 나타나면서 그 이론적理論的 근거根據로서 인식론認識論의 모사설模寫說에 접촉接觸되는 것은 당연瞠然한 일이겟지요. 그러타면 여기서 문제問題되는 것은 보는 눈과 보히는 사실 즉 주체主體와 객체客體의 통일統一이겟는데 거기대해서 어떻게 생각합니까?

유兪 외면적外面的 레알리즘은 주체主體로서의 눈이 정확正確하지 못한 것이 사실事實이엿습니다. 가령 베륵송이나 듸르타이나 훗셀가튼 사람이369) 주체主體를 강조强調하기는 하지마는 우리가 말하는 주체主體라는 것은 그들이 말하는 바와 같은 개인個人으로서가 아니고 사회적

▲사진 향向하야 좌는 유씨俞氏 우는 이씨李氏

社會的이요 역사적歷史的인 주체主體인 특히 우리가튼 입장立場에 잇는 사람은 환경環境이라든지 전통傳統이라든지 교양敎養에 잇서서 그러한 주체主體를 준비準備하도록 되지 못한 때문에 우리가 이론理論이나 이지理智의 힘으로는 그러한 주체主體가 되어야 한다고 생각지마는 문학文學이란 이론理論이나 이지理智의 힘만으로는 되지 않흐니까 거기에 작가적作家的 고민苦憫이 잇서요.

이李　그러타면 레알리즘은 수법手法으로 유전遺傳하는 것이 아니고 생활生活로 획득獲得하는 것이겠는데 그러한 생활生活이없다면 레알리즘은 단념斷念한다는 말슴입니까?

유兪　단념斷念하는 것은 아닙니다. 그보담도 그 고민苦憫을 살려서 자기自己자신自身의 시튜에-슌에[370] 대對한 자각自覺을 갖게 되고 그 자각自覺하下에서 창작創作을 한다면 바랄 수 잇는 최상급最上級의 작품作品은 못 되여도 또한 의의意義잇는 작품作品은 제작制作할 수 잇스리라고 생각합니다.

---

369) Henri Bergson, Wilhelm Dilthey, Edmund Husserl.
370) situation

이李 그것은 김남천金南天씨氏의 고발告發의 정신情神이라는 것과도 공통共通되는듯한데 그러케 되면 작가作家가 제 자신自身을 현실現實로보는 것이니까 역시亦是 작가作家의 눈이라는 것은 의연히 문제問題되지 안습니까?

유兪 그러켓지요 이 문제問題는 좀 곤란困難한 문제問題입니다. 잘못하면 현재現在의 입장立場을 합리화合理化하는 것이 되니까요.

『조선일보』 1938.01.01.

소월小月 형평型評 1
-작풍作風의 차이差異 1-2월 창작평

아무 생각업시 『문장文章』 이월二月호號를들어 먼저 김동인金東仁씨氏의 『김연실전金硏實傳』을 읽엇다. 이 소설小說을 읽어가다가 다른 소설小說도 읽어보고 시픈 생각이 나고 다른 소설을 읽고 나서 월평月評이라도 해볼까 하는 생각이 나서 붓을 드렷다.

작년昨年에 씨氏의 단편短篇『가두街頭』?이든가 제목題目은 잘 생각나지 안허도 불면증不眠症 걸린 『내』가 아렛 방에 세드러 잇는 여급생활女給生活을 그린 작품을 읽었는데 전 작품을 통通해 타기만만惰氣滿滿해서 이 작자作者도 어지간히 늙엇나부다 하엿더니 이번 김연실전金硏實傳』을 읽고 보니 작자作者 부기付記로 붓도 피곤疲困하고 해서 이만하고 둔다는 말과 가티 작품으로서는 다소多少 반중 등이 된 느낌이 업지 아니하나 필치筆致 고담枯淡해도 그래도 전편全篇을 통通해 강인强靭한 맛이잇서 이 작가상불노의作家尙不老矣의 느낌이 잇다. 무릇 테-마의 선택選擇이라는 것은 작자作者의 개성個性이나 기호嗜好에 따른 것이니 하필 왜 이런 테-마를 취取햇슬까 나가트면 이러케는 안 쓰겟네 하는 소리는 쓸 데 업는 말이고 다만 이 작품作品에 쓰여진 년대年代가 이 작자作者의 가장 원기元氣잇을 때 체험한 시대時代이고 이 작품作品의 주인공主人公이 또한 이 작자作者의 동향同鄕사람인만큼 이 작품作品의 테-마는 이 작자作者에게 그야말로 상당이 가전 것이니 이보담 멧배倍를 더 길게 쓰라고 해도 조곰도 무난無難할 것 업시 술술 쓰여저 갈 것이지마는 이 작품作品을 읽는 중에서 다른 작품作品을 읽어보고 싶은 생각이 낫다는 것은 대체로 수법修法상上의 일종 비교의식比較意識이엿다. 지금 흔히 대가大家들하면 춘원春園파더부터 이 작가作家를 지칭하는데 이분들과 지금 또 중견中堅이라고 치는 분들 또는 시인詩人이라고치는 분들의 연대적 차이差異는 불과 이십二十년年 가량 박게 되지 안는데 작풍作風은 그축 그축끼리 현격懸隔한 차이가 잇다.

그것은 첫재 이 작품作品을 읽어보면 요새 젊은 작가들의 작품作品과 현저顯著히 다른 것은 작품作品의 구성構成이다. 가령 요새 젊은 작가作家들의 작품作品을 읽어보면 사건事件의 전개展開가 자유자재自由自在하다고 할까 하여간 아모런 제약制約이나 구속拘束이업시 여기 생겻든 일이 언제 업서진 지도 모르게 저기 생긴 일이 여기서는 꿈도 못 꾸든 이런 식式으로 사건이 전개되는데 이 작품은 결코 그러지 안타. 그야말로 맺고 끈흔 드시 되여 가령 오늘 바람이 좀 세차게 분 것도 내일來日 사건에 반드시 유기적有機的 관련關聯이 잇고 지금 주인공主人公이 밥 한 숫갈 더 뜬 것도 잇다가 주인공主人公의 운명運命에 반드시 무슨 원인原因되는 복선伏線으로 되어 잇을 만큼 구성構成이 째여져371)잇다.

이런 만큼 작풍作風의 차이差異는 한 작가作家의 수법手法으로만 생각하는 것보담은 차라리 시대적 영향影響으로 본다면 이 작가作家의 영향影響바든 시대時代가 주로 자연주의自然主義의 융성隆盛한 시대時代인데 반해서 중견中堅 내지乃至 신진新進들은 현대적現代的 신심리주의시대新心理主義의 산문散文형식型式이라는 것이 재미잇는 대조對照도 되지 아니할까?

『조선일보』 1939.02.26. 석간 2, 5면

---

371) '짜여져'의 오식.

소월小月 형평型評2
–현대적現代的 애수哀愁 2월 창작평

남천南天의 작품作品과 회남懷南의 작품作品을 한자리에서 이야기하는 것은 여러 가지로 재미잇는 일이다. 그래서 남천의 『록성당綠星堂』–문장文章 이월 호二月 號–과 회남懷南의 『수심愁心』–동지同誌–을 이야기해보기로 하자 이 두 작가作家는 걸어온 경력經歷도 다르고 따라 취재取才나 작풍作風이 전연全然 다른데 이 다른 작가作家의 작품作品에서 어떤 공통점共通點을 발견發見할 수 잇는 것이 재미잇다는 것이다. 그러면 그 공통점共通點은 무엇이냐 하면 이 두 작품作品에 나타난 일종一種의 서글픈 애수哀愁이다. 이런 것은 말하자면 현대적現代的 애수哀愁라고 하겠는데 대체로 삼십三十 대代의 젊은 사람이 왜 술을 먹지 아니하면 안 되며 또 술을 먹고 나서는 『우리는 절대로 남을 존경하지 안흘 것, 우리 자신들이 이 세상에서는 제일 잘난 인물이라고 미들 것』을 결의決意하고 거기 겨우 일종一種의 자위自慰를 엇는다는 것이 얼마나 서글푼 일이야. 『록성당綠星堂』 주인主人 박성운朴成雲이는 다행多幸히 술을 먹는지 안 먹는지는 몰라도 옛 친구의 화류병약花柳病藥 때문에 안해의 바가지 긁는 것을 야단도 못치고 젊은 사람을 만난대야 무슨 신통神通한 수도 업슬텐 데 박그로 나가는 꼴이란 또 얼마나 서글푼 일이냐? 『흥 정신업시 그리다가…』 하는 안해의 말이 필必로 뼈가 저릴 만큼 절실切實한 말이다. 그리고 이러한 애수哀愁는 사실로 우리네의 날마다 느끼는 시대병時代病인만큼 더한층 절실切實하게 느껴지기도 하는 것이다. 다만 두 작품作品이 다르다면 회남懷南의 작품作品은 좀 과장적誇張的인데가 눈에 뜨어지는 것이 실코 남천南天의 작품作品은 상반분上半分의 환경環境 묘사描寫가 너무 소음騷音가타서 이 작품作品의 핵심核心을 박성운朴成雲의 서글픈 심경心境에 두는 한限에서는 불필요不必要한 만담漫談이다.

『조선일보』 1939.02.28. 석간 2, 5면

소월小月 형평型評3
-자의식自意識과 독자讀者

이번 달에 이상李箱의 글이 두 편이나 낫다. 『실화失花』-문장文章 이월 호二月 號-와 『실낙원失樂園』-조광朝光二月號-에서 『실락원失樂園』-은 신산문新散文이라고 햇스나 대체로 나는 이 신산문新散文이란 말이 무슨 뜻인지 모르겠는데 이상李箱은 시詩도 이런 형식型式으로 쓰던 사람이라 창작평創作評이라면 주로 소설평小說評을 하면서 이것을 취급하는 것이 올흔지 글른지도 모르겟스나 이미 시인詩人이 된이의 작품作品이 한 달에 두 편이나 발표發表되엇다는 것이 또한 기이奇異한 일이 아닐 수 없서서 그대로 함께 이야기하기로 한다. 대체로 현대現代에 이르러 시詩니 소설小說이니 수필隨筆이니 하는 형식적形式的 경계境界가 극極히 분명分明하게 된지라 전세기前世紀의 소설小說개념槪念으로보면 이 『실화失花』나 『실락원失樂園』이나 다 어수선하기는 일반一般이다. 그런데 『실화失花』는 작품作品속에 나오는 시기時期로보아서 이 작자作者의 만기晩期에 속屬하는 작품가트나 그러타면 이와 동기작同期作이리라고 추측推測되는 『후반기後半期』에 비比해서 너무도 산만散漫하고 피곤疲困헤진 것 갓다. 대체로 이상의 작품이란 먼저 몃 개의 파라독스나 경구驚句가 잇고 그 다음에는 특수特殊한 자의식自意識을 가지고 짜나가는 것이라 이 몃 개의 파라독스나 경구驚句만 추려 읽으면 그 외外는 알어도 조코 몰라도 탈될 것이 업는데 미리부터 이러한 정도程度로 읽어버리면 그 날카로운 예지銳智라던지 과잉한 문장文章이 우리 인상印象에 남아 헛수고했다는 생각은 나지 않으나 만일 이 작품作品을 가지고서 어느 사람의 작품作品을 대對하드시 친절정녕親切丁寧하게 읽어보려고 덤빈다면 나종에 가서 독자로서는 이러한 불쾌감不快感도 느끼지 안흘는지 모르겟다. 원래 자의식自意識이라는 것이 벌써 현대인現代人의 누구나 다가지고 잇는 일반一般의 세기어世紀語인데 이상李箱과 가티 위세威勢가 극도極度로 충진充進해가지고 그런 심리心理 면面을 그린다면 정통精通 건강健康한 사람이나 그다지 건강健康치는 못해도 여간 그런 위세威勢가 좀 잇는 사람으로서는 도저到底히 이해理解할 수 업는 것이다. 그러니 작자作者가 이런 점點을 기화奇貨로[372] 해서 독자讀者가 이해理解하지 못할 뿐 아니라 저도 이해理解하지 못할 정도程度에까지 의식적으로 나아가지는 안흘까. 그러타면 독자讀者가 모르는 세계世界를 가진 작품作品은 작품作品의 영향影響가질 때가 잇겟지만 이것을 기화奇貨로해서 일부러 저도 모를 정도程度에까지 나아간다는 것은 문학文學의 기술技術인 때문이다. 그리고 사실 『실화失花』나 『실락원失樂園』의 어느 부분部分은 이러한 점點이 없지도 안타.

다음으로 안내할 것은 먼젓 달부터 시작되엇지만 혜경궁惠慶宮 홍씨洪氏 원작原作이며 이병기李秉岐씨氏의 교주校註인 『한중록閑中錄』에 대해서이다. 이씨李氏가트니가 어련이 알엇슬까마는 이 책을 유일惟一한 궁정문학宮廷文學이라고 떠드는 것보담은 먼저 이 책의 전고典故부터 밝히는 것이 필요必要할듯도 하다. 사도세자思悼世子가 본래 당쟁黨爭에 희생犧牲된이인만큼 그 일에 관한 전적典籍을 어느 정도程度로 신용信用을 해야 하느냐도 의심스러운 일이거니와 사실 이 『한중록閑中錄』은 위작僞作이라는 말이 일직부터 암전暗傳되어온 것이다.

물론勿論 암전暗傳되엇다고 해서 이 책이 꼭 위작僞作이라는 단안斷案을 내릴 자료資料는 업다. 그와 동시同時에에 진작眞作이라고 내세울 재료材料도 업다. 그러나 이 책 내용內容은 우리가 상식常識으로 생각해서 위작僞作이라고 할 만한 대문도 업지 안흐니 누구던지 이 책의 진위眞僞부터 단정斷定하는 분이 잇스면 조흘 것이다.

『조선일보』 1939.03.02. 석간 2, 5면

372) '기화(奇貨)'는 '어떤 목적을 이루는 데 이용할 좋은 기회'이다.

소월小月 형평型評4
-작품양식문제作品樣式問題

『조광』(朝光) 이월(二月) 호(號)에 이석훈李石薰씨의 단편소설短篇小說 『카이제르와 이발사理髮士』와 주요섭朱耀燮씨의 괴기소설怪奇小說 『낙랑고분樂浪古墳의 비밀秘密』 두 편은 첫째 『타이틀』이 홍미興味가 잇섯다라고 하는 것은 우리 창작계創作界에 흑유모어 소설(小說)이니 탐정소설探偵小說이니 하는 것은 간간이 잇서도 아직 가지 해학소설諧謔小說이니 괴기소설怪奇小說이니 하는 것은 거의 업섯고 더구나 이 두분 작가作家가 다 중견中堅이면서도 아직까지도 이러한 형식型式의 소설小說에 손을 대인 분들이 아니엿스므로 이 분들이 이러한 작품作品을 쓰는 데는 무슨 새로운 결의決意나 새로운 경지境地가 잇스려니 하고 홍미興味를 가지고 읽은 것이다. 그러나 우선 첫째 이씨의 『카이제르와 이발사理髮士』를 읽고 얼떨떨한 것은 대체 이 소설小說을 무슨 때문으로 해학소설諧謔小說이라고 하는 것인가 하는 의문이다. 해학諧謔이라면 첫재 무엇보담도 독자讀者의 우숨을 끄어내지 아니하면 안 된다.

해학諧謔은 유모어와도 달러서 의미意味가 업서도 우숨은 잇서야하는 것이다. 그러나 나는 이 소설小說을 읽으면서 단 일초一秒동안도 무의미無意味하나마 내 우숨을 비저본적은 업다. 만약 무슨 소설小說이니 무슨 소설小說이나 하는 소설小說우에 렛텔을 부칠 필요가 있다면 차라리 이 소설을 가지고 감상소설感傷小說이라고 하다면 몰라도 해학소설諧謔小說이라는 것은 천부당만부당千不當萬不當하다. 왜 그러냐 하면 카이제르의 퇴위退位에 따라오는 그 자신이나 측근자側根者의 감상感傷이라던지 그의 유일惟一한 이발사理髮士인 『질버륵』이 시집보내려는 딸을 죽이고 담배 빨뿌리[373]를 사온 것이 약간若干의 작위는 잇서도 그 사실事實은 우리로 하여금 얼마간의 동정同情 감상感傷은 자아낼지언정 추호秋毫만치라도 해학적諧謔的인 우슴은 자아내지 안는 때문이

---

373) 담배 파이프

다. 다음으로 주요섭朱耀燮씨氏의 괴기소설 『낙랑고분樂浪古墳의 비밀秘密』은 이씨李氏의 소설小說이 해학소설諧謔小說이라는 일홈을 가지는데 비比해서는 괴기소설怪奇小說이라는 것이 그래도 근리近理하다. 그러나 괴기소설怪奇小說이 공상적空想的인 것과 아무 관사冠詞업는 소설小說이 공상적空想的인 것은 그 체모가 스사로 달르다. 그것은 괴기소설怪奇小說은 공상적空想的일찌라도 그것은 끗까지 공상적空想的이여서 독자讀者로 하여금 모골毛骨이 송연悚然하게만 만드면 능사화能事華이자마는 관사冠詞업는 소설은 아무도 공상적空想的이라도 그것은 항상 그 공상空想을 통通해서 찬자讚者의 어떤이 데－라던지 인생관人生觀을 토로吐露하고야마는 때문이다. 그런 의미意味에서본다면 주씨朱氏의 소설은 인생人生의 산다는 것이 얼마나 무상無常하냐 하는 것을 말하기 위해서 일부러 괴기적怪奇的인 테－마를 취取했다뿐이지 이 소설小說을 괴기소설怪奇小說이라고 부를 수는 업다. 다만 한 마디 할 것은 명색이 평자評者라는 것이 그 작품作品의 관사冠詞－해학諧謔이니 괴기怪奇하는 것이 편집자編輯者의 마음대로 붓치는 것인데－를 가지고 이러니 저러니를 왜 하리요마는 내 생각가타서는 두 분이 다 손에 맛지 안는 이러한 테－마를 취取하는 것 보담은 자기自己솜씨에 맛는 이야기를 하는 것이 작자作者나 독자讀者를 위해 다 조흘 것이 아닌가 하는 때문이다.

『조선일보』 1939.03.03. 석간 2, 5면

소월小月 형평型評5
-산문散文과 문장文章

박노갑朴魯甲 씨氏의 『거울』-문장 이월二月호號은 문장文章부터 씨氏의 이전 작품作品과는 만히 다르다. 씨氏의 문장文章은 따로히 생채生彩가 있다거나 유양流暢하다거나 그러치는 못하여도 순담純淡하고 소박素朴해서 그것이 일종一種의의 은근한 관념觀念을 끄으럿는데 이 작품作品의 문장文章은 엇전지 생뚱 생뚱하고 까불까불해서 첫재 읽기에 여간 거북하지 안 헛다. 문장文章을 작고 곳처 간다는 것은 조흔 일이지마는 박씨朴氏는 본래本來 자기自己 문체文體를 좀 더 수련修鍊을 해서 일가一家를 이루어도 조흘 것을 벌써 버리려는 것은 좀 더 생각해볼 일이 아닐가? 그리고 작품作品 전체全體로 보아서도 한마디 한마디식의 서술敍述이나 묘사描寫는 재미나는데도 잇스나 전체적으로 보아서는 그다지 응축凝縮되지 못한 것이 험이다. 다시 말하면 한 장면場面 한 장면場面은 조하도 전체적全體的으로는 꽉 째이지 못했다는 말인데 이러한 결점이 어데서 유래由來하나하면 이 작품作品을 작품作品답게 만들 문학정신文學精神이라고 할까 여하간 현실現實과 작품作品과는 떠러저 잇스면서 현실現實을 작품화作品化시키는 그러한 힘-이것을 나는 문학정신文學精神이라고 부른다-이 부정不定한 때문인 것 갓다. 그러므로 우리는 이 작품을 읽어갈 때 어떠한 만족滿足이나 불만不滿이 잇드래도 그것을 결정決定하는 것은 이 작품의 최후最後의 일행一行 잇스려니 하고 참고 나왓는데 끄테가서 그러한 기대期待가 어그러젓다. 사실 작자作者도 그러한 의도가 이섯기 때문에 이 작자作者의 끄트머리 『거울 가운데 안해 눈이 云云』하는 데서부터 사오四五 행行은 우리의 기대期待를 맞추어 주려한 것이다. 그러나 이 작품作品의 분산分散된 여러 부분部分을 반죽하고 얼키게 하기에는 넘우도 힘이 약弱하다.

다음으로 한적선韓笛仙[374] 씨氏의 『방문房門』-여성女性 이월二月호號-

374) 원문에는 '한적주(韓笛伷)'로 적고 있으나 『여성(女性)』 2월호 『방문(房門)』의 작가

도 어느 의미意味에 이섯서는 박씨朴氏의 이 작품作品과 일맥상통一脈相通하는데가 업지도 안흔데 한씨韓氏의 문장文章은 박씨朴氏의것보담도 더 비산문적非散文的이다. 그러한 것이 어느 때는 도리혀 생신生新한 맛이 잇기도 하나 소설小說이란 역시亦是 산문散文인 이상以上 넘우 상징적象徵的인 한구 절 한 구절이 아무 차이次移 업시 튀여나오는 것은 그다지 재미업다. 이 작품作品은 본래부터 그러한 문장文章을 시험試驗하느라고 씨여진 것이 안인가 십흐리만치 구성構成에는 빈틈이 만흐나 한두 장면場面 가령 여주인공女主人公이 예배당禮拜堂에 도라오는 길 완구란 소년을 만나 개울가에 다다럿슬 때 개고리가 뛰어 드러간 뒤 여주인공 소년에게 업혀어서 개굴을375) 건느는 장면場面가튼 것은 일종一種의 몽타쥬적 수법手法이나 하여간 재미잇는 묘사描寫이엇다. 그러나 이 작품作品 전편全篇을 보면 『빠러드린다』는 어휘語彙가 퍽 만흔데 매맛는 것도 빠러드린다 어디 무드치는 것도 빠러드린다는 식式으로 어감을 혼용混用한다는 것은 이러한 문장文章을 숭상崇尙하는 작가作家로서는 수치羞恥가 안일 수 업슬 것이다.

『조선일보』 1939.03.05. 석간 2, 5면

는 '한적선(韓笛仙)'이다.

375) 개울을.

5부

해방 후 논설, 비평

자기비판自己批判은 문학文學 창조創造의 원천源泉

문학文學이 인간성人間性을 창조創造하는 것이라면 문학자文學者는 항상恒常 진리眞理를 위해 진실眞實하지 아니하면 안 되는 것이다. 진리眞理란 논리적論理的인 것만으로는 성립成立되고 탐구探求되는 것이 아니라 논리적論理的이며 논리적倫理的인 것-「로고스」적이면서 「파토스」적인 때문이다. 그러므로 문학자文學者가 진리眞理의 사도使徒인 이상以上 진리眞理의 일면적一面的 성격性格인 윤리적倫理的인 것은 문학자文學者에게 진실성眞實性을 요청要請하는 것이다. 그러므로 이 진실성眞實性은 바로 문학정신文學精神의 일면一面인 것이다. 그리고 진실성眞實性을 가질 문학정신文學精神을 가진 문학자文學者에게는 자기비판自己批判이란 언제나 이저버릴 수 없는 것이다. 그러므로 문학자文學者에게 있어 자기비판自己批判이란 문학적文學的인이다. 그러므로 자기비판自己批判이란 어느 특정한 시기나 특수特殊한 사실事實을 봉착逢着했을 때에만 있는 것이 아니다.

그러나 일제日帝가 세계대전世界大戰을 수행遂行하면서 문학자文學者에게 진리眞理의 논리적論理的인 면을 왜곡歪曲시킬 것을 강요强要했던 만큼 지금 우리 문학文學 재건再建에 있어서 문학자文學者의 자기비판自己批判이란 일층一層 더 심각心覺해야 할 것이다.

『신문예』 1946.07.

고전古典을 어떻게 계승繼承하나?

고전古典이란 것은 전통傳統과 관계關係를 가지는 의미意味에서 시간적時間的인 개념槪念과 써날 수 없는 것이다. 그러나 고전古典을 단순히 시간적時間的인 개념槪念만으로서 생각한다면 고전古典과 유물遺物을 구별區別할 수 업는 것이다. 다시 말하면 옛날 것이라고 다 고전古典이냐 하면[376] 반드시 그런 것이 아니라 시간적時間的으로 옛날 것이면서도 그것이 고전古典이 되자면 다른 성격性格－사회적社會的 의미意味를 가지지 아니하면 안 되는 것이다. 그러나 유물遺物은 시간적時間的으로 빗날 것이면 그것은 그것만으로 족足한 것이다고 그럼으로 유물遺物은 고고학적考古學的 대상對象이며 유물唯物은 감정鑑定을 통通해 성립成立되는데 비해서 고전古典은 이해를 통해서 성립成立되는 것이다. 그러나 고전古典과 유물唯物의 성격이 이러케 다르다고 하드래도 고전古典이 어떠한 의미에서던지 시간 개념을 떠날 수 없는 의미에서 이것은 유물唯物과 절록絶綠될 수는 업는 것이다.

다시 말하면 아모리 틔피칼한 걸작품傑作品이라도 그것이 시간적 연륜年輪을 거듭한 것이 아니면 그것은 그저 걸작품傑作品일 싸름이지 고전古典은 될 수 업는 것이다.

그러나 유물遺物이 시간적時間的 연륜年輪만 만히 싸혓다고 해서 그것이 곳 고전古典이 될 수 업다는 것은 우에서도 말한 바이지마는 이러한 유물遺物 가운데서 고전古典이 고전古典으로서 두드러지게 되는 데는 오랜 시간의 경과經過 속에서 가진 풍상風箱과 곤난困難을 격고서도 존재存在 이유理由가 잇는 것만이 고전古典이 될 수 잇는 것이다. 유물遺物도 우연偶然적인 의미意味에서 시간적時間的 장수長壽를 향유享有하는 수 잇스나 박물관博物館이 진열장陳列欌과 다른 것은 유물遺物 그것도 벌서 약우若于의 고전적古典的 성격性格을 뛰엿다고 할 수 잇지마는 박물관博物館의 보존품保存品의 전부全部 다 고전古

376) 원문에는 '하며'로 쓰고 있으나 문맥상 '하면'이 맞다.

典이 아니라는 데서 고전古典이란 역시亦是 일종一種의 생명적生命的인 것이란 것을 알 수 있는 것이다. 그리고 이러한 생명生命이란 전통傳統 가운데서 살고 죽고 한다는 것도 알 수 잇는 것이다.

이러케 보아오면 전통傳統이란 반드시 고전古典의 계속이라던지 유물遺物의 필연성必然性이라던지 유물遺物의 필연성必然性적인 일면一面만으로서 성립成立되는 것이 아니라 고전古典과 유물遺物의 혼효混淆와 유물遺物의 필연성必然性과 우연성偶然性의 교차交叉 가운데서 성립成立되는 것이니 쉽게 말하던 우리가 전연全然 가지지 못 하엿던 유물遺物이 우연한 발견發見으로서 나타날 수도 잇는 것이며, 오늘에는 단순한 유물遺物이던 것이 래일에 고전古典이 될 수 잇는 동시同時에 그와 반대反對로 오늘까지는 고전이던 것이 래일에는 한 개 이 유물遺物로 화化할 수도 있는 것이다. 그럼으로 유물遺物과 고전古典의 구별區別이라던지 그것의 생멸生滅하고 사멸死滅하는 대위관계代位關係는 오로지 역사적歷史的인 오늘에서 결정決定되는 것이며, 따라서 고전古典의 계승繼承이나 섭취攝取란 먼저 역사적歷史的인 오늘의 정당正當한 인식認識이 업시는 불가능不可能한 것이다.

『중앙신문』 1946.03.17.

애국자愛國者는 누구냐?

처음에는 무슨 말이지 잘 모르고 그 내용內容은 더구나 무엇인지 모를 「신탁통치信託統治」란 말 — 원어原語··영어英語로는 「트러스트 쉽」이[377] 로어露語로는 「오피오카」[378]인데 실상인즉 「원조援助」「후견後見」이란 말이다. — 이 전傳해 지자 자주독립自主獨立을 희구希求하던 우리로서는 맹렬猛烈히 이러나 이것을 반대反對하엿다. 그러나 그 뒤 이 말의 진의眞意를 알게 되고 또 이 말이 쓰혀진 막부삼상회의莫府三想會議의 결정서決定書 전문全文을 읽은 뒤에 나는 스스로 무연撫然하지 아니할 수 업섯다. 그러나 아직도 나처럼 무연撫然하지 않는 여러 사람들이 「탁치반대託治反對」의 대패大旆를 내들고 또 이것을 내 들어야 애국자愛國者로서 한목을[379] 보는드시 알게 이 일문一文을 초草하거니와 나가튼 일개一個 문인文人보담 휠신 더 세계世界적 정치정세政治情勢와 우리 민족民族 운명運命에 대對해서 정통正統한 이해理解를 가진 정치대가政治大家들이 아직도 「탁치반대託治反對」의 선봉先鋒에 선다는 것은 그 저의底意가 일언一言으로 하면 정권획득政權獲得의 수단手段으로 쓰니 말할 것도 없어 어제까지 내선동근동조설內鮮同根同祖設의 심오深奧한 조어가 잇다고 자타공인自他共認하던 사람이 오늘이 「탁치반대託治反對」의 층층層層한 필진筆陣을 베푸니 이 또한 말할 배 아니며 다만 민족民族과 나라를 순진하게 사랑하는 사람만이 읽기로 하자. 대개 탁치託治를 반대反對하는 사람이 언필칭言必稱 자기는 애국자愛國者라고 하고 탁치託治 내용을 케지 않고 통용례通用例대로 써서 — 를 수락受諾하는 사람을 가르쳐 매국적賣國賊이라고 한다.

첫재 매국적賣國賊이란 지금 우리 현상現狀으로서는 말로서도 성립成立 안되는 것이 우리는 우리나라를 매도賣渡하거나 매수買受할 자격資格도 없고 조건條件도 없다. 다만 우리의 과업課業은 건국建國일 뿐인 것이다.

---

377) trust ship.
378) опека.
379) 한 몫을.

그러니 이 건국과업建國課業을 수행遂行하는 데 잇서 탁치託治를 반대反對하는 것이 애국적愛國적이냐 수락壽樂하는 것이 애국적愛國的이냐 할 때 애국愛國이란 무엇이냐 하면 글짜 그대로 나라를 사랑한다는 말인데 이 「사랑」한다는 것이 애무적愛撫的이어서는 안 되는 것이다. 부모父母가 자식을 사랑하고 동포同胞로서 형제兄弟를 사랑하는 것은 본능本能이며 감정感情이다. 그와 마찬가지로 민족民族이 나라를 사랑하는 것도 본능本能이오 감정感情인 것이다. 그러나 본능本能과 감정感情이 항상恒常 이지理知를 통해서 사랑하는 대상對象을 비판적批判的으로 육성育成식히는 것이 진정한 사랑이지 그저 본능本能이나 감정感情만으로 애무愛撫에 빠지지 않는 것은 오히려 그 대상對象을 그르치는 예例를 얼마라도 들 수 잇는 것이니 닉애溺愛의 부모父母가 독자獨子를 두고 무비판無批判한 애국愛國의 오국誤國의 장본張本이 되는 것은 우리가 항상 목도目睹한다면 이러한 본능本能과 감정感情을 떠나 가장 이지적理知的으로 우리 자신을 비판批判하고 장차張次 수립樹立될 우리나라는 어떠한 것 이래야겠다는 것을 결정決定하지 아니하면 안 되겟다. 팔일오八·一五 이후以後 우리는 만구동성萬口同聲으로 통일統一을 부르지젓다. 그리고 또한 만구동성萬口同聲으로 민주주의국가를 건설建設해야 한다고 했다. 그러니 이것은 강권强權적으로 민중民衆을 규합糾合하는 독재주의국가獨裁主義國家를 건설建設하지 않겟다는 말인데 실지에 잇어서 우리는 민주주의民主主義 국가國家의 기초基礎인 통일統一도 못 하엿고 독재주의獨裁主義국가의 태반胎盤인 강권强權적 민중규합民衆糾合도 성공成功하지 못 하였다. 그러면 실상實像은 무엇을 말하느냐 하면 조선朝鮮은 민주주의民主主義 국가國家를 희망希望하는 채 아직 비민주주의적非民主主義的인 독재적獨裁的 요소要素가 다분히 잇다는 증거證據이다. 그러타면 독재주의獨裁主義 대 민주주의民主主義 국가國家의 전쟁戰爭에서 전승戰勝한 민주주의民主主義 연합국聯合國이 아직도 세계에 남어잇는 모든 독재주의獨裁主義적 요소要素를 소탕掃蕩할 국國들이 우리와 반봉건적半封建的인 독재적獨裁的 요소를 청산淸算하고 우리의 진보적進步的인 민주주의民主主義 국가건설國家建設을 「원조援助」하고 「후견後見」하겠다는 것이 이번

삼상회의三相會議의 결정決定 전문全文이다. 이것은 연합국聯合國으로서 세계사世界史적 임무任務의 당연當然한 발언發言이다. 동시同時에 민주주의民主主義 국가건설國家建設을 희구希求하는 우리로서는 반대反對할 이유理由가 조곰도 업는 것이다. 그럼에도 불구하고 이것을 반대反對한다면 그것은 우리에게 독재주의獨裁主義 국가國家를 건설建設하려는 의도意圖밖게는 아무것도 아니다. 그럼으로 우리는 탁치託治를 반대反對하는 것이 애국적愛國的이냐 수락受諾하는 것이 애국적愛國的이냐를 물을 것이 아니라 실상은 독재주의獨裁主義 국가 건설建設을 바라는 것이 애국적愛國的이냐 민주주의民主主義 국가건설國家建設을 바라는 것이 애국적愛國的이냐를 물어야 할 것이다.

그러나 아직도 석연釋然치 안흔 이가 잇서 민주주의民主主義 국가國家로서 자주독립自主獨立을 주장主將하는 것이 무엇이 잘못이냐 한다면 이 주장主張만은 나도 동감同感이다. 그러나 민주주의民主主義 국가國家로 자주독립自主獨立을 주장主張하려면 우리는 무엇보담도 먼저 강권強勸的 민중규합民衆糾合이 아닌 다시 말하면 일대일의 자진적自進的인 민족통일전선결성民族統一戰線結成박게는 업는 것이다. 이것을 못 하면서 자주독립自主獨立만 주장主張하는 것은 단순한 본능本能이나 감정感情의 포로捕虜일 따름인 것이다. 그러니 통일전선統一戰線 결성結成은 자주독립自主獨立의 시금석試金石인 것이다. 왜 그러냐 하면 통일전선統一戰線과 민주주의民主主義는 딴 물건이 아니라 민주주의적民主主義的인 방법方法이 아니면 그것이 통일전선統一戰線이 아닌 때문이다. 그럼으로 진정眞正한 애국자愛國者라면 탁치託治에 정력精力을 소요逍遙할 것이 아니다. 민족통일전선民族統一戰線에 정신挺身해야 할 것이다.

『중앙신문』 1946.01.13.

문학文學의 도시都市 편중偏重에 대對하야

시민사회市民社會가 상공업商工業 금융자본주의金融資本主義로 발전發展하는 동안에 모든 문화文化가 도시都市로 편재偏在하게 된 것은 필연적必然的 사실事實이며 이 필연적必然的 사실事實은 시민사회市民社會 자체의 크다란 모순矛盾이 안일수 없섯다. 그래서 이번 전쟁戰爭 중中에서 군수산업軍需産業의 소산踈散을 계기契機로 해서 저들은 이 모순矛盾을 가장 처절凄切히 늣겻스며 또한 시정하려고 가진 노력을 다햇스나 맛침 아모런 성공도 못 하였다. 더욱이 시민사회市民社會인 일본제국주의日本帝國主義가 우리를 침략侵略하면서부터는 우리를 완전히 황폐한 전 자본주의제도資本主義制度인 봉건잔재封建殘在 밋헤 두어야 저들의 압박壓迫과 착취搾取를 마음대로 하겠고 우리가 될 수 잇는대로 문맹상태文盲狀態에 빠저 잇어야 우리가 아모런 민족적民族的 자각自覺이나 민족의식民族意識의 승양昇揚이 업시 언제나 저들의 노예적奴隷的 대우對偶를 감수甘受하엿기 때문에 처음부터 일본제국주의자日本帝國主義者들은 우리에게 통치자로서 당연히 의무義務인 문화적文化的 건설建設도 하지 안헛다. 다만 저들이 이민족을 착취搾取하고 압박壓迫하기에 불편不便을 느끼지 안흘 정도에 고苦간의 설비設備와 개량改良을 그나마 도시중심都市中心으로 해노코 우리 농촌農村에 대해서는 하등下等의 고려考慮가 없섯슬뿐 아니라 도리혀 농민農民으로 하여금 영원永遠히 노예상태奴隷常態를 못 버서나게 하는 가진 악정惡政을 다했스니 그 일례一例로 일직이 「브·나로드」운동은 대개 학생學生들의 방학기放學期를 이용해서 농촌계몽農村啓蒙을 하려는 문맹퇴치운동文盲退治運動가지 금지禁止했던 것이다.

그럼으로 우리 농촌農村은 경제적經濟的으로만 아니라 저이는 말할 것도 없고 문화적文化的으로도 세계 어느 나라에서도 그 유예類例를 볼 수 업스리 만치 뒤떠러진 것이 사실事實이다. 그러나 이번 우리 민족해방民族解放이 우리 민족民族의 절대다수絶對多數인 노농계급勞農階級의 경제적經濟的 정치적政

治的 문화적文化的 해방解放이어야 할 것이지 결코 우리 민족의 극소수極少數인 사족士族, 지주地主, 신흥자본가新興資本家들이 왜倭놈 상전을 보낸 대신 저들이 군림해서 구태의연舊態依然한 과두정치寡頭政治를 해서는 안될 것은 이미 상식화常識化한 것이다.

그러타면 우리 해방解放은 단순히 일본제국주의日本帝國主義로부터 민족적民族的 해방解放만이 아니니다. 이 해방解放은 스사로 우리 민족民族의 혁명革命인 것이니 만일 일본제국주의日本帝國主義가 우리를 침략侵略하지 안 헛더면 우리는 이 혁명革命을 벌서 삼십년三十年이나 이십년二十年 전前에 햇슬 것이다. 그러나 우리는 일본제국주의日本帝國主義 때문에 이 혁명革命을 못하고 오늘날가지 네려 왔다가 이제 일제日帝가 퇴각退却함으로 말미암아 우리는 이 혁명革命을 수행遂行하게 된 것이니 혁명革命이란 바로 부르죠아 민주民主의 혁명革命인 것이며, 이 혁명革命의 본질本質은 토지혁명土地革命 다시 말하면 우리 민족民族의 절대 다수多數인 농민農民으로 하여금 영원永遠한 봉건주의적封建主義的인 제도制度와 질곡에서 버서나게 하는 것이다. 그러니 이것은 첫째 정치경제적政治經濟的으로 토지土地의 혁명적革命的 해결解決에 의한 농민의 생활수준生活水準의 급진적急進的 향상向上을 도圖하는[380] 동시冬時에 의무교육義務教育의 즉시卽時 실시實施와 교육비教育費의 국가부담國家負擔 등의 근본적根本的 해결解決을 해야 할 것이 허다하지마는 특히 문화운동文化運動을 도시중심都市中心으로 전개展開하지 말고 농촌중심農村中心의 계몽운동啓蒙運動에 중점을 두어야 할 것이다. 소작료小作料의 삼칠제三七制로 인因한 농민생활農民生活 수준水準이 향상向上되엇다고 그 여력餘力을 투전投錢이나 밀주蜜酒타령으로 소비消費식힐 것이 아니라 우선 가갸 거겨에서 부터 시작해서 농민農民의 문화적文化的 향상向上을 괴해야[381] 할 것이다. 그리고 이것은 어느 개인個人의 노력努力에만 맛길 것이 아니라 문화단체文化團体와 인민위원회人民委員會와 농민조합農民組合과 삼위일체三位一體

---

380) 의도하는.
381) 꾀해야.

의 조직적組織的 연락聯絡 하下에서 전면全面적으로 광범廣汎하게 하기를 요청要請하는 바이다.

『영남일보』 1946.01.01.

서평 - 이강국李康國 저 『민주주의民主主義 조선건설朝鮮建設』[382)]

팔일오八·一五의 위대偉大한 시기時機를 만나자 이때 까지 울鬱불하게[383)] 숨어 있든 민족해방운동民族解放運動의 중심세력中心勢力은 일시에 울연히 소사나기 시작하였다. 그래서 이것이 서로 뭉치고 어울려저서 민주주의民主主義 조국건설祖國建設의 대로 우에 총진군總進軍하게 되었으니 건준建準에서는 인민공화국人民共和國의 민주주의民主主義 민족民族전선으로 이렇게 발전해 인제 민족통일전선民族統一戰線을 결성結成하기에 성공成功한 것이엿다. 이러한 위대偉大한 과정過程 가운데서 이 저자著者 이광국李光國 씨氏는 항상 이 운동의 가장 중심적인 과정過程에서 그야말로 불면不眠 불휴不休의 건투健鬪를 해왔고 도모하며 있는 것은 세인世人들이 다 아는 바이다. 이것은 저자著者의 건장健壯한 체구體軀[384)]와 절륜絶倫한 정력精力과 호일豪逸한 투지鬪志의 소사所使라고 하겠지마는 또 한 가지 저자著者가 박흡博洽한[385)] 상식常識과 명철明哲한 이론理論과 우확宇確한 신념이었기 때문에 그저 사람의 심부럼꾼에 끌이지 않고[386)] 오히려 조국건설祖國建設과 세계평화世界平和에 대한 중대重大한 발언자發言者로서 그 존재存在가 두드러지게 된 것이다.

이 저자 가운데 「미국美國에 보내는 메모란 둠」을 비롯해서 논설論說, 시평詩評, 발표문發表文 등 대소大小 저작著作이 모다 세계사世界史적 안광眼光에 빛우인[387)] 조선건설朝鮮建設의 구체적具體的 방략方略이란 것이 없다는 것

---

382) 이강국. 경기 양주 출생. 경성제국대학 재학 중 독일 베를린 대학교 유학. 1935년 귀국. 광복 후 조선건국준비위원회. 민주주의 민족전선에 참여. 1946년 8월 25일 '미군 철수'를 주장하다가 체포될 위험에 처하자 월북하였다. 1953년 북한에서 실각한 후 1955년 처형되었다.

383) '울불(鬱怫)하다'는 '숨이 막히고 답답하다'이다.

384) 원문에는 '體구'로 쓰고 있으나 '體軀'로 바로 잡는다.

385) 아는 것이 많아 막히는 데가 없는.

386) '심부럼꾼에 끌이지 않고'는 문맥상 '심부름꾼에 그치지 않는다'는 뜻이다.

387) 비친.

은 오로지 우에서 말한 바 같다. 이 저작著作의 구비具備할 때문이거니와 이 저작著作은 팔일오八·一五 이후 그 혼란混亂 가운데서도 일로정대一路正大한 노선路線을 걸어온 우리 민주주의民主主義 건설建設의 역사적歷史的 문헌文獻이란 것은 단언斷言할 수 있는 것이다. 그러고 어떠한 이론理論이던지 실천實踐을 떠나서는 구체적 생동生動하는 박력迫力을 가질 수 없다는 것을 이 저작著作이 가장 잘 입증立證한 좋은 표본標本이라고 할 수 있다.(정가 三○圓 발행소 서울市 黃金町 自一五六 朝鮮人民報社 厚生部)

『현대일보』 1946.05.28.

통일統一에 대對한 각서覺書

민족통일民族統一은 누구나 다 부르짖는 말이다.

그러나 아직도 통일統一은 완전히 되지 않었다.

그러면 통일統一을 부르짖으면서 통일統一이 안 되는 것은 무슨 때문이냐?

첫재 이것은 통일統一에 대한 견해見解가 다른 때문이다. 다시 말하면 통일統一이란 다른 물건物件이 합合하는 것인데 우리 국내國內에서 서로 다른 것은 무엇이냐? 첫재 좌익佐翼과 우익右翼이 정치세력政治勢力으로는 「인공人共」과 「임정臨政」이다.

그러면 이 다른 것이 서로 합合하자면 합合하는 방법을 어떻게 해야 하느냐가 문제問題인데 만약 이것이 어느 쪽이나 한 쪽이 세력勢力이 훨신 크고 다른 한쪽이 훨신 적으면 큰 것이 적은 것을 불러 드리면 되는 것이다.

그러나 이렇게 힘이 큰 것이 힘이 적은 것을 불러서 합하는 것은 통일統一이 아니라 「합병合併」이니 이것은 군주전제주의君主專制主義 시대時代에서만 가능한 것이다.

그러나 우리가 자주독립국가自主獨立國家를 건설하는 데는 군주전제국가君主專制國家를 건설建設하는 것이 아니라 바로 민주주의民主主義 국가國家를 건설建設하려는 것이며 이번 전쟁戰爭이 바로 파시스트 국가國家에 대한 민주주의民主主義 국가國家의 승리勝利임으로 전 세계世界가 모다 민주주의民主主義하려고 전승국戰勝國 자체도 훨신 더 민주주의적民主主義的으로 개편改編하고 있으니 가령 중국中國의 국공합작國共合作이란 것이 바로 한 예例인 것이다.

그러니 우리 통일統一을 요청要請하는 것은 군주적君主的 전제주의식專制主義式의 「병합併合」이 아니고 민주주의적民主主義的인 통일統一을 말하는 것이니 「병합合併」은 군주주의적君主主義的인 것이고 통일統一은 민주주의적民主主義的인 것이다. 왜 그러냐하면 민주주의民主主義는 「개인적個人的 특권

特權이란 것이 있을 수 없으며 개인적個人的 특권特權이 없음으로 모든 권력權力은 당연當然히 인민人民 전체全體에 있는 것이다. 다시 말하면 국가國家의 일은 인민人民이면 누구나 다 간여干與할 수 있는 것이고 또한 국가國家의 일은 모든 표준標準을 인민人民의 이해理解에 다 두어야 하는 것이다.

그럼으로 통일統一이 병합倂合과 다르다는 것은 어느 개인적個人的 특권特權으로 「모여라」, 「뭉처라」 「내게 오느라」 「나를 따러라」하는 일인칭一人稱의 명령命令적인 것이 아니라 「모이자」 「뭉치자」 「우리가 하자」 「우리가 가자」 하는 이인칭二人稱의 자발적自發的 행동行動인 것이다. 그럼으로 통일統一이란 본래本來부터 민주주의적民主主義的인 것이어서 민주주의民主主義는 따로 있고 통일統一은 따로 있는 다른 것이 아니고 통일統一과 민주주의民主々義는 한 물건物件이란 것을 알어야 한다.

그러니 입으로는 민주주의民主主義를 부르짖으면서 통일統一은 군주주의적君主主義的 방법方法으로 하려는 것은 입으로는 통일統一을 부르짖으면서 속으로는 민주주의民主主義의 「민民」자도 모르는 패가 하는 짓이니 우리가 군주주의君主主義 국가國家를 세우려면 통일統一이 아니라 병합倂合도 좋고 병합倂合이 아니라 민중民衆을 개끌 듯이 끌고 가도 좋지마는 우리는 군주주의君主主義 국가를 원하는 것이 아니라 민주주의民主主義 국가國家를 원願하기 때문에 우리는 해야 하는 것이며 명령적命令的인 것이 아니고 자발적自發的인 것이다.

그럼으로 거번去番에 「인공人共」이 「임정臨政」에 대해서388) 우리 민족民族을 통일統一하기 위해서는 「네」니 「내」니 하지 말고 서로 백지白紙로 돌아가서 우리가 서로 합合하자고 제의提議하였다. 이것은 민주주의적民主主義的 원칙原則의 통일統一 방법方法이였다. 그러니 「임정臨政」에서 「서식書式」상 문제問題란 결국 우리는 정부政府인데 너이들이 감히 어찌 우리와 대등對等하게 통일統一하자는 것이냐? 그런 외람한 생각은 말고 그저 우리 미트로 드러오

---

388) 해방 후 몽양 여운형 중심의 건국준비위원회는 인민공화국으로 개편되어 '인공'이라 하였으며, 중경(重慶, 충칭)에서 귀국하게 되는 '임시정부'는 '임정'으로 불리었다.

느라 하는 것이다. 그렇다면 이것은 군주주의적君主主義的인 명령命令 병합倂合이오 통일統一은 아닌 것이다.

그럼으로 이 통일統一 공작工作은 깨여지고 말었다.

그러니 우리가 절실히 바라는 통일統一을 「인공人共」에서 제의한 바와 같은 민주주의적民主主義的으로 할 것이냐 「임정臨政」에서 거절拒絶한 바와 같은 군주주의적君主主義的으로 할 것이냐는 결국結局 우리가 민주주의民主主義 국가國家를 세울 것이냐 군주주의君主主義 국가國家를 세울 것이냐? 하는 근본적根本的 태도態度에서 결정決定할 것이고 결코 사정私情이나 감정感情으로 나는 「인공人共」 지지支持오 나는 「임정臨政」 지지支持오 해서 철없이 분열分裂할 것은 아니다.

그러니 무엇보담도 우리 자신이 민주주의民主主義의 정신情神이 무엇인가를 몸서[389] 배워서 얼마 안 되는 우리 민족民族을 우리 손으로 진정眞正하게 통일統一해야 할 것이다.

「적성」 제1호, 1946.01.01.

---

389) 몸소.

문화단체총연맹文化團體總聯盟 이원조李源朝 담談

막부삼상회莫府三相會議 결정에 따라 미소공동위원회美蘇共同委員會가 순조로이 진전되고 있는 이 때 돌연 미군정美軍政이 독자적으로 단독정부를 수립한다는 것은 도저히 이해할 수 없는 일이다. 이것은 불원 우리 임시정부臨時政府가 서려는 이 순간에 있어서 그 의회議會의 성과를 방해하는 영향을 가져올 수도 있고 나아가서는 우리 민족분열을 정치적으로 조장하는 것이 된다. 이런 의미에서는 우리는 미소공동위원회美蘇共同委員會에서 민주적民主的으로 수립된 신정부新政府를 갈망한다.

『서울신문』 1946.04.07.

좌우합작左右合作과 입법기관立法機關
-좌우합작左右合作의 경위經緯와 실상實相

팔일오八·一五가 첫돌을 맞이할 날이 몇일 남지 않은 오늘에 우리 민족民族이 걸어온 길을 돌라보면 미혹迷惑과 혼란混亂과 초焦조와 불안不安의 탁류濁流 속에 민주세력民主勢力과 반민주反民主의 세력勢力이 서로 몸부름치고 뒤넘기치 투쟁鬪爭 일략一路을 밟어온 것은 사실이다. 그리고 이 투쟁鬪爭은 아직도 계속繼續되고 앞으로도 계속繼續될 것이다.

그러나 이 투쟁鬪爭에 피곤疲困을 느끼는 사람이 있다면 그런 사람을 위해 우선 결론結論부터 말하거니와 사태事態는 그동안 혼란混亂했으나 결과結果에 있어서는 절망絶望이나 우려憂慮할 경지境地에 이르지는 않었다는 것이다.

그것은 무엇을 입증立證으로 하느냐 하면 작년昨年 팔일오八·一五 이후以後 우리 민족民族이 민주주의民主主義 건국建國의 과업課業을 수행遂行하는데 남조선南朝鮮의 상황狀況이 북조선北朝鮮의 그것에 비해서 비록 원만緩慢한 보조步調를 취取했으나 이것은 결코 정맥停頓이나[390] 지식止息이 아니고 본질本質에 있어서는 발전發展하고 진보進步했다는 때문인 것이다.

그 실례實例로 작년昨年 팔일오八·一五 이후以後 전민족적全民族的 요청要請이 민족통일民族統一이였을 때 맨 처음 모색模索하고 탐구探求한 것이 그 통일統一의 원칙原則이오 방법方法이였다 그러든 차에 이승만李承晩 박사博士가 드러와 「더퍼노코 뭉치자는 무원칙無原則 통일론統一論을 내노케 되었다. 이것은 이李 박사博士 자신自身의 의도意圖야 어떻든간에 친일파親日派 민족반역자民族叛逆者에게는 천래天來의 복언福言이였고 중간파中間派에게는 그럴법한 관용寬容의 태도態度갈치 보히기도 하나 그러케 되면 조선朝鮮에 있어 민주세력民主勢力은 싹도 못트게 되고 친일파親日派 민족반역자民族叛逆者가 또다시 묘당廟堂에 표상翔하게 됨으로 민주진영民主陣營이 이것을 반대하니까

390) '정맥(停頓)'은 '정체됨'을 뜻한다.

어제까지 더퍼노코 뭉치자든 이李 박사博士는 그 무원칙론無原則論을 버리고 새로히 원칙론原則論을 내세웠으니 그것은 다름 아닌 공산주의共産主義 소掃탕론論이였다. 입으로는 민족해방民族解放에 사투死鬪를 한 공산주의자共産主義者들 뿌리채 뽑고 밖으로는 민주주의연합국民主主義聯合國인 소련蘇聯에 대해서 북벌北伐을 선동煽動하였다. 그러자 막부幕府 삼상회의결정三相會議決定이 발표發表되자 미리부터 이박사李博士와 성기상통聲氣相通하여오던 우익右翼에서는 반탁反託의 기旗ㅅ빨 아래에서 반공반소反共反蘇의 대운동大運動을 이르켜 일시一時의 성관盛觀을 이루운 일이 있었다. 이때의 기염氣焰으로 보아서는 삼팔三·八선이 곳 터저서 소군蘇軍은 후퇴後退되고 공산주의자共産主義者는 강타鋼打가 되는 것 같다.

그러나 막부삼상결정幕府三相決定의 내용內容이 차차 알려저서 이것이 조선朝鮮의 운명運命에 대한 나뿐 것이 아니라 도리혀 조선의 민주주의民主主義 발전發展을 위한 가장 정당正當한 결정決定이란 것이 인민대중人民大衆에게 상식常識으로 삼투滲透되고 빙탄불상용氷炭不相容으로391) 알던 미소공위美蘇共委가 서울서 열리게 되니 이때까지 반탁反託 소동騷動을 일으키든 우익右翼으로서는 십一○의 허망감虛妄感을 느꼈을 것이다. 더구나 막부幕府 결정決定은 민주주의民主主義 정당政黨과 사회단체社會團體를 정부政府 구성構成에 참여參與시킨다고 했으니 이런 때에 반탁反託만 주장한다면 정부政府 구성構成에 참여參與할 수 없음으로 바로 이런 때에 열린 것이 좌익佐翼의 종용慫慂에 의해 성립된 금춘今春의 사당四黨 회동會同이였다. 이 사당회동四黨會同이란 것은 그 결과成果는 차치且置하고라도 이李 박사博士가 부르짖는 무원칙無原則 통일론統一論에 비하면 그 회동會同한 성원成員이 일정一定한 정당政黨을 대표代表 했다는 점과 그 회동會同 내용內容이 구체적具體的 사실事實을 취급取扱했다는 의미意味에서 확실確實히 일보전진一步前進한 것이였다. 그러나 이 사당회동四黨會同이 원만圓滿한 의견일치意見一致를 보아 공동公同 콤

391) '빙탄불상용(氷炭不相容)'은 '얼음과 불은 용납을 못 한다'는 말로 '상반되어 도저히 융화될 수 없음'을 뜻한다.

뮤니케를 발표發表하였음에도 불구不拘하고 그리고 그 콤뮤니케가 일반一般 민중民衆에게 안도安堵와 희열喜悅과 희망希望으로 환영歡迎되였음에도 불구不拘하고 하룻밤 사이에 한민당韓民黨, 국민당國民黨의 반배反背 전책轉責으로 휴지休紙가 된 것은 무슨 까닭인가?

이유理由는 간단簡單하다. 첫째 동同 콤뮤니케의 제 일조一條에 막부삼상회의幕府三相會議 결정決定을 지지하되 국제적國際的으로 의구疑懼되는 신탁통치信託統治는 장차將次 수립樹立될 임시정부臨時政府에서 적의適宜하게 처리處理하게 한다는 단서但書가 있는 때문이다. 이러한 조건條件은 우익중右翼中에서도 특特히 일부반동세력一部反動勢力으로서는 절대絶對로 수락受諾할 수 없는 것이었다. 왜 그러냐 하면 국제적國際的으로 의구疑懼되는 신탁信託이란 실상 양국신탁兩國信託이니 단서但書의 유무有無가 대단할 것 없이 요要는 막부삼상회의幕府三相會議 결정決定을 지지支持한다고 했으니 그것을 지지支持하는 날이면 그 결정決定의 내용內容대로 첫재 일본제국주의日本帝國主義가 남기고간 독소毒素를 철저徹底히 청소淸掃해야 하고 다음으로 정당政黨뿐 아니라 민주주의民主主義 사회단체社會團體도 정부수립政府樹立에 참여參與해야 하니 그러케 되면 우右익내內에 잠복潛伏해 있는 친일파親日派, 민족반역자民族叛逆者와 우右익의 영수領首인 전제주의자專制主義者는 한사限死코라도 이 결정決定 지지支持는 반대反對하지 않으면 안 된다. 이러한 소소백백昭昭白白한 이유理由가 있음에도 불구不拘하고 당일當日 우익于翼을 대표代表해 출석出席했던 안재홍安在鴻, 김병로金炳魯 양씨兩氏는 무슨 자신自信과 복안復案으로 이 성명聲明에 서명署名 날인捺印했는지 실로 흥미진진興味津津한 문제問題이다.

그러나 사당합동四黨合同이 그 경과經過와 결과結果의 여하를 불문不問하고라도 그것은 확실確實히 우리 민족통일운동사民族統一運動史에 가장 중요重要한 계기契機의 하나 이였음에는 틀림없는 것이다. 그것은 왜 그러냐하면 사당四黨 공동共同콤뮤니케는 민족통일民族統一의 가장 기본적基本的이오 구체적인 문제問題에 의견意見이 일치一致되였다는 것, 다시 말하면 막부幕府 삼상회의三相會議 결정決定을 지지支持했다는 것이다. 그리고 또한 그러므로 말미암아 독립방해자獨立妨害者인 친일파親日派, 민족반역자民族叛逆者와 인민기피자人民忌避者인 전제주의자專制主義者는 표리상광表裏上壙해서 이 콤뮤니케를 파양破壤하기에 광분狂奔했고 광분狂奔한 남어지 그것은 성공成功하였다. 그러니 우리 민족통일民族統一 공작工作은 사당四黨 공동共同콤뮤니케가 한민당韓民黨 국민당國民黨의 배신背信으로 말미암아 일야지간一夜之間에 파기破棄된 그 순간瞬間부터 거의 절망상태切望狀態에 들어간 것이였다. 웨그러냐 하면 우익右翼내의 몇 사람의 애국적愛國的 양심良心의 최후일편最後 一片까지도 자체自體 내內에 서식棲息하는392) 친일파親日派 민족반역자民族叛逆者와 전제주의자專制主義者의 압력壓力에 눌려 용무用武의 여지餘地를 발견發見할 수 없게 된 때문이였다. 이렇게 해서 사당四黨 공동共同콤뮤니케를 파괴破壞한 우익右翼의 반동反動 진영陣營은 잘못 우익左翼과 우익右翼이 접근接近하다가는 민족통일民族統一도 될 수 있고 임시정부臨時政府도 수립될 수 있으니까 우익左右의 간극間隙을 벌려서 영원永遠히 접근接近할 기회機會를 없이하려고 황황급급惶惶急急하게 비상국민회의非常國民會議를 만들고 또 순식간瞬息間에 민주의원民主議員을 만드러 남조선南朝鮮 단독정부수립계획單獨政府樹立計劃까지 공표公表하였다가 그것이 삼천만三千萬의 비난非難의 적的이 되자 나중애는 민족통일총본부民族統一總本部라는 어머어마한 간판看板을 달기까지 이르렀다. 이러한 한편 사당합동四黨蛤洞의 배신背信 파약破約에 손을 멘 우익左翼에서는 우익右翼의 확실確實한 회두개回頭改철이 있기 전에는 합작合作이니 통일統一이니가 다 도세徒勢에 끄칠 것을 깨달었음으로 곧 민주주의적民主主義的인 민족통일民族統一의 근본체根本體로서 민주주의民主主義 민족전선民族戰線을 결성結成하고 밑으로부터 인민대중人民大衆을 민주적民主的으로 총결성總集結하기에 노력努力하고 또한 그 노력努力에 상응相應한 성공成功도 한 것이었다. 그래서 한편으로는 민주의원民主議員이 군정자개기

392) 원문에 '서息'으로 적고 있으나 인쇄 사정상 활자공의 편의대로 식자한 것이며, '棲息'으로 바로 잡는다.

관軍政諮開機關으로서 우익右翼을 대표하고 한편으로는 민족전선民族戰線이 인민세력人民勢力의 총집결체總集結體로서 좌익左翼을 대표해代表해 대립對立하게 되었다. 이렇게 된 뒤에 권력權力을 배경背景으로 한 우익반동진영右翼反動陣營의 폭력暴力에 의依한 세력신장勢力伸長의 방자芳姿한 사실事實은 일일이 매거枚擧할 수 없는 것이었다. 그러든 차에 감작이 미국美國 군인軍人 삐－취씨의 알선斡旋으로 좌우익합작공작左右翼合作工作이 또 시작되었다. 이 합작공작合作工作이 시작되면서 여러 가지 풍설風說이 도랐다. 왈曰 이승만李承晩 김구金九 氏는 정권政權에서 배제排除된다. 왈曰 극우익極右翼 모某 정당政黨에서 합작合作 찬부贊否의 투표投票를 한 결과結果 십팔十八 대對 삼십十三으로 간신히 합작찬성合作贊成이 가결可決되었다.

좌우左右 합작合作은 남조선독립기관南朝鮮獨立機關의 전제前提이다, 또는 아니다 등등. 그러나 합작合作을 하는 데는 원칙原則이 있어야 하겠다는 우익左翼 종래從來의 주장대로 우익左翼에서는 오원칙五原則을 발표發表하였다. 그러나 우익右翼에서는 처음에는 원칙原則 발표發表에 수순미결逡巡未決하든 것이 나종에는 팔원칙八原則이란 것을 내세웠다. 이 원칙原則의 비판批判은 다른 기회機會로 미루고라도 이 원칙原則은 골자骨子를 따져보면 첫재 신탁통치信託統治는 정부政府수립 후에 해결解決하도록 한다. 둘째 친일파親日派 민족반역자民族叛逆者는 정부수립政府樹立 후後에 특별법정特別法庭에서 처단處斷한다 하였으니 이래서야 이李 박사博士 통일론統一論과 조금이나 다른 것이 무엇이냐? 이것은 사당합동四黨蛤洞에서 일보一步 전진前進은커녕 사당합동四黨合同 이전以前으로 후퇴後退한 것이니 이것이 과연果然 신사태新事態에 즉응卽應한 합작合作에 성의誠意 있는 태도態度이라고 볼 수 있는가? 만약萬若 이 원칙原則에 약간의 신미新味가 있다면 친일파親日派 민족반역자民族叛逆者는 정부政府수립 후에 「특별법정特別法庭에서 처단處斷한다는 추상렬일秋霜烈日의 기개氣槪이나 요要는 특별법정特別法定에서 처단處斷하나 인민재판人民裁判에서 처단處斷하나 그런데 있는 것이 아니라 정부수립政府樹立에 친일파親日派 민족반역자民族叛逆者를 참가參加시키지 말자는 데 있는 것이다. 만약萬若 일편一片이라도 애국적愛國的 양심良心이 있다면 체면쪼라도 정부수립政府樹立에는 친일파親日派 민족반역자民族叛逆者를 배제排除하자고 할 것인데 우익右翼에서 끗끗내 친일파親日派 민족반역자民族叛逆者의 배제排除에는 이처럼 인색한 것은 무슨 까닭인가? 삼상결정三相決定과 친일파親日派 민족반역자民族叛逆者 문제問題를 정부수립政府樹立 후後로 미루자는 것은 좌우합작左右合作도 정부수립도政府樹立도 실상은 안중眼中에 두고 하는 말인 것이다.393)

그럼으로 이것이 대공待幀 될 것은 당연當然한 일이다. 그러나 다시 섭두攝頭한394) 좌익左翼 삼정당三政黨의 합동合同은 조선민족통일朝鮮民族統一의 한 범형範型으로서 이것으로 말미암아 인민대중人民大衆의 광범光範한 민족세력民族勢力이 총집결總團結되는 것은 다행多幸한 일이라 아니할 수 없는 것이다. 차제此際에 결決의 맹약猛約이 있어야 할 것이다.

『현대일보』 1946.08.06.-08.07.

393) 문맥상 '안중에 두고 하는 말'로 쓰여 있지만 '안중에 안 두고 하는 말'이 맞다. 이는 '안'자 빼먹고 식자한 문선공의 실수로 보인다.

394) '섭두(攝頭)'는 '머리를 맞대고 마주한다'는 뜻이다.

모략정치謀略政治의 각各 양상樣相
-숙종대왕肅宗大王 즉위卽位 초에

(상上)

이씨李氏 조선朝鮮 오백년五百年 동안에 허다許多한 사화士禍와 당쟁黨爭으로 말미암아 상쟁相爭 모해謀害의 예例가 한두 가지가 아니다. 저 멀리 중종中宗 기묘己卯에 일어난 사화士禍 때 남곤南袞 심정沈貞의 무리가 조광조趙光祖를 모해謀害하기 위爲해 한편으로는 유언流言을 지어서 세상世上 인심人心이 모다 조광조趙光祖에게로 돌아갔으니 가可히 염려念慮된다고 하여서 상의上意를 공권恐勸시키므로써 군신이간君臣離間을 붙이고 또 한편으로는 궁중宮中 나무 잎사귀에 단 목즙木汁으로 「주초위왕走肖爲王」(주초走肖는 조趙 자字의 파자破字이다)이라고 서서 벌레가 파먹게 한 뒤에 그것을 따다가 왕王께 자연自然의 계시啓示처럼 해서 王의 뜻을 돌리게 한 뒤에 하룻밤 사이에 선류善類를 일망타진一網打盡한 예例는 지금 생각하면 치졸稚拙한 모략謀略이라고 하겠으나 그 당시 일로는 가위可謂 간계교지奸計巧智의 극치極侈라고 할 수 있을 것이다.

그 뒤에도 권간용사權奸用事의[395] 이러한 예는 상계이작相繼而作하다가[396] 맛침내 선조조宣祖朝에 이르러 당쟁黨爭이 시작되고 이것이 또 규모規模가 확대擴大됨에 따라서 피차彼此에 거트로는 충의忠義를 표標방하나 속으로는 권세權勢의 장악掌握에 여념餘念이 없어 나종에는 목적目的을 위해서는 수단을 가리는 일 없이 권모술수權謀術手를 쓰는 것으로 시사是事를 삼었스니 이제 그 한 가지 예를 당쟁黨爭의 드재비 싸흠이 제일 격심激甚했던 숙종조肅宗朝 남인南人과 서인西人 사이 삼십년간三十年間을 두고 세 번 정국政局이

395) '권간용사(權奸用事)'는 '권력과 세력을 가진 간사한 신하가 일을 꾸민다'는 뜻이다.
396) '상계이작(相繼而作)'은 '이어진다'는 뜻이다.

변오變擙되던 대란투기大亂鬪基에 이러한 세칭世稱 임술삼고변壬戌三告變의 옥사獄事를 소개紹介하면 다음과 같다.

당시當時 남인南人과 서인西人 사이의 세력勢力 분포分布를 보면 남인南人은 허적許積 허목許穆 윤尹휴 등等 이 거물巨物이나 같은 남인南人 중에서 허적許積은 탁남濁南의397) 명名이었고 허許목 윤尹휴는 청남淸南의398) 칭稱이었으며 서인西人으로는 송시열宋時烈을 대로大老로 삼고 김수항金壽恒이었으며 그 주변周邊에 김만기金萬基 김익훈金益勳 김석주金錫胄 등이 포열布列되였으니 이들은 다 위리威里(왕비의 친정親庭 소속所屬)들로서 궁중宮中에 대한 긴밀緊密한 원락遠絡을 가진 이들이다. 이것은 물론勿論 당시 양편兩便의 지도자적指導者的 위치位置에 있는 이이고 그 밑에 딸린 당여黨與들은399) 조정朝庭과 민간民間에 이르기까지 세력勢力은 한편이 득세得勢하면 한편은 방축放逐과 석사賜死와 멸족滅族을 당하기를 예사例事로 하는 때이다. 그리고 이러한 보복폄훼報復貶毁을 가장 효과效果있게 이용利用하려면 어떻게 하던지 적敵을 대역부도大逆不道로 모라서 일격一擊에 그 여당與黨과400) 족속族屬을 잔멸殘滅하는 것이 필요함으로 피차彼此에 노리는 것은 적敵이 모반謀叛을 했다는 증거證據를 잡어서 고변告變(직소直訴)할 기회機會를 가지려는 것이다.

그럼으로 남인南人이 서인西人을 공격할 때는 그 영수領袖인 송시열宋時烈을 상대相對로 하되 그 죄목罪目은 다른 것이 아니라 일책이 송시열宋時烈은 효종孝宗이 은우恩遇을 입은 이인데 효종孝宗이 승하昇遐 하니 효은孝宗은 지차之次 아들401)이라고 해서 그 어머니의 복제服制를 마련하는데 일년一年으

397) 탁남은 청남(淸南)에 상대되는 개념으로, 조선후기 숙종 초 남인(南人) 내에서 분파된 세력의 하나이다. 서인 세력의 처벌에 대해 온건한 입장을 보였다.

398) 청남은 탁남(濁南)에 상대되는 개념으로, 조선후기 숙종 초 남인(南人) 내에서 분파된 세력의 하나이다. 숙종 초에 진출한 허목(許穆)과 윤휴(尹鑴)를 영수로 하는 계열로, 서인 세력의 처벌에 대해 강경한 입장을 보였다.

399) '당여(黨與)'는 '같은 뜻을 가진 무리'이다.

400) '여당(與黨)과'는 '같은 당'이라는 뜻이다.

401) '지차(之次)'는 '맏이 이외(以外)의 차례(次例)들'을 의미하며, 이 문장에서는 '차남(次男)'을 의미한다.

로 정定하였으나 허許목 윤선도尹善道들은 비록 지차 아들이라도 대통大統을 이어 왕위王位에 올랐으니 당연當然히 삼년三年을 정定해야 할 것인데 송시열宋時烈이 일년一年으로 정定한 것은 효종孝宗을 욕辱되게 함이라고 몇 해를 두고 공격攻擊한 나머지 마침내 서인西人 영수領袖인 송시열宋時烈을 이 죄목罪目으로 귀향 보내기에 성공成功을 한 것이다.

그러나 남인南人들은 이 귀향만으로는 만족할 수 없는 것이 귀향이란 언제 풀려올는지도 모르고 풀려오는 날이면 결국 자기自己네가 실세實勢하는 날이니까 아주 이판에 발본색원적拔本塞源的 차치且置를 하려고 그적새는 송시열宋時烈이 이렇게 예제禮制를 오용誤用한 것은 왕조王朝에 대對한 죄인罪人이란 것을 태조太祖에 고유告由하자고 왕께 간청諫請하였든 것이다. 이것은 당시當時 관례로 보아서 태조太祖에 죄인罪人으로 고발告發만 되는 날이면 그 목숨을 필경 떨어지고 마는 것이니 송시열宋時烈같이 아직도 조정朝庭에 그 당여黨與의 세력勢力이 남아 잇고 그 직접 자기에의 정적政敵을 하필何必 바로 죽이자고 하지 안 그래도 태조太祖에 고告하기만 하면 그 다음에는 으레히 죽게 될 것을 아는 때문이다. 그래서 고묘告廟까지 하고 난 뒤에는 예例에 따라 송시열을 안률按律(죽이자는 것)하자고 양치兩齒가 계청啓請하기를 오십칠회五十七回에 선亙하고 대신大臣이 각조各曹경재宰들을 테리고 여러 번 청請했으나 마침내 이것만으로는 성공成功하지 못 하였지만은 이로서 본다면 송시열宋時烈의 여상輿霜이 남인南人에게 대해서 얼마나 혈원골수血怨骨讐가[402] 맺혔을 것인가는 넉넉히 짐작할 수 있을 것이며 또한 그 보복報復의 계획計劃도 일층一層 심각深刻해였을 것을 짐작할 수 있을 것이다.(계속)

(中)

본래 김석주金錫胄는 서인西人이었으나 송시렬宋時烈과 사이가 나빠서 오

402) '혈원골수(血怨骨讐)'는 '뼈에 사무치는 원한'이다.

히려 남인南人 허적許積 일파一派와 친親하게 지나고 또 사람됨이 기폐機幣해서[403] 설모주사設謨做事를[404] 잘함으로 서인西人 측에側서 볼 때는 가튼 서인西人인 김석주金錫胄가 남인南人들과 얼려서[405] 노는 것이 거리길 분 아니라 김석주金錫胄는 바로 숙종대왕肅宗大王 어머니인 명성왕후明聖王后의 사촌四寸일지라 역시 숙종대왕肅宗大王의 장인되는 광성부원군光城府院君 김만기金萬基로 볼 때는 다가튼 폐부지친肺腑之親으로[406] 이렇게 잘려지는 것이 안되였고 또 김석주金錫胄를 남人에게서 빼여다가 완전히完全히 자기自己편을 만들어야만 남人을 강타綱打하는데 매우 편리하겠음으로 김만기金萬基는 김석주金錫胄를 유인誘引하기에 노력努力했는데 김석주金錫胄는 남人과 親할 뿐 아니라 王의 은총恩寵을 특特히 입어 왕의王意와 궁중동향宮中動向을 잘 알고 남人 일파의 내막內幕도 가장 잘 아는 사람이다. 그럼으로 남人이 청탁淸濁으로 잘린 뒤 왕王도 남人을 끄으려하는 기색氣色이 보이고 일반인심一般人心도 남人에게서 멀어지는 것을 눈치 챈 金석주는 더구나 김만기金萬基의 권고勸告도 있고 해서 송시열宋時烈과의 낫뿐 사이도 풀기로 하고 완전完全히 서인西人이 되어서 남人을 해낼 결심決心을 한 것이였다.

숙종肅宗 칠년七年 신유辛酉 임시臨試를 보히는데 웬 사람이 시험지試驗紙를 아주 백지白紙를 내놓으면서 당시當時 남인南人 대가大家 열세 집을 드러서 맛치 무슨 모역謀逆이나 하는 드시 밀고密告 비슷하게 써너흔 일이 있었다. 고시관考試官이 이것을 보고 가만이 왕王께 올리니 왕은 다시 이것을 김석주金錫胄에게 내려서 내용內容을 알어보라고 하였다. 김석주金錫胄는 이것을 바더가지고 자기自己가 아는 무인武人 김환金煥이란 자者를 불러서 남人들의 동향動向을 살피라고 하였다.

그러나 김환金煥은 서인西人이기는 하지만도 벼슬은 남인南人에게 어더 한 사람이라 저는 못 하겠다고 거절拒絶하니 김석주金錫胄가 죽이겟따고 하는 바

---

403) 다시 불러서

404) 모략을 꾸미고 일을 처리하기를

405) 어울려서.

406) '폐부지친(肺腑之親)'은 '아주 가까운 친족'이다. 원문은 '肺부之親'이나 바로 잡는다.

람에 그러면 하겠노라고 승낙承諾을 하였다. 그러나 김金석주가 꾀를 내여 가르쳐 주는데 저금 허許새 허許영이 한강漢江 상류上流에 살고 잇스니 네가 그 이웃에 가서 살면서 그 두 사람과 친한 뒤에 장기를 두다가 네가 장기를 이거든 「나라를 뺏는 것도 이렇게 하는 것이라」고 해 보아서 그 사람이 그럴드시 녁이거든 너도 곳 같이 모역謀逆을 하기로 하라고 하였다. 그러니 김환金煥의 말이 만약 그랬다가 그 사람들을 모역謀逆할 생각이 없이 도리혀 나를 모역謀逆했다고 덮어 씨우면 어떻게 하겠소 하니 金석주 말이 그것은 내가 있스니 염녀말라고 하여 안심安心을 시키고 자금資金으로 돈을 주어 보냈다. 김환이 돈을 바더 가지고 가서 허許새 허許영과 친하게 지나면서 金석주 식히는대로 하였더니 두 허許도 과연果然 동의同意함으로 증거證據하나를 잡게 되었다.

그적세는 다시 김환金煥을 시켜 류명견柳命堅의 동향動向을 살피라고 했다. 그러나 김환金煥은 한 개 무인武人이오 류명견柳命堅은 원체 명사名士인지라 김환金煥이 가까이 될 수가 없으므로 먼저 류명견柳命堅의 문객門客으로 단이는 김익대金翊戴와 사괴여서 그 실정實情을 말한 뒤에 김익대金翊戴를 시켜서 류명견柳命堅을 살피게 하고 또 다른 한편으로는 이덕주李德周의 동향動向도 사찰査察하게 하였으나 아모 이렇다 할 증거證據를 잡지 못 하고 있었다. 그대 마침 김석金錫주는 다른 일로 중국中國을 가게 되었으므로 김환金煥을 당시當時 어영대장御營 大將인 김익훈金益勳에게 맡기면서 지금 내가 이러이러한 계획으로 김환金煥를 시켜서 조사調査 중中에 있으니 김환金煥을 잘 조종操縱해서 일을 만들라고 부탁付託하고 떠났다.(계속)

(下)

그러나 김익훈金益勳은 원체 폭급暴急한 사람이라 김석金錫주 도라 오기 전에 자기自己 손으로 이 일을 만드러내면 공功이 설게라고407) 생각하고 날

407) 설 것이라고.

마다 김환金煥을 족처서 없던 일을[408] 만들라고 독촉督促하였다. 김환金煥은 김익대金翊戴를 붓들고서 류명견柳命堅의 일이 어찌 되었느냐고 재촉을 했으나 김익대金翊戴 말이 글세 류명견이 언제 한번 활을 만드는 것을 본 일이 있으니 그것을 갖이고 역모逆謀를 꾸민다고 한다면 할까 그 밖에는 아모 이렇다 할 건덕지가 없다고 하고 달리 이덕주李德周도 살펴보았으나 역시 아모런 딴 동정動靜이 없었다.

그럴 때에 또 한편으로 풍언風言이 도는데 김환煥이 겉으로는 사찰査察를 한다면서 속으로는 재가[409] 딴 생각을 한다는 말이 中外에서 퍼지게 되었다. 그러나 김익훈金益勳은 창황해서 김환金煥을 불러 가지고 시급時急하게 고변告變하라고 재촉하였다. 김환金煥도 그적새는 놀라서 김익훈金益勳 어영군御營軍 두 사람을 얻어 가지고 밤 중에 김익대金翊戴 집에 가 김익대金翊戴를 잡어가지고 도라와서 말하기를 네가 만일 나와함께 고변告變을 하지 않으면 너를 먼저 죽이겠따고 위협威脅을 하였다. 그러나 김익대金翊戴 말이 아모리 하기로서니 류명견柳命堅이 아무런 모반謀叛도 형적形跡도 없는데 참아 어찌 남을 무고誣告야 할 수 있느냐고 거절拒絶을 하였다. 그러니 김환金煥은 김익훈金益勳에게 청請해서 김익대金翊戴를 잡아 가두게 하고 저만 먼저 드러가서 허許새 허許영을 고변告變하였다. 그러니 두 허許는 직시直時에 잡혀와 문초問招를 받게 되고 또 곧 승복承服하자 김환金煥은 일칭一稱 훈신勳臣이 되어 상좌上座에 올라앉게 되었다.

그러나 훈신勳臣이 된 것은 좇치마는 김익대金翊戴 말까지 했다가는 도리혀 제 공功에 누累가 도라올가바 그것만은 종시終始 입을 쎄지 않었다. 김익훈金益勳은 김익대金翊戴를 잡아너노코 김환金煥의 입으로 김익대金翊戴말이 나올 줄 알고 종일終日 기다리고 있어도 아모 소식消息은 없고 그러타고 해서 한번 잡어 너흔 사람을 마음대로 내노흘 수도 없고 해서 답답해 견디지 못 하다가 몸소 국청鞫廳(문초問招하는 곳)에 가보니 김수항金壽恒 하는 말이 바로 옥사

408) 원문에는 '엄든 일'로 쓰고 있으나 오식이다.
409) 제가.

獄事를 마터 가지고 있는 지라 김익대金翊戴의 말을 했더니마는 김수항金壽恒 말이 일이 고변告變한 사람의 입에서 나오지 않은 것을 어찌하겠는냐고 거절拒絶을 하므로 더욱 답답하든 차에 맛침 그날 김석金錫주가 중국中國에서 도라온 지라 김익훈金益勳은 다시 김석金錫주에게 의론議論 하니 김석주金錫胄 말이 그러면 태감太監이[410] 「아방兒房」에 가서 가마니 그 일을 상계上啓해서 그것이 국청廳으로 네려오면 국청廳에서 그것을 가지고 일을 만들면 될 것이 아니냐고 하였다.(아방兒房은 대궐大闕 내內에서 장신將臣들 숙직宿直하는 곳이다.)

그러나 김익훈金益勳 말이 내가 글을 못 하니 엇더케 하겠소 함으로 김석金錫주가 간지簡紙를 뽑아서 그동안 짱애다가[411] 상계上啓할 말을 써 주었다. 김익훈金益勳은 곳 그대로 해서 그 상계上啓가 다시 국청廳으로 네려왔음으로 국청廳에서는 곳 김익대金翊戴를 잡아왔다. 김익대金翊戴가 잡혀 와 보니 어제까지 저나 맛찬가지로 한 개의 파락호破落戶에 지나지 못 하던 김환金煥이가 고변告變한 법하고 난 뒤에는 곳 훈신勳臣이 되어 놉흔 자리에 안진 것을 보니 마음에 부럽기 한량없어서 저도 류명견柳命堅을 부러너헛다. 그러나 곳 류명견柳命堅을 잡어다 김익대金翊戴와 면질面質을 식히고 보니 김익대金翊戴 하든 말이 모다 사애가를로[412] 하는 말도 우물쭈물 하게 되었다. 또 김환金煥이는 이덕주李德周를 부러워헛스나 역시 무실無實한 것이고 또 김숙하金肅夏란 자者는 민閔 압을 부러 너헛스나 문초問招 해보니 이것은 더구나 허虛망해서 류명견柳命堅 민閔압은 무사無事히 석방釋放되엿스나 이덕주李德周는 고문拷問에 죽게 되고 이 일은 흐지부지하게 되고 말었다.

그러나 이 허구虛構 날조捏造의 모략謀略 공작工作이 얼마나 극심極甚하였기에 당시當時 소장少壯 정의파正義派인 한태동韓泰東 조특겸趙特謙 같으니는 이 일로서 직접 김익훈金益勳을 매도罵倒 하였을 뿐 아니라 일반여론一般與論

410) '태감(太監)'은 '대감(大監)'을 높이는 말이다.
411) 그 등짝에다가.
412) 사애가들도.

은 남을 꾀여서 멀쩡한 사람을 모역謀逆했다고 무고誣告식히는 심뽀는 그것이 바로 역적逆賊질 한 것보다 더 심甚하다는 물론物議 가 등등騰騰해서 이 사건事件은 마침내 서인西人에서 다시 노론老論과 소론少論의 또한 개의 분당分黨을 비저낸 슬픈 원인原因이 되고 말았다.

이 추악醜惡한 기록記錄은 다시 입맛에 올린 것은 못되지마는 이런 사건事件이 있은지 세 세기世紀가 지난 오늘에도 아직도 이런 구태의연舊態依然한 모략謀略이 정쟁政爭의 전면全面에 나선 것을 볼 때 하도 한심寒心해서 독자讀者의 일고一考에 공供하는 것이다. (완)

『현대일보』 1946.06.01.-06.04.

문화일년간文化一年間의 동향動向

일제日帝의 살인적殺人的인 문화文化 강압정책强壓政策이 사십년四十年 동안을 계속繼續하는 동안 특特히 그 영독사허逞毒肆虛하기를[413] 가장 심甚히 한 것은 소위所謂 대동아전大東亞戰을 수행遂行하면서 이였다. 그럼으로 일구사오년一九四五年 팔월八月 십오일十五日은 조선민족朝鮮民族에 있어 외면적外面的으로 외적外敵으로부터 해방解放된 날이요 내면적內面的으로는 제 자체自體의 세계사적世界史的 낙후성落後性을 극복克復해야 할 혁명革命의 단초端楚이였다. 우리가 만약 팔일오八·一五의 역사적歷史的 성격性格을 이러한 양면적兩面的인 구체성具體性에서 규정規定하지 않는다면 팔일오八·一五 이후以後의 모든 사상事象에 대해서 정확正確한 판단判斷을 내릴 수 없는 동시同時에 모든 이론理論은 혼란의 와중渦中으로[414] 빠져들게 되는 것이며 실지에 있어 오늘날 이론상理論上 내지乃至 행동行動上 모든 혼란混亂은 이 팔일오八·一五의 역사적歷史的 성격性格 규정規定의 부정확不正確한 데서 유래由來한 것이다. 그럼으로 팔일오八·一五 이후以後에 정치적政治的으로 문화적文化的으로 어떻게 해야 극우적極右的인 경향傾向과 극좌적極左的 경향傾向을 극복克復한 정당正堂한 노선路線을 발견發見할까하는 노력努力과 모색摸索을 시작하였다. 그래서 팔월십육일八月十六日 결성結成된 학술원學術院과 팔월십팔일八月十八日에 결성結成된 조선문화건설중앙협의회朝鮮文化建設中央協議會를 비롯해서 문학예술文學藝術, 사회과학社會科學, 자연과학自然科學 등 여러 단체團體가 발족發足 생生했는데 다소多少 극좌적極左的 편향偏向을 범凡한 단체團體라두 프로레타리아 예술연맹藝術聯盟과 그 산하傘下 단체團體이였다. 이것은 조선문화건설본부朝鮮文化建設本部와 조선朝鮮프로레타리아 문학동맹文學同盟과 누차屢次 진격進擊하게 문화노선文化路線의 검토檢討를 한 결과結

413) '영독사허(逞毒肆虛)'는 '방자하게 지껄이고 악독한 짓을 자행함'이다.
414) '와중渦中'은 '소용돌이 속'이다.

果 금년今年 이월二月 중中에 그 회동會同을 보게 되고, 따라서 예술藝術 부문部門의 다른 단체團體들도 축차逐次[415] 회동會同하기에 성공成功한 것이였다. 그래서 회동會同된 기본基本 강령綱領은 조선민족문화朝鮮民族文化의 건전健全한 발전發展을 위해

일一 일본제국주의日本帝國主義 전재殘在 청산淸算
일一 봉건封建 잔재殘在의 청산淸算. 국수주의國粹主義 배격排擊

등等이었다. 이러한 문학예술文學藝術 부분部門의 계기契機로해서 다시 광범廣範하게 문화전선文化戰線 전체全體의 통일統一 기운機運이 농濃하게 되었든 것이다. 교육자협회敎育者協會 조선문학가동맹朝鮮文學家同盟 등等 이십여二十余 단체團體가 모혀 조선문화단체朝鮮文化團體 총연합總聯合하였으니 이것이 금년今年 사월중四月中 일이며, 그 강령綱領도 우에 열거列擧한 것과 대동소이大同小異한 것으로서 결국結局은 민족문화民族文化 수립樹立을 위한 문화전선文化戰線의 통일전개統一展開였다. 그래서 이 문화文化 단체團體는 정치적政治的으로 문화적文化的으로 동일同一한 공동共同 보조步調를 취取하게 됫스니 문화전선文化戰線의 이렇게 통일統一 전개展開된 것이 일직이 우리 역사상歷史上에서 볼 수 없는 감관感觀이였다.[416] 그래서 지난 오월五月 중中에는 민족문화수립전국대회民族文化樹立全國大會를 서울 종로鐘路청년회관鐘路靑年會館에서 일주일一週日 간間이나 열어서 다대多大한 성과成果를 얻었고 이밖에도 연맹聯盟 산하傘下 단체團體들은 각각 독자적獨自的으로 활발한 활동活動을 전개展開하고 있는 것이다. 그러나 이의 반대反對 현상現像으로서 소위所爲 조선문필가협회朝鮮文筆協會란 것이 삼월중三月中에 결성結成된 것이 있는데 일흠이 비록 문필가협회文筆家協會하고 하드래도 그 발기인發起人은 의사醫師 변호사辯護士까지 넣어 다수多數의 인명人名을 나열羅列했으니

415) 차례에 따라서.
416) '감관感觀'은 '감격스럽게 볼 광경'을 뜻한다.

실상 그 우이牛耳를 잡은 사람은 극우익極右翼 정당政黨의 간부幹部다. 우익신문右翼新聞 주재자主宰者가 친일親日 반도反徒로 지목指目받은 자者와 함께 섞여서 대한민국大韓民國의 임시臨時 정부수립政府樹立 절대 지지支持에의 결의結義나 할 정도程度밖에 안 되는 것시다. 그러나 정치政治 경제經濟 모든 부면部面에서 분열分裂을 조장助長한 반동反動 거두巨頭들이 통일統一된 문화전선文化戰線에 까지 분열分裂을 이르켜 문화단체文化團體 총연맹總聯盟에 대항對抗하려고 문필가文筆家 협회協會란 것을 만드렀으니 그 실력實力이나 영향력影響力으로 보아서는 유약무有若無의[417] 정도程度밖에는 안 된다고 하드래도 그 반동적反動적 본질本質은 일차一次 구명究明하지 않으면 안 될 것이다.[418]

『독립신문』 1946.08.15.

417) '유약무(有若無)하다'는 '있기는 하나 없는 것과 다름없다'는 뜻이다.

418) 해방 후 일 년간 문화단체의 상황을 정리한 이 글은 『협동』 1986.8호, 103-104쪽에도 수록되어 있다.

닭 좃던 개

불유쾌不愉快한 위조지폐僞造紙幣사건이 터지자 우익반동단체右翼反動團體들은 엣다 바란드시 이 사건事件을 공산당共産黨의 소위所爲라고 모라부쳣다. 정쟁政爭을 모략謀略으로서하는 것은 원시적原始的인 비굴卑屈한 수법手法이니 족足히 거론擧論할 것도 못되지마는 이 위조지폐僞造紙幣사건이 정식正式 발표發表도 안 되엿는데 민완敏腕[419] 기자記者(?)는 그 진상眞相이라고까지 해서 영절스럽게 써내엿다가 과경검찰당국果竟檢察當局의 문제問題까지 되엇다고 하지만 모략謀略도 이 지경地境에 이르면 신문기자新聞記者도 완전한 이성理性 상실자喪失者가 되고 마는 모양이다.

그러나 소위 위폐사건僞幣事件이 정식正式으로 발표發表 안 되엿느니 무엇이고 말할 수도 없고 이보다 더 허무虛無 맹랑浪한 일이 없다.

본사本社 경리부장經理部長 김생훈군金生薰君이 수월전數月前에 강모姜某로부터 시내신문판매보증금市內新聞販賣保證金으로 이만원二萬元圓을 받엇는데 그 돈을 상업은행商業銀行에 개인個人 명의名義로 예금預金했던 바 그것이 위폐僞幣라고 해서 김군金君을 검범檢軛하기에 김군은 그 돈을 가저온 강모姜某를 대주고 강모姜某는 자기가 돈을 받은 김모金某를 대주어서 김군金君의 입장立場은 명백明白해젓던 것이다. 그러던 것이 지난 오월 십칠일 또 CIC에서 김군金君을 다시 불러다가 조사調査할 일이 있다고 검속檢束한 일이 있었다.

이때 한성일보漢城日報와 동아일보東亞日報는 맛치 천재일우千載一遇의 호기회好機會나 맛난드시 이 문제問題를 들고 나면서 현대일보現代日報는 위조지폐僞造紙幣로[420] 경영經營한다는 등 공산당共産黨이 만든 위조지폐僞造紙

---

419) '민완(敏腕)'은 '재빠른 팔'이라는 뜻으로, '일을 재치 있고 빠르게 처리하는 솜씨를 이르는 말'이다. 주로 형사나 기자 앞에 붙는 말이다.

420) 원문에는 '위造紙幣'로 적고 있다. 그 당시의 인쇄 활자 사정이 좋지 않았음을 방증한다.

幣 십팔만원二十八萬圓을 현대일보現代日報가 바덧다는 등等 조사근거調査根據도 없이 추측推測과 희망希望을 가지고 동포모함同胞謀陷 기사記事를 대대적大大的으로 써서 실로 우리 신문사新聞史에서[421] 전대미문前代未聞의 일대 추악극醜惡劇을 연출演出한 일이 있섰다.

그러니 이러한 신문인新聞人의 희망希望과 기대期待를 만족滿足시키지 위해서는 김생훈金生薰군이 위조지폐僞造紙幣 십팔만원二十八萬圓을 공산당共産黨에서 받었다고 허위虛僞 진술陳述을[422] 하였으면 꼭 좋았을 것인데 김생훈金生薰군은 거짓말을 해가면서도 현대일보現代日報를 팔고 공산당共産黨 모해謀害할 필요必要는 조금도 가지지 않는 사람이였다.

그럼으로 검속檢束 사십이일四十二日 간間 CIC로부터[423] 심문審問이 한번, 경찰부警察部로부터 한번, 본정서本町署로부터[424] 한 번 전후前後 세 번의 심문審問을 받고 마침내 청백淸白한 입장立場이 밝혀저서 추호秋毫의 의심疑心도 받지 않아고 지난 이십팔일二十八日 무사無事 석방釋放되었다.

우리 속담에 「닭좃든 개 올쳐다보기」란 말이 있다. 무無고한 김생훈金生薰을 쫒차 현대일보現代日報를 파괴破壞하려든 음모배陰謀輩들 인제는 무엇이라고 떠들 것인가? 쫏기든 닭은 깃 하나 상傷하지 않고 제집으로 도라왔다. 그대들이 치여다보는 울타리 우에는 무엇이 앉어 있느냐?

『현대일보』 1946.07.02.

421) 원문의 '新聞史'는 '新聞社'의 오식이다.
422) 원문에는 '기술(供述)'로 표기하고 있으나 '진술(陳述)'의 오식으로 보인다.
423) 'CIC'는 '미군 방첩부대'이다.
424) '본정서(本町署)'는 '충무로 경찰서'이다.

통도痛悼 참살慘殺 학병學兵[425)]

나는 본래 학병동맹學兵同盟의 청탁淸濁을 바더 오늘 서울 운동장運動場에서 열릴 예정豫定이엿든 전몰戰歿 학병學兵 추도 대회大會에 고 추도문追悼文을 쓰기로 되었다.

처음에 이 청請을 밧고 고사固辭하다가 나종에 응낙應諾을 하엿스나 응낙應諾한 뒤에 막상 글을 쓰려고 하니 가슴이 막히고 팔이 썰려서 붓을 드러다가는 노코 맛침내 쓰지 못 하였다. 세월이 오래면 이저버렷다고나 하지 바로 이년二年 전前이 아닌가. 우리는 해방解放과 건국建國의 감격感激과 흥분興奮의 격동기激動期가 아니라면 곰々 생각해볼 것도 업시 바로 어젯일처럼 역력歷々한 것이다.

그때를 생각해보자! 대체 황국신민皇國臣民이 되라고 진괴侲傀 노릇을 하는 당시 명사배名士輩들은 어데서 그러케도 묘안妙案을 추출做出해 내는지 창씨創氏, 징용徵用, 공출供出, 과세課歲 등등等等 그야말로 문자文子 그대로 우리를 달달 복다가 나종에 일본日本 사람조차 나가기 실혀하는 전장戰場에 까지 우리 젊은 학도學徒들을 이끄러내엿다. 일본놈의 압정壓政이 어느 하나치고 것트로는 말로 하고 속으로는 총銃 칼을 견우지 아니한 것이 업지마는 참아 사람은 사람에게 터문이 업는 죽엄을 하라고 식히는 데는 말이 궁窮하고 고러라고[426)] 바로 죽이자니 쓸모가 업서서 당시當時 소기총독小磯總督[427)] 이하以下 고굉股肱으로[428)] 자처하는 명사名士 제씨諸氏도 이일만은 매우 곤란困難했던지 별별 소리를 하다가 나종에는 「너들이 나가[429)] 죽어야 우리가 잘산

---

425) 1945년 이후 학병에서 돌아온 사람들이 학병동맹을 만들어 1945년 12월 연극 「피어린 기록」 등을 공연하기도 했다. 학병들은 1945년 12월 신탁통치를 둘러싼 논쟁으로 좌우로 갈려 싸움을 벌였으며, 이로 인해 수많은 학생이 다치고 연행되었으며, 그중 박진동과 김성익, 이달삼은 사망하였다.

426) '그러타고'의 오식.

427) 고이소 구니아키(小磯國昭)는 1942-1944까지의 조선총독이다.

428) '고굉(股肱)'은 '팔과 다리'이다.

429) 원문에는 '가나'로 오식되어 있다.

다.」「비굴한 목숨을 버리고 우리 자손子孫이 천추만대千秋萬代에 잘 살면 좃지 안호냐」이런 말로 꾀우고 달래고 욱박지르고 해서 전장戰場으로 내보내는데 어썬 사람은 이 말을 고지듯고 용감勇敢해간사람도 잇고 어썬 사람은 마지못해 목매인 개색기처럼 끄을려 나가니도 잇섯다. 나는 그때에 다행多幸이 내 근친近親에 학병學兵으로 나간이가 업서서 나가는 학병學兵의 심경心境을 골고로 드러보지는 못 햇스나 지금도 기억記憶 나는 것은 언젠가 친우親友 전군田君집에 놀러를 갓더니 맛침 그 사람의 친한 사람의 아우가 학병學兵에 쌥혀서 「장행회壯行會」를430) 한다고 갓치 가자기에 가서 보니 그 학생學生은 일흠을 이즌 것이 우연遇燃이다. 연전학생延專學生인데 이런 말 저런 말하다가 하는 말이 「기왕 나가게 됏스니 나가서 죽기는 어렵잔흐나 나더러 사람을 죽이라면 참아 그 노릇을 어써케 하겟소」하고 사람을 죽일 일을 한걱정하든 모습이 아직도 눈에 선하여 학생學兵을 만날 쌔마다 나는 각금 그 사람을 연상聯想하곤 하엿다.

그것은 그 말이 더 탐탁해서가 아니라 전장戰場으로 나가는 학병學兵이 제 죽엄은 이미 각오했지마는 적敵 아닌 사람을 죽일 일이 걱정되는 것은 얼마나 참담한 비극悲劇이냐 말이다. 그리고 이런 생각은 그 사람 한 사람만이 아니라 학병學兵치고는 다 갓치 가젓든 걱정일 줄로 알기 쌔문이다.

이러한 학병學兵들이 팔일오八·一五의 역사적歷史的 감격感激 가운데 하나씩 둘식 조국祖國을 찾아도라왔다. 우리 민족民族 해방解放이란 원체 크나큰 감격感激의 날들을 터서 그러치 생각하면 학병學兵들의 생환生還이란 얼마나 환영歡迎하고 감격感激하고 대득할 일이야. 일직이 우리 민족民族을 배신背信한 사람을 수만흔 죄악罪惡 가운데서도 특特히 우리 젊은 학병學兵들을 터문이 없는 죽엄의 터로 모라내는 죄악罪惡은 씨슬내야 씨슬 수 업슬 것이며, 이러한 무리들이 추호秋毫라도 인간적 양심良心이 있다면 자살自殺은 못 하드래도 한 사람이라도 학병學兵의 손으 잡고 회개悔改의 눈물을 흘려야 할 것이다. 그러

---

430) '장행회(壯行會)'는 '군대가는 사람의 앞날을 축복하는 송별 모임'이다.

나 학병學兵을 나가라고 권勸할 째는 그러케 의기양양意氣揚揚하던 사람이 정권政權아페서는 일야日夜로 무도無徒하면서도 아무도 이런 일을 했다는 소문은 듯지도 못 햇스며 도라온 학병學兵들도 철연鐵煙 무든 파의破衣 그래도 집으로도 안도라가고 학병學兵 동맹同盟안에 합숙合宿하면서 오직 진국저천津國著踐에 노력努力했다.

그러나 지난 십팔일十八日 새벽 삼청동三淸洞 학병동맹에서 생긴 사건으로 박진동朴晉東 김성익金星翼 이달삼李達三군이 죽고 무수한 부상자負傷者를 내여 아직도 치료治療 중이라고 하는데 이 사실 내용內容은 신문新聞에 보도報道되고 사회적社會的 문책問策이 잇을테니 나의 이글에서 간탄干嘆할[431] 바는 아니지마는 내 가슴 안에서 사라질 수 업는 인간애적人間愛的 인간적人間的 양심良心의 사건事件 내용內容의 여하에서 안코는 이글을 쓰지 않을 수 업는 것이다.

구경究竟에 나가서 누구의 총銃 칼에 죽엇는지도 모르는 참살慘殺學兵! 다른 동무들은 다 도라왓건마는 호올로 돌라오지 못 하는 어린 천애지각天涯地角을[432] 부르는 글을 쓰려해도 가슴이 막히고 팔이 썰니는데 이제 죽엄에서 도라온 金싸레기가튼 생명生命을 일케 되는 것은 웬일이냐.

구경究竟에서 죽어도 억울해 눈을 못 감을 것이다. 도라와 죽다니 이어인 일인가? 일직이 장개석蔣介石이 무창혁명武昌革命을 성공成功하고 남경반동南京反動을 할째 제 편이 아니라고해서 광동대학생廣東大學生 수십명數十名을 참살慘殺하고 소주蘇州 교수敎授이던 ○○을 피살被殺할 째 비통悲痛했으리라. 이날까지도 해방解放되지 안키만도 못하다고 개탄慨歎해 말을 한일이 잇섯다. 장개석蔣介石은 제 손으로 혁명革命이나 했지 우리는 제 손으로는 일본日本놈 하나도 못 째려 누피고 남의 손에 해방解放되자 마자 이런 일이 생긴다면 우리가 비록 隷奴이는 아니지마는 차라리 이럴 바에는 해방解放되지 안키만도 못 하다고 아니할 이가 누가 잇스랴? 젊은 학도學徒들아! 우리는 민족

431) '간탄(干嘆)'은 '한숨'이다.
432) 하늘의 끝과 땅의 귀퉁이라는 뜻으로, 서로 매우 멀리 떨어져 있음을 이르는 말.

民族 통일대업統一大業이 우리 앞해 가로 노혀 잇다.

언제 높은 상관을 다시 이로키지는 못 할지언정 그대들이 차국磋國의 초석礎石이 된다면 죽은 사람의 혼魂이라도 천양泉壤에서[433] 미소微笑할 것이지마는 젊은 학도學徒들아! 그대들의 일흠으로 이 죽은 세 사람의 영혼靈魂을 통도痛悼하라.(-了-)

『조선일보』 1946.01.25.-26.

433) '천양(泉壤)'은 '사람이 죽은 뒤에 머무르는 세상'이다.

미소공위재개책美蘇共委再開策

미소공위美蘇共委의 휴회休會는 우리 삼천만三千萬의 누구를 물론勿論하고 유감遺憾으로 생각하는 사실事實이다 그리고 이 유감遺憾이란 것은 미소공위美蘇共委가 우리 민주주의임시정부民主主義臨時政府를 수립樹立 식혀 줄 것을 기대期待하기 때문이다. 만약萬若 미소공위美蘇共委가 우리 정부政府를 세워 줄 성의誠意나 능력能力이 없는 것이라면 우리는 공위共委가 개회開會를 하거나 휴회休會를 하거나 하등何等의 통양痛痒도[434] 느끼지 안흘 것이다. 그러나 미소공위美蘇共委가 일단 휴회休會가 되었다고 발표發表하자 일부一部에서는 쾌재快哉와 만세晩歲를 연호連呼하는 나머지에 『타도소련打倒蘇聯』이란 등等 『전투준비戰鬪準備하라』는 등等 돌연突然히 대소선전포고對蘇宣戰布告나 다름없는 일을 백주白晝에 공공연公公然하게 감행敢行하고 있다. 미국美國과 소련蘇聯은 다같이 우리 민족해방전民族解放戰의 직접참가자直接參加者이고 나아가 우리 정부조직政府組織의 원조자援助者이며 세계평화世界平和의 양대지주兩大支柱인 것이다. 이러한 두 나라의 세계정책世界政策에 있어서 어떤 때는 의견意見을 달리할 수 있는 것이다. 그리고 그 의견意見의 상위相違가 직접直接 우리 문제問題에 영향影響 된다면 우리는 맛당히 그 상반相返된 의견意見이 다시 일치一致되고 조화調和되게 할지언정 엇지 어느 일국一國에 대對해서 도전적挑戰的이오 모욕적侮辱的인 언어言語 행동行動을 함부로 할 것이냐?

그럼에도 불구不拘하고 이러한 비도의적非道義的 파멸破滅 행동行動이 계속繼續된다는 것은 그 원인原因이 결決코 경이輕易한 것이 아니라는[435] 것을 생각할 수 있는 것이니 이번 휴회休會의 원인原因이 삼상회의결정三相會議決定을 반대反對하는 인물人物은 정부수립政府樹立에 협의協議의 대상對象히 될

---

434) '통양(痛痒)'은 '아픔과 가려움'이다.

435) 가벼운 것이 아니라는.

수 없다는데 있는 것인데 이네들은 본래부터 반소반공反蘇反共의 호두互頭들이였다. 예例를들면 이승만李承晩 박사博士는 세상世上이 다 아는 바이니 여게서 다시 운위云謂할 것이 못 되지마는 심지어 김병로씨金炳魯氏 같은 분은 노골적露骨的으로 미국식美國式 후견後見은 바더도 소련식蘇聯式 원조援助는 안받겠다고 했스니 이리고서야 아무리 소련蘇聯이나 미국美國이 순조順調롭게 의론議論을 진행進行시켜려 해봣댓자 잘 될 리理가 있느냐? 그러나 실제적實際的 그리고 원칙적原則的 영실寧實로서는 조선문제朝鮮問題는 미국美國과 소련蘇聯이 협조協調하고 상의相議하는 데서만 해결解決이 되는 것이다. 이것을 부인否認하는 사람은 세계사世界史를 역행逆行시키려하고 다시 제삼차第三次 전쟁戰爭을 도발挑發하는 행동行動이니 거론擧論할 것도 없지마는 만약 이 사실事實을 시인是認한다면 사태事態의 수습책收拾策 다시 말하면 미소공동위재개美蘇共同委再開의 유일唯一한 방도方途는 정부수립政府樹立에 있어 반소反蘇나 반미反美한 인물人物은 동일同一하게 참가參加하지 않으면 되는 것이다. 아무리 사람이 없다고 하드래도 그래도 조선朝鮮에는 사람이 삼천만三千萬이나 있다. 삼천만三千萬 가운데서 하필何必 반연합국反聯合國 인물人物로 인因해 정부수립政府樹立을 지연遲延시킬 필요必要가 무엇이 있느냐? 이러한 최량最良의 방도方途를 두고 다만 민중民衆을 선동煽動해서 금방 전쟁戰爭이라도 이르킬드시 흥분興奮시티는 것은 자멸自滅 행동行動 밖에 아모 것도 안인 것이다. 그렇기에 정말 우리 정부政府가 서는 것을 충심衷心으로[436] 원願한다면 반소론자反蘇論者는 자중自重해서 일선一線에서 물러설 것이오 반미론자反美論者가 있다면 이런 논자論者는 사실상事實上 없었지만 만약萬若에 있다면 이 역시亦是 물러서면 만사萬事가 되는 것이다. 친소親蘇나 반미反美가 일을 망亡치는 장본張本인 것이다.

『현대일보』 1946.05.11.

---

436) 속마음으로. 진심으로

역사歷史는 인민人民이 창조創造한다
-육십六·一○ 기념대회참관기記念大會參觀記

바로 입년전廿年前 오늘은 우리의 용감勇敢한 학생들學生들을 선두先頭로 시민市民과 부인婦人과 노동자勞働者와 아동兒童까지 헌병憲兵과 기마경관騎馬警官의 철제鐵蹄에 짓밟히면서도 조선독립만세朝鮮獨立萬歲를 목이 터지게 부르든 날이다

봉건이조封建李朝 마지막 군주君主의 장송곡葬送曲이 수량滾涼히 지나가는 행렬行列 가운데서 이중삼중二重三重으로 얼거매인 철쇄鐵鎖를 끊고 자주해방自主解放을 하려고 몸부림치는 역사歷史의 분류奔流! 생각만 해도 이 얼마나 위대偉大한 민족정열民族情熱의 연소燃燒이였던가?

삼일운동三·一運動의 불의폭발不意爆發에 손을 데인 일제日帝는 회유懷柔와 압박壓迫만으로 우리 민족전체民族全體를 집어 생키려 했지마는 우리의 혈관血管 속에 곤곤히 흐르는 자주독립自主獨立의 빛나는 전통傳統은 마침내 죽지 않었다

삼일운동三·一運動이 민족해방民族解放의 요搖람적的 서곡序曲이였다면 육십만세六·一○萬歲는 그 구체적具體的 발전發展이여서 밖으로는 외적外敵을 물리치고 안으로는 봉건유제封建遺制를 청소淸掃하려는 근대혁명近代革命의 뚜렷한 면모面貌를 갖추었다는 것이 우리 민족해방사상民族解放史上에 찬연燦然한 사실事實이며 이러한 민족적民族的 위업偉業을 지하결당地下結黨의 돌을 겨우 지난 조선공산당朝鮮共産黨이 영도領導했다는 것은 그 기崎구탄험險한 당사黨史 가운데서 당연當然히 민족적民族的 찬양讚揚을 받어야 할 것이다.

질식窒息[437]과 전폐顚沛의 암굴暗窟 이십년二十年! 우리 민족영웅民族英雄들은 한결같이 이 길을 지켜 싸워왔다. 이 피에 저진 이십년二十年 결실結實이 연합국聯合國의 승리勝利로 말미아마 성동광장城東廣場에서 기념記念하게

---

437) '질식(窒息)'은 '숨이 막힌다'는 뜻이다. 원문에는 '질息'으로 적고 있다.

된 일구사육년一九四六年 유월십일六月十日 비개인 창공蒼空에 선명鮮明히 그려진 태극기太極旗와 연합국기聯合國旗는 평화平和와 자유自由의 갈망渴望에 펄럭이고 있다. 아침부터 모혀드는 십여十餘 만萬 군중群衆의 얼굴마다 넘치는 희망希望과 활기活氣! 뉘라서 이 민족民族을 가르처 다른 나라의 예노隷奴가 될 수 있다고 하랴? 임이 민족수난民族愛難의 상흔傷痕은 다 개인 채 독립獨立으로 진군進軍할[438] 태세態勢였다 용기勇氣와 이지理知와 정연情然이 한데 뭉친 대중大衆은 모힌 그대로가 벌서 한 개의 미美가 아닐 수 없섰다. 이러한 인민대중人民大衆을 기피忌避하는 고급정객高級政客들이 고궁古宮에 드러가 순종純宗 앉든 용상龍床우에 안저 순종회기純宗回忌나[439] 기념記念하는 이 날 우리 인민人民은 미소공위촉진美蘇共委促進과 통일민주정부수립統一民主政府樹立에 시위示威를 하고 있다. 이 얼마나 엄청난 대조對照이냐? 그러나 역사歷史는 진행進行한다. 그리고 이 역사歷史는 인민人民의 손으로 맨그려지는 것을 다시 알어야 한다. 어느 용사勇士가 감敢히 장場이 인민人民의 역사歷史를 만회挽回할 것인가? 하물며 일제日帝의 잔인殘忍한 철제鐵蹄와 총검銃劍하下에서도 싸워 온 우리가 다시 무엇이 겁나 이 역사歷史를 창조創造하지 못할 것인가?

오늘은 투쟁鬪爭으로 마지하는 이 날이 다시 이십년二十年을 지난 오늘에는 정말 평화平和와 자유自由로 마지하게 되기를 나는 마음으로 빌며 내 이성理性으로 확신確信한다.

『현대일보』 1946.06.11.

---

438) 원문에는 '독립으로 진군하'이나 문맥상 오식으로 보고 바로 잡는다.
439) '순종회기(純宗回忌)'는 '순종의 돌아온 제삿날'이다.

팔월 십오일

감격의 날, 1945년 팔월 십오일. 삼천만 동포의 손꼽아 기다리던 날은 마침내 왔다. 해방의 날! 자유의 날!

돌아보건대, 반만 년 역사의 면면한 전통 가운데, 우리 민족의 운명의 소장이 한결같지 않으나, 제국주의 일본의 압박과 착취 밑에서처럼. 참지 못 할 박해와 굴욕을 겪어 온 적은 없었다.

그러나 영광의 날! 환희의 날은 마침내 찾아왔다. 보라! 지축을 울리는 시위의 행렬! 들으라! 하늘에 사무치는 환호의 만세 소리! 근심에 싸였던 구름과 피비린내 나는 비바람도 오늘에야 비로소 다 사라졌다. 산 모습은 찡그렸던 주름살을 펴 한결 우뚝이 솟아 잇고, 물소리는 오열하는 울음을 거두어, 새로이 우렁차게 흐른다.

비단같이 고운 우리 산천! 무지개처럼 빛나는 우리 역사! 이 속에 자라난 우리 민족이 어찌 하루인들 자유와 독립을 잊어 본 적이 있었으랴! 그러나 포학한 적은 우리 국토를 빼앗아 갔을 뿐 아니라, 나중엔 우리의 착한 풍속과 아름다운 언어까지 빼앗아 갔다. 그러나, 용감한 우리 선렬들은 주검으로 자취를 이어, 마침내 위대한 이 날을 창조하였으니, 새 조선은 실로 피로 다진 터전 위에 일어서는 것이다.

세계 어느 나라인들 그 해방과 재건이 쉽사리 된 일이 있으리오마는, 겪고 난 우리로 보면, 바로 사멸의 한 걸음 전이었다. 이미 끊어진 철쇄! 이것은 우리 분노의 기억에만 남았다. 우리는 출발이다. 진군이다. 일찍이 우리 선조가 가져 보지 못하였던 새 조선 건설의 총진군이다. 정의와 평화를 사랑하는 세계의 동무들과 손을 맞잡고.

「팔월 십 오일」, 김병제 편, 『신편 중등국어』, 고려서적, 1948.

부록

이원조 문예작품 발굴 목록

1부 시 작품 목록

★ 1988 해금 이후 소개된 적 없는 작품

표제	저작자	발행자	발행년도	발굴
바다	李源朝	朝鮮日報 · 朝鮮日報社	19271209	★
錢迎辭	大邱 李源朝	朝鮮日報 · 朝鮮日報社	19280101	★
기다리는 마음	李源朝	東亞日報 · 東亞日報社	19291031	★
懷人	東京 李源朝	東亞日報 · 東亞日報社	19291115	★
산장(山庄)의 가을	東京 李源朝	東亞日報 · 東亞日報社	19291115	★
無題(1)	東京 李源朝	東亞日報 · 東亞日報社	19291129	★
無題(2)	東京 李源朝	東亞日報 · 東亞日報社	19291129	★
異國春	東京 李源朝	東亞日報 · 東亞日報社	19310520	★
初夏吟	黎泉	東亞日報 · 東亞日報社	19310607	★
吊詞	飜譯 李源朝	東亞日報 · 東亞日報社	19310707	★
나의 어머니	李源朝	東光 제25호 · 東光社	19310904	★
僧房의 黃昏	李黎泉	新朝鮮 5호 · 新朝鮮社	19340905	★
琵琶湖 건너면서	李黎泉	新朝鮮 5호 · 新朝鮮社	19340905	★
角砂糖	東京 李源朝	新朝鮮 7호 · 新朝鮮社	19341201	★
憐憫	東京 李源朝	新朝鮮 7호 · 新朝鮮社	19341201	★
幾何學의 詩	最低根	東亞日報 · 東亞日報社	19350220	★
五月의 노래	最低根	東亞日報 · 東亞日報社	19350605	★
靜物	李源朝	女性 · 朝鮮日報社出版部	193702	★
호수	李源朝 譯, 崔載瑞 編	海外抒情詩集 · 人文社	19380624	
자로 맺는 꿈	李源朝 譯, 崔載瑞 編	海外抒情詩集 · 人文社	19380624	
海景	李源朝 譯, 崔載瑞 編	海外抒情詩集 · 人文社	19380624	
가을 노래	李源朝 譯, 崔載瑞 編	海外抒情詩集 · 人文社	19380624	
角 笛	李源朝 譯, 崔載瑞 編	海外抒情詩集 · 人文社	19380624	
峽中吟(未定草)	黎泉	野談 第4卷 · 野談社	19380101	★
콩	李源朝	少年朝鮮日報 · 朝鮮日報社	19381016	★
奉和黎泉	無涯 梁柱東	東亞日報 · 東亞日報社	19391121	★
山居寓懷	黎泉 李源朝	東亞日報 · 東亞日報社	19391121	★

2부 소설

표제	저작자	발행자	발행년도	발굴
한 對照	李源朝	新朝鮮 · 新朝鮮社	19340905	★

3부 이원조의 수필·산문 목록

표제	저작자	발행자	발행년도	발굴
故 一星선생 隨葬記 (一)	李源朝	朝鮮日報 · 朝鮮日報社	19330831	★
故 一星선생 隨葬記 (二)	李源朝	朝鮮日報 · 朝鮮日報社	19330901	★
歸鄕	李源朝	朝鮮日報 · 朝鮮日報社	19350302-0305	★
慶州紀行	李源朝	朝鮮日報 · 朝鮮日報社	19350329-0409	
李源朝氏의 便紙	李源朝	女性 · 朝鮮日報社出版部	193505	★
그리운 해운대	李源朝	朝鮮日報 · 朝鮮日報社	19350624	★
雁鴨池의 暮色	李源朝	朝光 · 朝鮮日報社出版部	193510	★
不眠症	黎泉	朝光 · 朝鮮日報社出版部	193602	★
영춘	李源朝	朝鮮日報 · 朝鮮日報社	19360226	★
인터뷰 기사 - 그 안해 그 男便	女性 編輯部	女性 · 朝鮮日報社出版部	193605	★
머리카락	李源朝	女性 · 朝鮮日報社出版部	193605	
洛東江에흘너간歲月	李源朝	女性 · 朝鮮日報社出版部	193607	★
蚊蛾	李源朝	朝鮮文學 · 朝鮮文學社	19361001	★
落葉日記: 「아리사」의 슬픈이야기	李源朝	朝光 · 朝鮮日報社出版部	193611	
隨筆: 山居	李源朝	女性 · 朝鮮日報社出版部	193612	★
맑고깨끚한作家	李源朝	漢城圖書出版部	19361201	★
隨筆: 待春譜	李源朝	女性 · 朝鮮日報社出版部	193703	★
花盆: 陽春隨筆	李源朝	白光 · 白光社	193704	★
迎春譜 : 失寵의陽春	李源朝	朝光 · 朝鮮日報社出版部	193704	
斷想: 裸體의꽃	李源朝	女性 · 朝鮮日報社出版部	193704	★
鄕土有情記: 洛東江의 넷搖籃	李源朝	女性 · 朝鮮日報社出版部	193707	
태극선 - 人魚의날개와 부채	李源朝	女性 · 朝鮮日報社出版部	193708	★
나의 自畵像	李源朝	三千里文學 · 三千里社	19380101	★
連翹花	李源朝	女性 · 朝鮮日報社出版部	193804	★
民芸素描	李源朝	朝鮮日報 · 朝鮮日報社	19380503-0506	★
寬容의 精神이란	李源朝	四海公論41 · 四海公論社	19380901	★
失寵魚	李源朝	博文 · 博文書館	19381001	
燈下: 晩秋隨筆	李源朝	朝光 · 朝鮮日報社出版部	193811	
終電車散話	李源朝	朝光 · 朝鮮日報社出版部	193901	★
憑虛閣 李氏의 著述과 環境	李源朝	女性 · 朝鮮日報社出版部	193904	★
느티나무아래 - 金東里氏에게	李源朝	女性 · 朝鮮日報社出版部	193905	★

느티나무 아래에서 - 김동리씨에게	李源朝	女性・朝鮮日報社出版部	193905	★
餘響 (一); 摘 草	李源朝	朝鮮日報・朝鮮日報社	19391025	★
餘響 (二)	李源朝	朝鮮日報・朝鮮日報社	19391026	★
餘響 (完)	李源朝	朝鮮日報・朝鮮日報社	19391027	★
눈 오는 밤	李源朝	文章講話・文章社	19400420	
團扇	李源朝	女性・朝鮮日報社出版部	194008	★
債鬼說: 隨筆	李源朝	文章・文章社	194010	★
現代女性의 煩悶	李源朝	女性・朝鮮日報社出版部	194011	★
文人폴트레. 一: 寫眞·文	安懷南; 李源朝	人文評論・人文社	194101	★
結婚의指標	李源朝	朝光・朝鮮日報社出版部	194105	★
湛軒燕行錄.	李源朝	朝鮮日報社出版部	194106	★
湛軒燕行錄.	李源朝	朝光・朝鮮日報社出版部	194106-09	★
灌酒	李源朝	春秋・朝鮮春秋社	194201	★
親切道	李源朝	朝光・朝鮮日報社出版部	194209	★

4부 일제 강점기 비평

표제	저작자	발행자	발행년도	발굴
結婚의指標	李源朝	朝光・朝鮮日報社出版部	194105-06	★
永郎詩集	李源朝	朝鮮日報・朝鮮日報社	19360514	
文化擁護 作家會議 再吟味	李源朝	四海公論・四海公論社	193608	★
諷刺文學	李源朝	朝鮮日報・朝鮮日報社	19370722	★
스포 - 츠와 論爭	柏木兒	朝鮮日報・朝鮮日報社	19370808	★
批評技術論(1)	柏木兒	朝鮮日報・朝鮮日報社	19371006	★
批評技術論(2)	柏木兒	朝鮮日報・朝鮮日報社	19380122	★
文學과 思想	柏木兒	朝鮮日報・朝鮮日報社	19380129	★
근래시단近來詩壇의 경향傾向 1-4	李源朝	朝鮮日報・朝鮮日報社	19330426-29	★
애기들에게 읽힐만한 책 - 세계 걸작동화집을 읽고 나서 1-2	李源朝	朝鮮日報・朝鮮日報社	19361127-28	★
산문散文정신情神과 레알리즘	李源朝	朝鮮日報・朝鮮日報社	19380101	★
소월 형평小月 型評1 - 작풍作風의 차이差異1-2월 창작평	李源朝	朝鮮日報・朝鮮日報社	19390226	★
소월 형평小月 型評2 - 현대적現代的 애수哀愁 2월 창작평	李源朝	朝鮮日報・朝鮮日報社	19390228	★

소월 형평小月 型評3 - 자의식自意識과 독자讀者	李源朝	朝鮮日報 · 朝鮮日報社	19390302	★
소월 형평小月 型評4 - 작품양식문제作品樣式問題	李源朝	朝鮮日報 · 朝鮮日報社	19390303	★
소월 형평小月 型評5 - 산문散文과 문장文章	李源朝	朝鮮日報 · 朝鮮日報社	19390305	★

5부 해방 후 논설 · 비평

표제	저작자	발행자	발행년도	발굴
統一에對한覺書	李源朝	赤星 · 赤星文化會	19460101	
文學의 都市 偏重에 對하야	李源朝	嶺南日報 · 嶺南日報社	19460101	★
愛國者는 누구냐?	李源朝			★
古典을 어떻게 繼承하나?	李源朝	中央新聞 · 中央新聞社	19460317	★
美蘇共委再開策	李源朝	現代日報 · 現代日報社	19460511	★
서평 - 이강국(李康國) 저 『民主主義 朝鮮建設』	李源朝	現代日報 · 現代日報社	19460528	★
謀略政治의 各 樣相 - 肅宗大王 卽位 초에	李源朝	現代日報 · 現代日報社	19460601-0604	★
歷史는 人民이 創造한다	李源朝	現代日報 · 現代日報社	19460611	★
自己批判은 文學 創造의 源泉	李源朝	新文藝 · 정양사	194607	★
닭 좇던 개	李源朝	現代日報 · 現代日報社	19460702	★
左右合作과 立法機關	李源朝	現代日報 · 現代日報社	19460806-07	★
文化一年間의 動向	李源朝	協同 · 독립신문사	19460815	★
痛悼 慘殺 學兵	李源朝	朝鮮日報 · 朝鮮日報社	19461025-26	★
팔월 십오일	李源朝	신편중등국어 · 고려서적	1948	★

여천黎泉 이원조李源朝 시와 산문
문향첩聞香帖

초판 1쇄 인쇄 • 2020년 3월 24일
초판 1쇄 발행 • 2020년 3월 31일

지은이 • 이원조
편　주 • 강진우
발행인 • 박성복
발행처 • 도서출판 **월인**
서울특별시 강북구 노해로25길 61
등　록 • 제6－0364호
등록일 • 1998년 5월 4일
전　화 • (02) 912-5000
팩　스 • (02) 900-5036
www.worin.net

ISBN 978-89-8477-680-7 03810

☞ 값은 뒤표지에 있습니다.